介護保険法改正でホームヘルパーの生活援助はどう変わるのか

結城康博/松下やえ子/中塚さちよ
[編著]

ミネルヴァ書房

まえがき

二〇一五年四月に介護保険制度改正が実施されることになった。そこで重要となるのが、在宅介護におけるホームヘルパーの役割と意義である。周知のように要支援１・２といった軽度者を対象としたサービスが、一部経過措置をふまえて、介護保険制度内とはいえ給付から「地域支援事業」に移行される。また、二〇一二年四月から介護報酬改定によって「生活援助」が短縮化されており、今後のホームヘルプサービスの意義も問われている。

いうまでもないが、在宅サービスにおいてホームヘルプサービスは、「身体介護」と「生活援助」、それらを組み合わせた三類型で要介護高齢者の生活を支えるものである。ただ、私費もしくは有償ボランティアなどによる介護保険外によるホームヘルプサービスも利用されることもあり、これらの組み合わせが注目されている。

従来から介護保険制度内における生活援助は、「家事代行型」に陥りやすいとの批判もあり、給付から外すべきとの意見も少なくない。しかし、実際、高齢者の在宅介護を支える上では必要不可欠なサービスであり、「買物」「掃除」「食事づくり」「洗濯」は身体介護サービス同様に一人暮らし高齢者や老夫婦世帯などにとって極めて重要なサービスである。仮に、将来、介護保険制度内のホームヘルプサービスが削減されていけば、ますます施設志向の要介護高齢者や家族が増えてしまうだろう。

本書は、このように要介護高齢者にとってホームヘルプサービスが必要不可欠であることを、介護従事者と研究者が中心となって社会に訴えていくことを意図して企画された。ただ、介護保険制度内に限らず全額自費によるホームヘルプサービスの意義や役割について否定するつもりはない。適切なケアマネジメントがなされれば、保険外サービスも重要な社会資源と考える。

また、昨今、「地域包括ケアシステム」という在宅介護を推し進める施策が打ち出され、その切札として、政府は「定期巡回随時対応型訪問介護看護」といった新しい二四時間型の在宅介護サービスの普及に努めている。これらの現状と課題についても触れていきたい。

在宅介護におけるホームヘルプサービスの意義や疑問点について探求したいと考える方々の糧となれば幸いである。

二〇一四年七月

執筆者を代表して
淑徳大学教授　結城康博

介護保険法改正でホームヘルパーの生活援助はどう変わるのか

目次

第Ⅰ部　利用者の立場からみたホームヘルパー

第Ⅳ部　介護の社会化と生活援助

序　章　生活援助は不要か

結城康博

前述したように、介護保険制度に基づくホームヘルプサービスは、直に身体のケア（介護）を提供する「身体介助」と、調理・買い物・掃除といった身の回りの世話をする「生活援助」、それらを組み合わせた三類型に区分される。それぞれ区分されてケアされることもある。昨今、この「生活援助」のみのケアは、家政婦サービスとの違いが理解されにくく、保険サービスから外しても構わないのではないかとの意見が根強い。確かに、家政婦型の「生活援助」サービス提供は少なからずあり、それらは是正されなければならない。しかし、一人暮らし高齢者の急増、老老介護の課題などといったように「生活援助」のみのサービス提供は必要な介護サービスであり、実際、これらの要介護高齢者の重度化を防止している。その意味で、まずは「生活援助」サービスの必要性を理解していただくために、ある事例を紹介しながらホームヘルプサービスの必要性について考えてみよう。

1　生活援助型ホームヘルプサービス

（1）事例にみる生活援助型ホームヘルプサービスの効果

①　ホームヘルパーと子どもの協働によるケア

先日、都内で一人で暮らす高木俊夫（仮名・要介護1・七三歳）さんを訪ねた。俊夫さんは、要介護1の認定を受け軽いアルツハイマー型認知症との診断を受けている。ただし、電話応対や簡単な買い物などは自力で支障なくこなすことができ、一見すると物忘れが目立つ程度の症状である。また、自力歩行は可能であるが身体機能が低下しており転倒の危険性もある。

四〇年間持家である一軒家で暮らしており、五年前に妻が亡くなり、以後、一人で暮らしている。自宅から二時間程度離れて暮らす一人息子が毎週土日に実家に来て父親の生活を支えているが、それ以外の平日は毎日ホームヘルパーが俊夫さんの身の回りのケアをしている（表序-1参照）。ホームヘルパーは、掃除や食事づくりや衣類の整頓を主としたケアを提供している。そして、週一回、バイタルチェック（血圧、脈拍などの健康管理）やリハビリテーションを目的とした体操指導を受けている。

担当しているケアマネジャーは「訪問介護サービスを利用する際に、要介護認定申請の説明のために自宅に伺ったら、部屋の中が散らかり放題で大変だったのですよ！　毎週、息子さんが、掃除や身の回りのことはしてくれますが、週一回しかケアができないので、心配していました」と、ホームヘルパーのケアが入る前の状況を話してくれた。

② ホームヘルプサービス導入の経緯

俊夫さんへのケアは、前述したように主に「食事づくり」「掃除」「衣類の整頓」である。俊夫さんは、サラリーマン生活が長く、子育てや家事の大部分は専業主婦であった亡き妻に任せてきた。戦後

表序－1　高木俊夫（仮名）さんの週間ケアプラン

	月曜日	火曜日	水曜日	木曜日	金曜日	土曜日	日曜日
10：00~10：45	ホームヘルプサービス（45分）主に掃除					息子が1泊2日滞在	
11：00~12：00			訪問看護（60分）バイタルチェック・リハビリなど				
11：45~12：00		ホームヘルプサービス（45分）主に食事づくり			ホームヘルプサービス（45分）主に食事づくり		
14：00~14：45				ホームヘルプサービス（60分）主に掃除			

出所：筆者のインタビューを基に作成。

の高度経済成長を支えた一人で、都内に一軒家を購入した昭和世代の典型的な人である。

しかし、妻が病に倒れた六五歳を過ぎてから家事を覚え、ある程度はこなせるようになっていた。もともと専業主婦の妻に家事を任せてきたとはいえ、掃除や洗濯、食事づくりは苦手ではなかった。昭和世代の男性では少数派かもしれないが、妻が亡くなっても何とか自炊しながら一人暮らしを続けてきた。

そして、本人の認識がないまま「認知症」が進んだことによって、部屋の中が散らかるようになり、徐々に自分で身の回りのことができにくくなっていった。当初、父親思いである一人息子も、月に一回程度のペースで実家に戻り様子を伺う程度で問題なかったが、物忘れが目立ちはじめ毎週一回、実家に帰るようになっていった。そして、もはや限界と感じ息子が介護保険サービスを利用するよう父親を説得したことが契機となり、ホームヘルプサービスを利用するようになった。

一般的に「認知症」が進んだ高齢者の多くは、自分が認知症だとの意識は低く、単なる「物忘れ」が激しくなったとしか認識しない。そのため、本人が受診に消極的で早期発見・早期治療といった対応が難しいのが現状だ。

③　ホームヘルパーの食事が健康の秘訣

ホームヘルプサービスを利用する前には、配食サービスなども利用していたが、俊夫さんは、毎日、メニューは変わっても何か物足りなさを感じていたようである。確かに、今の配食サービスのメニューは、カロリー計算もなされバラエティに富んでいる。しかし、毎日、仕出し弁当を食べている感じで食事に魅力を感じていなかったと漏らしていた。

しかし、今はホームヘルパーが、毎回の食事を作り置きしてくれるので、食事の楽しさが戻ったと本人も話していた。「自分は電子レンジで温めるだけだが、ホームヘルパーにメニューをお願いしたり、食材に関する会話などもできるので生活にメリハリが出た」というのである。

④　何気ない会話が「糧」

確かに、一人暮らし高齢者の場合、人間関係の希薄さが原因で引きこもりとなるケースが多い。俊夫さんは、週一回、近所の高齢者サークルに通い、比較的人間関係に問題はないが、そうは言っても家族がいる世帯に比べると会話の数は少なくなる。

ホームヘルパーへの買い物の依頼、掃除の確認、身の回りの支援などに関する会話をすることで、俊夫さんの生活にもメリハリが出てくる。当然のことだが、大体の場合、会話の数が少なくなると、生活の活気も失われるものである。

一部で、ホームヘルパーは「介護」の専門家であって、会話の相手をするための職業ではないとの意見がある。確かに、この意見は間違いではないし、会話の相手として介護保険サービスを利用することは不適切事例といえる。しかし、在宅介護現場では「介護」というケアに際しては、必ず高齢者とホームヘルパー間でサービス内容の確認が会話によってなされるし、ケアをしながら「世間話」をすることもある。

この「介護」というケアに伴うホームヘルパーとの会話が、一人暮らし高齢者にとって生活にメリハリを付ける重要な要素になる。その意味では、会話なくして「介護」は成り立たない。

⑤　住環境の整備

また、ホームヘルパーが定期的にケアに入ることで、住環境が整備される。散らかっている部屋や生ごみ、衣類の整理などの何気ない身の回りの支援は、認知症を患う高齢者にとっては無論のこと、一人で暮らす高齢者にとっても重要なことだ。

現役世代の人は、例外はあるが、一人暮らしであっても身の回りの整理を何気なくこなしている。「私は、片づけられない症候群だ！」と思っている人でも、そのほとんどは逆に散らかっている住環境に自分が適応できる能力が備わっている。そのため、たとえ住環境に支障があっても、よほどのことがない限り問題は生じない。

しかし、要介護高齢者にとっては、外部の人間が一定程度住環境を整備していかないと、日常生活を送ることが難しくなる。また、悪化した住環境に対応する能力も減退している。その意味では、軽度の要介護者にとってホームヘルパーが定期的に入り住環境を整えることは、重度化を防止し在宅介護高齢者の施設志向をとどめているといえる。もし、部屋の片づけがままならず、少しの障害物で転倒してしまうと、寝たきり状態になってしまう可能性も否定できない。

(2)「自助」「互助」機能の低下——増大するホームヘルプサービス需要の要因

昨今、一人暮らし高齢者や老老夫婦世帯が急増している。併せて少子化も進み、家族や地域社会のあり方が変わってきている。国は「自助」や「互助」といった機能の再構築を目指し、ボランティアや自治会活動の担い手に期待を寄せているようだ。確かに、これらインフォーマルな組織が再興されることは重要であり、全国的にも大きな課題である。

しかし、家族やコミュニティといった集団が内包していた自助や互助機能が低下している地域もある。例えば、家族の機能を補完、強化する行動の一つと思われる結婚について見てみよう。現在ますます未婚率が高くなってきており、男性の三五～三九歳で、結婚していない人は三五％。女性も二三％。全体的にみると、男性は五人のうち一人は一生のうち一度も結婚をしない。女性は一〇人中一人が一生独身である。今後、さらに未婚率が上昇するとみられ、家族機能が減退していくのは、ほぼ間違いない。一方、六五歳以上の高齢者における離別率も上がってきている。いわゆる熟年離婚といわれるケースで、死別以外で高齢者が一人暮らしになるというケースが増えているのだ。

例えば、かつての東京は若者が全国各地から集まりながらも、家族や地域を基盤とした共同体的なつながりが期待できる都市であった。しかし、これら地方から集まった人々が高齢者となり、併せて「家族」の絆が希薄化している中、孤立する高齢者が増えている。つまり、これは介護サービスにつながらず潜在的な存在となる高齢者が増えることを意味している。さらに付言すると、認知症の疑いのある高齢者がいれば、地域住民や家族がサービスにつなげる役割を果たしてきたが、自助や互助が機能せずサービスを享受できない高齢者が増えているといえる。現行の医療や介護サービスは、本人が意図的にサービスを望まなければ、誰かがサービスにつなげなければならないシステムなのである。

2　見過ごせない孤独死問題

(1) ホームヘルパーが第一発見者

先日、都内でケアマネジャーに従事し「孤独死」の現場に遭遇した経験のある人に話を聞いた。当時七八歳になる軽度の要介護高齢者担当をしていたが、結果的にホームヘルパーとともに「孤独死」の第一発見者となったという。

この人はホームヘルプサービスを週二回一時間程度利用し、部屋の掃除や洗濯、調理などを支援されていた。性格も社交的で足腰が不自由ながらも公共交通機関を利用して、遠くではないが外出することも多々あったそうである。しかし、時々、物忘れをしてしまいホームヘルパーの訪問時間帯に買い物などに出かけ、留守にしてしまうこともあった。

ある日、ホームヘルパーが訪問した際にチャイムを押しても応答がなく、携帯電話をかけてもつながらなかったので、ホームヘルパーがケアマネジャーに連絡して、再度、二人で訪問したのだが全く反応がなかった。しかし、すでに夜の七時を回っていたが、きっと社交的な方なので、旅行に行ったか友人の家に行って泊まっているのではないかと二人は思ったそうだ。

そして、次の朝、再度、携帯電話に連絡したのだが全く反応がなかったので、心配になりアパートの大家さんに連絡を取り、鍵を開けてもらい部屋に入ったのだが、生ごみのような匂いのする浴室のドアを開けてみると、その高齢者が顔を湯船につけたまま亡くなっていたという。検視の結果、入浴中、心筋梗塞で亡くなり死後四日間が経っていた。

(2)「一人」と言うが……

不運にも入浴中に心筋梗塞という突然死で亡くなり、死後四日後に遺体が発見された。このようなケースでは、命を救うことは難しいのが現状だ。しかし、ホームヘルパーが定期的に訪問することで死後四日後に遺体を発見することができた。孤独死のケースでは、死後一カ月以上経ってから遺体が発見され、公衆衛生上の観点から周辺住民にとって問題となるケースも少なくない。

また、急に体調を崩して部屋の中で倒れている時に、ホームヘルパーが発見して救急車を呼び、命を救うこともある。日常的な身の回りの世話や介護以外に、一人暮らし高齢者の安否確認という意味でもホームヘルパーの役割は重要である。

よく世間で騒がれている孤独死に対して、自分の人生を自宅で終えることに何が問題なのかという声もある。誰にも看取られずとも自分の家で亡くなることは、寂しい狭い病院で死ぬより幸せなのではないかと。しかし、周囲の人々は「孤独死」が近所や身内で発生しては困ると考え、もし、起きてしまうと精神的にも社会的に大きな負担となる。その意味では、「孤独死」は個人の「死」だけでは語れない問題なのかもしれない。

3　サービス削減が続く生活援助

(1)　自立とはサービスを使わないことか

二〇一二年四月の介護報酬改定で在宅介護サービスにおいて、生活援助サービス（生活援助2）の提供時間が六〇分以上から四五分以上に短縮された。繰り返すが、在宅のホームヘルプサービスは、直接介助する「身体介護」と、掃除や洗濯など身の回りを支援する「生活援助」、さらに、両者を混合しサービスを提供する方式の三つに分けられる。

厚生労働省の調査資料に基づけば介護保険サービスを必要とする高齢者ニーズにおいて、生活援助サービスは「掃除」「調理」「洗濯」などが基本となっており、どれも一五分以内で作業がこなせることになっている。そのため、サービス提供時間は四五分以上が妥当であるとされたのである。

先日、筆者は「生活援助」サービスを利用している老夫婦に、サービス時間が二〇〜三〇分短縮された点について話を伺った際に「ホームヘルパーが来て挨拶するだけでも二〜三分。買い物のメモを説明するだけでも二〜三分かかるよ」と言われたのが印象的であった。

確かに、給付費は無駄に使途されるべきではないのだが、かえって「生活援助」サービスを給付費から外していくと高齢者の重度化にもつながると考えられる。在宅介護を推し進める「地域包括ケアシステム」構想の実現という観点からも、このような安易なサービス削減策は妥当ではない。今後、

「生活援助」と重度化予防の関連について十分な検証が必要である。

そもそも介護保険が始まってから、厚生労働省は一貫して「自立支援」に向けた介護保険サービスの利用を勧めており、安易に「家政婦代行」的なサービスにならないよう介護事業所や高齢者に働きかけてきた。実際、在宅ホームヘルプサービスを利用する人の中には、いまだに「家政婦代行」的に介護保険サービスを考えている人もいないわけではない。保険料や税金といった公費が原資となっている介護保険サービスにおいて、単なる家政婦的な位置づけでは困るのは当然のことである。

(2) 自立支援とは

ただし、このような「自立支援」に基づくサービス提供は、時間と手間がかかることも忘れてはならない。筆者が、かつて担当した高齢者は、脳梗塞の後遺症によって杖歩行となり、隣のスーパーまで往復二〇分程度かけて買い物に出かけていた（健常者であれば往復五分もかからない）。

ホームヘルパーは、毎回、自分で食材を選ぶことと、ゆっくりでも自力で外出することが「自立支援」につながるケアだと考え、そばに寄り添いながら買い物支援を続けていた。そして、購入してきた食材を三〇分程度で調理し、その高齢者も一緒にできる範囲で作業に携わってもらうようにしていた。自分で買い物に行くことで生活にメリハリが出てくるし、一人暮らし高齢者のリハビリにもつながる効果があった。

その高齢者の場合、週二回のデイサービスと買い物に出かけることで、貴重な外出の機会を得ることができ、「自立支援」を基本としたケアプランを利用できた。しかし、それは一定程度のケア時間が担保されていたからである。

（3）ホームヘルパーらの葛藤

しかし、二〇一二年の法令改正で六〇分を目安で支援していた生活援助サービスが、四五分になったことで、自力で高齢者が行う時間がさらに確保しづらくなる可能性が生じた。もちろん、四五分以上だから六〇分、九〇分のサービスを提供しても構わないが、ホームヘルパーの賃金を考えると四五分を目安となった新介護報酬ではホームヘルパーに負担がかかってしまい赤字となる。

つまり、二〇一二年介護報酬改定による生活援助に関する時間単位の変更は、直にケア時間の短縮化につながっている。

現在、厳しい条件下になったとしても、「自立支援」型サービス提供をこころがけ、時間がないからホームヘルパーが「掃除」「洗濯」「調理」「買物」などをすべて行うのではなく、限られた環境で高齢者とそれらを共に行うホームヘルプサービスを努めなければならないホームヘルパーの葛藤が続いている。

このようにホームヘルプサービスの「生活援助」サービスは、要介護高齢者の生活全般のケアにつながり、単なる家事援助的な援助ではない。在宅でいつまでも長く暮らしていくためには、何らかのケアがなければ一人暮らし高齢者は生活の維持が難しくなる。

しかも、昨今、「介護離職」といって親の介護のために仕事を辞める息子や娘もおり、その数は年間一〇万人にもなっている。共働き社会を目指すうえでは、「介護離職」は大きな問題となる。しかし、生活援助サービスが入ることで要介護高齢者の生活が安定し、介護離職にいたらないケースもある。これから、各章では視点を変えながら「身体介護」と同様、「生活援助」サービスも要介護高齢者の生活には必要であることを述べていくこととする。

第Ⅰ部　利用者の立場からみたホームヘルパー

第1章　一人暮らし高齢者・老老介護者

柿山貞夫

1　介護保険の現実

(1) 頼れるのは介護保険とわずかな地域支援事業のみ

筆者の住んでいる町は日本の西の果て、長崎県は東シナ海に面した離島にある「五島市」である。風光明媚で美しい島々が多数集まる住みやすい街である。ただ、離島ゆえに不便な面も多い。飛行機、高速船などもあるが天候に左右されることが多い。そして超高齢化社会の最先端といってよい状態にあるのが現状だ。

人口四万人。高齢化率三三%。介護保険料は全国の最上位の方に位置する五七〇〇円台。行政機関が集中する市の中心部はまだいい。市の中心部から外れた町は高齢化率五〇%を超えている。俗にいう「限界集落」があちこちに散在する。自然と湧きあがってくる問題の大半は、高齢者に関することである。

このような様子を見ていると、この町に日本の未来の縮図が存在するのではないかと思われる。独居、老老介護、家が散在するがゆえの地域住民のつながりの希薄さ。いわゆる見守りの困難さ。社会資源が不足し、ボランティア組織はほとんど存在しない。それを支える数少ない若者は市の中心部に仕事に出るために日中はほとんどいない。国はボランティア組織の活用を強化するように促しているが、それを構成する人材が存在しない。その理由は若者の働く場所がないこと。あっても賃金が安く働く場が遠いために時間的余裕がない。今や専業主婦は数少ない。田舎にはほとんどいない。こうした状況で十分な介護ができるはずがない。だから介護保険のサービスに頼るしかないのが現状である。

(2) 厳しい市政と介護施策

市の財政は厳しく、介護保険に使う財源もおのずから縮減されつつある。できるだけ出費を減らすために、本来公平なはずの「要介護認定」も他の都道府県や市と比較すると厳しい認定結果になっているように思えてならない。

他の県や市から「介護認定」を持ってサービス提供や居宅の依頼が来た時などにそう感じられる。「市の財政状況を思うと仕方がないのかな……」。地域支援事業も縮小傾向が強い。「二次予防や生きがいデイサービス、ヘルパー事業」は近年利用が抑制されサービスが低下している。低下した分を「保健師」などの訪問で補おうとの思惑も現場にいると感じられるが、結局は見守りと指導にしかならない。そして頻回な訪問も期待できない。

実際、介護保険サービスをカットされ、利用頻度を減らされた高齢者は、支援をなくし社会とのつながりが希薄になってくる。そしてサービス時間がカットされるとなかなか「助けてほしい！」との声を上げようとしなくなる。「どうせまた認められない！」との思いが根底にあるためだと思われる。どうしようもなくなって再び援助を求めてきた時には、要介護状態になっていることが多い。

そのため、国が進める「地域包括ケアシステム」が、果たして置き去りにされた高齢者をどこまで救えるのか疑問が残る。財政力が弱い市や町は新たなサービスを作り、掘り起こせるのか。新たな組織やボランティア団体を作れても、若者がいない市や町がそれを維持し活用することができるのか。

(3) 移動困難

五島市は島とはいえ、面積は大きい。平成の大合併前は一市五町に分かれていた市である。市の中心部はサービス事業所も多いので、その分サービスも行き渡るが、周辺地域となると事業所は少ないうえに、行政中心部から外れているので、合併前よりもさらにさびれていく一方である。おまけに移動時間もかかる。当然、サービス提供事業所も少なく経営も厳しい。そのため、地域のボランティア的要素が大きくなり、採算を度外視しての提供も多くなる。その最たるものが「福祉有償運送」である。これは、数少ないバスも、個人ではＡＤＬの低下のために利用が困難なため、市の許可を得て移送できるサービスである（すべての高齢者が対象ではない。要介護認定があり、その必要性を認められたものが対象。必要なはずの要支援者は対象外）。

通常、このサービスを利用して、市の中心部にある総合病院への受診の支援を行うのだが、片道一時間近くかかる。受診時間と合わせると半日はかかる。でもホームヘルパーの算定は「乗降介助のみ」。事業所がなくなったら病院へも行けない事態になる。医師の往診はほとんどなく、辛くても我慢する（あきらめの気持ちが強いか！）。病気が重く金銭に余裕がある人は「訪問看護」を利用できるが、それほど数は多くない。

幾分かの貯えがある人はいいが年金生活者がほとんどで、その受給額は年間七〇万～九〇万円前後の人が多い。月にして六万円から八万円程度となる。高い介護保険料はその生活費に重くのしかかる。かろうじて田舎だから、この金額で生活できるのであろう。

だから必要なサービスを極力減らし、自立した生活を送ろうと頑張る人もいる。でも限度がある。

(4) 老老介護

また、親は九〇代、それを介護する人は七〇代や八〇代。そんな家庭は実に多い。反対に八〇代の親が六〇代の子どもを介護している事例なども見られる。どちらも、いわゆる「老老介護」である。未婚で身体障害や知的障害、精神障害のある成人となった子どもが親を介護しているケースなども多い。結局、弱者が取り残され、かばい合って誰かの支援を待っている。本来介護されるべき介護者が介護をしているのである。共倒れになるのは目に見えている。団塊世代を含む六〇代で、現在親を介護している家庭はどれくらいあるのだろうか。高齢化率から見ると相当な数になると思われる。介護している人が、病気や入院のために介護できない状態になるとどうなるか？

社会の片隅でその存在さえも希薄になりかけているのに、それに気づいてもらえなくて、相談するにもその手段がわからない高齢者がいる。食事ができない。洗濯、掃除ができない。風呂に入れない。買い物に行けない。だから、介護者もうかうか入院できないし、弱音を吐けない。ついつい無理をしてしまう。お互いのいたわりあいにも限界がある。それがひいては暴力につながり、虐待につながり、犯罪につながってしまうこともある。

2　ケアマネジャーからみた一人暮らし高齢者の現実

(1) 地元から離れない

筆者の居宅介護支援事業所（ケアマネジャー事業所）は、二〇一四年六月時点で利用者が八一名ほどいる。そのうち二八名が一人暮らし高齢者である。核家族化が進み、子どもは仕事のために都会に出ていき、親だけが地元に残る。そして、子どもはほとんど地元に帰ることはない。つまり、老夫婦世帯で、どちらか一方が他界すれば自ずと一人暮らし高齢者となる。

時々、都会に出た子どもに一緒に住む事を求められ、引っ越して行く場合もあるが、稀なケースである。住み慣れた地域を離れたくないのが高齢者の心境である。今さら、住み慣れた場所を離れたくない、見ず知らずの場所で生活したくないとの思いや、高齢になって環境が変化することに戸惑いを覚えるためである。

中には子どもとの同居のために引っ越していったが馴染めず、再度、田舎の自分の家に帰ってくる人もいる。わが子の家とはいえ、子どもにも配偶者やその子どもがいるためどうしても肩身が狭い思いをしてしまう。知らない街、知らない人々、雑踏の中に迷い込んで、閉じこもることが多かった様子などがうかがえる。

(2) 子どもには子どもの言い分がある

一方、都会に出た子どもにしてみれば、「夫婦で働かないと食っていけない」「いつでも来いと言うが来てくれない」「自分も高齢のため、とても親の介護などできる状態でない」「帰って来いと言われても、遠方過ぎてちょくちょくとは帰れない」など、子どもにも言い分がある。親も、自分の介護のために、仕事を辞めてまで帰ってきてほしくないとの思いが強い。働き盛りの子どもも家庭を持っている。仕事を辞めると収入が途絶える。夫婦別居、親子別居の生活はさせられない。自分のことで大切な子どもの家庭を壊したくないと考えている人が大半である。たとえ子どもが介護のために来てくれたとして、介護は何年に及ぶか先が見えないし、その後の生活をどのように立て直すかなど問題が多い。

そのため、安易に施設入所を希望することが多くなってくる。でも費用が安い「特別養護老人ホーム」などには簡単には入所はできない。有料老人ホームは収入が少ない人には厳しい。だから、半分投げやりな気持ちで最小限のサービスを利用して、在宅生活を続けているのだ。

内閣府の『高齢者白書』によると、日本では六五歳以上の高齢者のいる世帯は全体の四割である。そのうち六五歳以上の世帯をみると、一人暮らし高齢者世帯が二〇〇九年には半数を超えた。このまま推移すると一般世帯総数に対する高齢者世帯は二〇〇五年の二七・六％と比較すると、二〇三〇年には三九％、さらに高齢者世帯に占める「一人暮らし世帯」も上昇し続け三七・七％へ上昇することが予想されると同書にはある。特に、男性の一人暮らし高齢者の割合が大きくなるらしい。また、一人暮らしの人は他の世帯と比べ、健康や生活費などの経済的な問題などの心配事や悩み事がある人が多いとも書かれている。次節では、このことが端的に伝わる事例を紹介する。

3　それでも自宅で暮らしたい

(1) 三重苦の生活

松村時雄さん（仮名・要介護2・七七歳）は一人暮らし、全盲、人工透析である。今も自宅で生活している。訪問介護や通所介護を利用して、今は落ち着いた生活を取り戻しているが、それまでには本人だけでなく、家族、ケアマネジャーなどの周りで関わる多くの人々の葛藤と模索があった。

筆者が関わった当初は妻も健在で、市営住宅で平穏に過ごしていた。時雄さんは以前マッサージ業を営んでいたが、すでに引退していた。外出する際はいつも妻のガイドで出かけ、家事もほとんど妻がこなしていた。

一人息子が結婚し島内にいるが、遠くに住み、仕事がら多忙な毎日を送っているために、訪問してくれるのはまれであった。

時雄さんは全盲ながら、感が良く、ある程度のことは指示してやると自立に近い行動ができていた妻が「アルツハイマー型認知症」を発症し、次第に家事ができなくなり、反対に時雄さんが妻の介護を少しずつ行うようになっていった。

しかし、時雄さんが全盲のために介護にも限界がきて、妻は施設に入居した。そして一人暮らしとなった。食事、掃除、洗濯などホームヘルパーの支援を少しずつ増やしていったが、それに「人工透析」という新たな問題が加わってきた。地域から透析ができる病院は、市の中心部に二カ所あるが、そこまで車で一時間はかかる。

また、その頃になると、時雄さんは失禁なども増え、行動も不穏になり、玄関先や食台の下に寝たり、近所の玄関を夜にたたいたり、徘徊をするようになった。全盲のため外で転倒して手首を骨折したこともあった。今振り返ると、透析のために水分制限があり脱水症状などで意識が混濁したためではなかったかと推測される。本人もなんでそのような行動をとったのかわからないと、当時を振り返って言う。

緊急避難的にショートステイの利用も行ったが「透析」の問題で長期の利用はできず、市の中心部での施設入所も探り、息子との同居なども打診したが、どうしても「透析」の問題が大きく実現には至らなかった。そして、ケアマネジャーとサービス提供事業所のみでは解決できないために、各機関に集まってもらって話し合いを持った。市長寿介護課、地域包括支援センター、各事業所、警察、消防署などに声をかけ協議したが解決策は見出せなかった。そのため、同じ団地に住む協力的な住民数名にも声をかけ、日頃の見守りをお願いした。ケアマネジャーはまるまる一カ月間この問題に振り回された。そしてある日突然、グループホームから「入所ができる」との報告をいただいた。心身ともに疲れていたので、肩の荷がドーッと降りて安堵したのを覚えている。

(2) そして再び自宅へ

そして、半年後。息子さんが時雄さんを伴って事業所に来所した。「自宅で生活したいので再び支援をお願いしたい！」とのこと。正直言って自分の中で大きな葛藤があった。でもわざわざ当方を訪問し、自分が希望する生活をしたいと言われるのである。精神面も以前の状態に戻り、認知症状も診られない。でも、「一人暮らし、全盲、透析」については何も解決しているわけではない。再び三重苦の生活が待っている。特に週三回の透析の問題は大きい。この問題を解決しないと在宅生活は困難と判断した。

市の中心部には、透析患者を移送してくれるボランティア組織がある。でも遠方のため協力できないと断られる。個人的に協力してくれる人がいないか探し回ったら、ある飲食業者が、仕入れのために市内の方に行くのでボランティアで週二回だったら「送りだけ」してもいいと言ってくれた。遠方に住む息子にも帰りの協力をお願いし、「月二回」は少し強制的ではあったがお願いができた。そして残りは当法人内で運営する「訪問介護事業所の福祉有償運送」を利用することで解決できることになった。もちろんボランティア的要素が大きい。

全盲は直せない、ならば一人暮らしをどう支えるか。どうしても「訪問介護での生活援助」がないと暮らせない。全盲ながらも自宅内の移動は手探りしながらだが、可能だった排泄も問題なかった。しかし食事はどうするか？　以前は冷蔵庫の中の腐ったものを食べてお腹を壊すことも多かった。これからは本人に任せず、冷蔵庫の中身の管理をホームヘルパーで行い、食事は電子レンジを使用してホームヘルパーが作り置きしてくれたものを、自分で温めて食べるようにする。入浴は危険がないようにホームヘルパーが訪問している時間帯に行うか、デイサービス利用時に行うことを約束した。自宅内の整理や物の移動などは必ず本人と一緒に確認しながら行うことも約束した。

もちろんその他の、細かい支援なども必要になってくる。書類や郵便物はホームヘルパーに確認してもらい、必要な手続きはほとんどケアマネジャーが代行して行っていくことになった。金銭の管理だけは本人ですることになった。

(3)　金銭問題

しばらくすると、時雄さんに介護サービス利用を「抑制」する動きが出てきた。

ホームヘルパーからも「食材がほとんどない。あまり買い物もしない。調理をしようと言っても何も作らせない。食べ物は後から誰かに買いに行ってもらうからと言っています」との連絡がくる。

原因を聞いてみると、本人の障害年金が年額九〇万円程度、妻の年金が年額四〇万円程度であった。本人が一人で生活するのであれば何とかなるが、施設入所している妻の費用を本人の年金からも支払っていたのである。貯えはほとんどなかった。

ホームヘルパーの生活援助なしでは在宅生活は成り立たない。生活保護を申請しても、配偶者の収入も合算して計算されるため拒否された。わずかではあるが息子に援助をしてもらい、食材なども持ってきてもらったり、ホームヘルパーが自宅の余りものや必要な物を持ってきてくれることもあった。

そうやってしのいでいたら、入所中の妻が他界した。悲しいことではあるが、経済的な余裕ができたのは確かである。サービス提供（特に訪問介護）を毎日利用できるようになったため、在宅生活に安心感が出てきたようで、精神的にも明るくなり、安心感が出てきたと時雄さんは言っていた。

（4）事故から学ぶこと

ある日、突然の電話で呼び出された。夕方に偶然デイサービスのスタッフが時雄さんの自宅の前を通りかかったら、時雄さんが玄関で倒れていた。骨折していると思われるが、どうすればいいかとの電話である。すぐに救急車を要請し、息子に連絡し病院に駆けつけてもらった。「右大腿部、右手首骨折」で手術することになった。

事故の原因として、一人暮らしで全盲、そして、ケアマネジャーを含めスタッフの気づきの足らなさといった点が挙げられる。玄関のマットで滑って転倒したのが直接の理由だが、いろいろな関係者が自宅を訪問して関わっていたにもかかわらず、マットが滑りやすい事には誰も気づかなかったのである。目が見えないために多分どこを掴めばいいかがわからず、受け身も取れないまま倒れてしまい、大事故につながったのだろう。「私たちが気づいてやればよかった」とホームヘルパーが反省の弁を口にしていた。時雄さんの在宅生活を支えてあげたいとの心からの言葉だと思われる。

そして、私たちは、この事故を通して自宅内の家財道具の配置や整理と小さな心配りの大切さを改めて勉強させられた。

(5) 生活援助があってこその在宅生活

時雄さんが一人暮らしを始めた頃の介護認定は「要介護1」、再び自宅に帰ってから現在までは「要介護2」である。

ホームヘルパーが毎日支援を行い、透析ゆえの食事（リンやカリウムの制限）を考慮しながらの調理を行っている。物を一つ動かすのさえ本人に教え注意を促す。食べ物にはカビが生えていないか、古くなっていないかを本人に代わり確認する。ホームヘルパー同士はお互いに細かい情報を交換し、必要な情報や支援はケアマネジャーまで届けてくれる。「身体介護」は時雄さんには今のところ必要ない。毎日のホームヘルパーの「生活援助」と「透析のための移送手段の確保」こそが、在宅での生活を可能にしている。

将来のことはわからない。でも今、目の前にあり、自宅での生活を希望し、自分らしい生活を維持していきたいとの思いを持って、「三重苦」を背負いながら生きている人がここにいる。病院は長期の入院はさせてくれない。透析患者だとほとんどの施設が入所を拒む。それがゆえの八年間に及ぶ支援である。これから何年支援できるかもわからない。でも「訪問介護」は、この人の命綱である。

4　要介護高齢者にとってのホームヘルパー

(1) 介護保険におけるホームヘルパーの重要性

要介護者は増える。施設は満杯。近い将来、行き場がない高齢者があふれてくる。すぐ近くに子どもが住んでいればいいが、それでもままならない状況が多い。寝たきりの親の介護をするために、仕事を辞めて同居する人も増えている。働き盛りの四〇～五〇代がその犠牲になっている。いくばくかの蓄えと親の年金で生活を支えている。親が亡くなってからの自分の生活をどのように設計していくのか心配になってくる。仕事を辞めずに済むよう、もっとうまく「介護サービス」を使えないものかと思う。

安易にホームヘルパーの利用を希望する人もいるが、我慢に我慢を重ねてぎりぎりまで利用しなかったり、まったく拒否して受け入れない人もいる。中には「介護保険の財政が大変だから控えます！」という人までいる。頭が下がる。介護保険で使えるサービスの種類も多くなり、多種になってきた。でも在宅生活を維持するための基本となるサービスは、あくまでも「訪問介護」だと思う。一対一で本人に寄り添い、その人に必要なサービスを提供する。制度上制限される場合もあるが、在宅サービスの基本となるサービスはあくまでも「ホームヘルパーであり訪問介護」であることは間違いない。

事業所が大きくなると細かい事まで制限され、全く融通が利かない面がある。その場合、ほとんどボランティア的要素がないので、人間味が感じられない悲しさもある。しかしボランティア的要素を容認してくれる小さな事業所があることも間違いない。自宅に入り高齢者の健康状態を確認、時にはケアマネジャーや病院に連絡を入れ、本人の悩みや辛さを聞いて、その一方で、せっせと与えられた仕事をこなしていく。また、寒さや暑さを考慮してアドバイスをしながら環境を整備する。時には一緒に涙しながら生きていく辛さを共有してくれることもある。

要介護状態でホームヘルパーを必要としている状況は大別して「一人暮らし」「夫婦ともに障害や疾患を抱えた夫婦」というケースが多い。近隣との交流がなく、ホームヘルパーが訪問してくれることだけが、唯一の人との交流という人がほとんどである。そこには家族以上の信頼関係が生まれてくることもある。また、一人暮らしの高齢者は、特に刺激や目的がないうえ、孤独であるがために認知症になりやすい傾向がある。それをいつも早目に気づいてくれるのがホームヘルパーである場合が多い。

(2)「生活援助不要論」は不要

「家政婦でもできる仕事」と言う人もいる。確かに一部の人にとってはそれでいいのかもしれない。でもほとんどの人にとって、人間の尊厳の保持に関わる点は無論のこと、金銭面や近くにいてくれるという利便性などを考えると、どうしてもホームヘルパーの存在は必須である。なぜなら国民が平等に公平に安価に利用できる制度だからである。

「生活援助不要論」もあるが、もってのほかである。それは高齢者の自宅を訪問し、その現場を見ていない人が机上で考えた事だ。「食事を自分で作ろうにも作れない。掃除をしようにもすることができない。ごみが出せない。身体が思うように動かない。転倒ばかりする。買い物ができないので食材もない。調理をする段取りがわからない。座り込んだら立ち上がることもできない。包丁を握る握力もない」。これはほんの一例であるが、あなたがこういう立場に置かれたらどうなるか考えてほしい。まず自宅で一人暮らしができるはずがない。夫婦ともにこういう状況に陥る場合も多いのだ。ホームヘルパーの支援が、このような人々の状態を「生活援助」を受ければ済む程度の状態に留め、「身体介護」にまで悪化させていないケースが多数あるのは間違いないと思う。

このような状況に置かれている高齢者の生活を支援しているのはホームヘルパーである。ホームヘルパーの支援がなかったら確実に施設のお世話になるしかない。要介護などの高齢者がホームヘルパーに手を合わせて、感謝を表すこともよくあるが、その内心は「あなたたちがいるから自宅で生活できます！　これからも見捨てないでください！」との哀願の意味が込められていると思う。

二四時間体制で訪問介護と看護が共同して、複数回訪問するサービスも開始されたが、その普及は思うように進んでいない。なぜだろう？　それなりの需要もいくらかはあると思われるが、ホームヘルパーは賃金が安い上に、夜間勤務など労働条件が過酷なことが、その一因かもしれない。介護保険法が改正されるたびに、事業所もホームヘルパーもその対応に振り回されてきた。これまでの流れからすると、良い方向に改正されたためしがない。したがって、新しいサービスへの参入には、とくに慎重になってきているのではないかと思う。

事業所である以上健全な経営を考えていくことは当たり前である。収入が減ればホームヘルパーの賃金も少なくなる。事業所がなくなると、結果としてサービスがない地域ができてしまうことも考えられる。介護保険の根幹を支えるホームヘルパーの存在は大きい。

これからますます増える高齢者と一人暮らしを支えていくには、多数のホームヘルパーの育成と、労働条件の改善などのホームヘルパーの仕事の仕組みを考えていく必要があると思われる。

参考文献

五島市「老人福祉計画・第５期介護保険計画」（平成二四～二六年度）。
内閣府『高齢社会白書』各年版。

第2章　サービス付き高齢者向け住宅利用者

井上直人

1　高齢者住宅で受けるホームヘルプサービス

「入居したら部屋の中の掃除とか洗濯ってどうするの？　うちのおじいちゃん、家事なんてやってきてないからできるかしら」

筆者が経営しているサービス付き高齢者向け住宅（以下、サ高住）で入居相談を受けていると、こんな相談を耳にすることが多い。「サ高住って、どこまで介護をしてくれるの？」「洗濯って家族がしなければならないの？」実際、サ高住を含む高齢者住宅での介護や生活支援については一般の方にはわかりづらいところが多いのが現実だ。高齢者住宅において冒頭のようなケースの場合、居室内の掃除や洗濯ができる人は自分で、できない場合は訪問介護の生活援助を利用して行うのが一般的である。

しかしながら、入居したら全員が生活援助を利用するわけではない。高齢者住宅では介護サービスが入居者全員に一貫して行われるわけではなく、介護が必要な人に必要な分だけオーダーメイドでホームヘルプサービスが行われる仕組みとなっている。

2　高齢者住宅の中のサービス付き高齢者向け住宅

(1)　多様な高齢者住宅

そもそも、高齢者住宅とはどのような施設のことを指すのだろうか。昨今では、施設類型が多様化しており、どの施設でどのような介護を受ける事ができるのか、一般の方はもとより、ややもすると介護の現場で働く筆者たちでさえもわからないこともある。現在、代表的な高齢者住宅としては、サ高住、住宅型有料老人ホーム、ケアハウスなどが挙げられる。共通するのはどれも同じように、入居後、介護が必要になれば利用するのは介護保険の居宅系サービスとなる点である。以下の具体例などは筆者の運営するサ高住の事例を参考にするが、基本的にはサ高住、住宅型有料老人ホーム、ケアハウスなどすべての高齢者住宅で起きていることだと考えられる。

(2)　サービス付き高齢者向け住宅

サ高住は二〇一一年一〇月の高齢者の居住の安定確保に関する法律（高齢者住まい法）の改正によって誕生した新しい形の高齢者の住まいである。もともと、同法に規定される高齢者専用賃貸住宅という形で運営していた事業所が多いが、改正を機に、国による供給促進策もあり新規登録事業者が増え

表2－1　サービス付き高齢者向け住宅の登録基準（抜粋）

入居者	①単身高齢者世帯 ○「高齢者」…60歳以上の者または要介護・要支援認定を受けている者 ②高齢者＋同居者（配偶者／60歳以上の親族／要介護・要支援認定を受けている親族／特別な理由により同居させる必要があると知事が認める者）
規模・設備等	○各居住部分の床面積は，原則25㎡以上。 （ただし，居間，食堂，台所その他の住宅の部分が高齢者が共同して利用するため十分な面積を有する場合は18㎡以上） ○各居住部分に，台所，水洗便所，収納設備，洗面設備，浴室を備えたものであること。 （ただし，共用部分に共同して利用するため適切な台所，収納設備または浴室を備えることにより，各戸に備える場合と同等以上の居住環境が確保される場合は，各戸に台所，収納設備または浴室を備えずとも可） ○バリアフリー構造であること（段差のない床，手すりの設置，廊下幅の確保等）
サービス	○少なくとも状況把握（安否確認）サービス，生活相談サービスを提供 ・社会福祉法人，医療法人，指定居宅サービス事業所等の職員または医師，看護師，介護福祉士，社会福祉士，介護支援専門員，介護職員初任者研修課程を修了した者が少なくとも日中常駐し，サービスを提供する。 ・常駐しない時間帯は，緊急通報システムにより対応。

出所：「サービス付き高齢者向け住宅情報提供システム」2013年９月30日アクセス。

続けているのが現状である。サ高住に登録するためには、高齢者が生活しやすいように、バリアフリー構造であること、また、孤独死対策として状況把握（安否確認）サービス・生活相談サービスの提供、また生活相談を受ける体制づくりとして日中帯（おおよそ九～一七時）に有資格者を常駐させることが必須となっている。ここでいう有資格者とは、社会福祉法人、医療法人、指定居宅サービス事業所などの職員または医師、看護師、介護福祉士、社会福祉士、ケアマネジャー（介護支援専門員）または介護職員初任者研修課程（旧・ホームヘルパー２級課程）を修了した者のことである（表2－1）。

ここで押さえておかなければならないのは、サ高住に入居したからといって自

表2－2　サ高住と老人ホームの比較

	サ高住	老人ホーム
自由度	高い。 →事業所によるが基本的に自由度は高い。	低い。 →施設の性質上，ある程度制限される。
24時間介護	基本的にない。 →居室内で介護が必要な場合，訪問介護事業所からホームヘルパーが派遣される。	施設職員による24時間介護あり。
プライバシー	重視される。	居室内に職員の出入りあり。
職員体制	日中帯（9:00～17:00）に有資格者を生活相談のため配置。	利用者３人：介護職員１人が一つの基準となっている。
入居一時金	基本的にないところが多いが，賃貸住宅なので，敷金が発生する事業者が多い。	事業者によって千差万別。 →3,000万円を超える高額ホームから０円のところもある。
介護保険	居宅系サービスを利用することになる。訪問介護等外部事業者の利用可。	入居自体に介護保険が利用される施設系サービスとなる。
医療	事業者によるが，協力医療機関がある所が多い。	事業者によるが，協力医療機関がある所が多い。
レクリエーション	全く行わないところや頻繁に行うところなど，事業者による。	多い。

注：老人ホームは介護老人福祉施設・介護老人保健施設・介護付き有料老人ホームを念頭に作成。
出所：吉田ほか編著（2011：71）を一部修正。

動的に二四時間の介護サービスがついてくるわけではないということである。住宅内に医療・介護の有資格者が配置されていれば、二四時間の介護サービスのある介護施設だと思われがちだが、サ高住はあくまでも入居している人の自宅であって、介護施設ではない。そこで介護が必要になれば、戸建てやマンションに住んでいる場合と同じように、自宅で利用する介護保険の居宅系サービスを利用することになる

（表2-2）。

現在、サ高住に入居している藤井陽子さん（仮名・七四歳・要介護2）の介護保険サービスは、このような形になっている。陽子さんは、脳梗塞後遺症による軽度の右麻痺と高次脳機能障害によって、注意力が散漫になっている。普段、車いすで生活しているが、将来的には自宅に帰りたいと思っているため、週に二回リハビリ特化型デイサービスで機能訓練を行っている。シルバーカーを使って、短距離であれば歩くこともできるが、現状では無理はできない状況にある。デイサービス利用の翌日に生活支援のホームヘルパーが入って、洗濯をし、この際に次回のデイサービスの用意を行うようにしている。

午前に入ったホームヘルパーの干した洗濯物を取り込むために夕方ホームヘルパーを入れるのは無駄なので、その分はサ高住スタッフが行うようにしている。このように、サ高住の場合、居宅系サービスなので必要なサービスを一人ひとりのニーズに合わせて提供していくことが可能である（表2-3）。

一方、サ高住の介護サービスはサービス利用時間以外は突発的な介護ニーズが発生したとしても、介護保険では対応しづらい形となっている。この点が二四時間介護の施設と最も違う点である。もちろん、介護保険で対応しづらいからといって、いざというときに対応できる体制を整えていないわけではない。介護保険とは関係なく、必要なときには、入居者とサ高住の間でサービス提供の契約をしていて、適宜、サ高住スタッフが対応するところや、住宅内に「定期巡回随時対応型訪問介護看護」

表2-3　藤井陽子さん（仮名・要介護2）の週間予定表

	月	火	水	木	金	土	日
8:45～9:30			生活援助				生活援助
ニーズ			掃除・洗濯・デイ準備等				掃除・洗濯・デイ準備等
夕方			サ高住スタッフ				サ高住スタッフ
ニーズ			洗濯物取り込み				洗濯物取り込み
17:15～18:30					生活援助		
ニーズ					掃除・片付け等		
9:30～17:00		デイ				デイ	
ニーズ		自宅に帰っても生活できるようにリハビリ特化型デイサービスで機能訓練				自宅に帰っても生活できるようにリハビリ特化型デイサービスで機能訓練	

注：▒部分はサ高住スタッフによる介護保険外のサービス。
出所：筆者作成。

の二四時間型の訪問介護事業所を用意していて、突発的な介護ニーズにも対応できるようにしているサ高住など、さまざまなタイプのサ高住がある。いざというときの介護ニーズにどのように対応するかが、各サ高住事業者の腕の見せ所といえる。

3　介護保険サービスとサービス付き高齢者向け住宅

(1) サービス付き高齢者向け住宅は介護施設なのか住宅なのか

そもそもサ高住は介護施設なのか住宅なのかといった議論がある。法律的な観点からいえば、サ高住の根拠法は国土交通省を所管とする高齢者の居住の安定確保に関する法律（高齢者住まい法）であり、一般的に介護施設といわれるものの根拠法は厚生労働省を所管とする老人福祉法や介護保険法である。また、有料老人ホームの観点からいえば、一人以上の高齢者が居住していて、入浴、排泄、若しくは食事の介護、食事の提供または健康管理のいずれかを提供していれば、有料老人ホームに該当して届出の義務が発生する。この点からいえば、サ高住の多くは有料老人ホームとなってしまって、有料老人ホームの届け出を行う必要が出てくる。

大方のサ高住では、食事の提供もしくは健康管理を行っているので、サ高住は届出をしなくてはいけない有料老人ホームと思えてくるが、サ高住として登録すれば、有料老人ホームの届け出をしなくても良い制度となっている。このように、サ高住は見る観点によって住宅なのか、有料老人ホームな

図2-1　有料老人ホームとサ高住の位置づけ

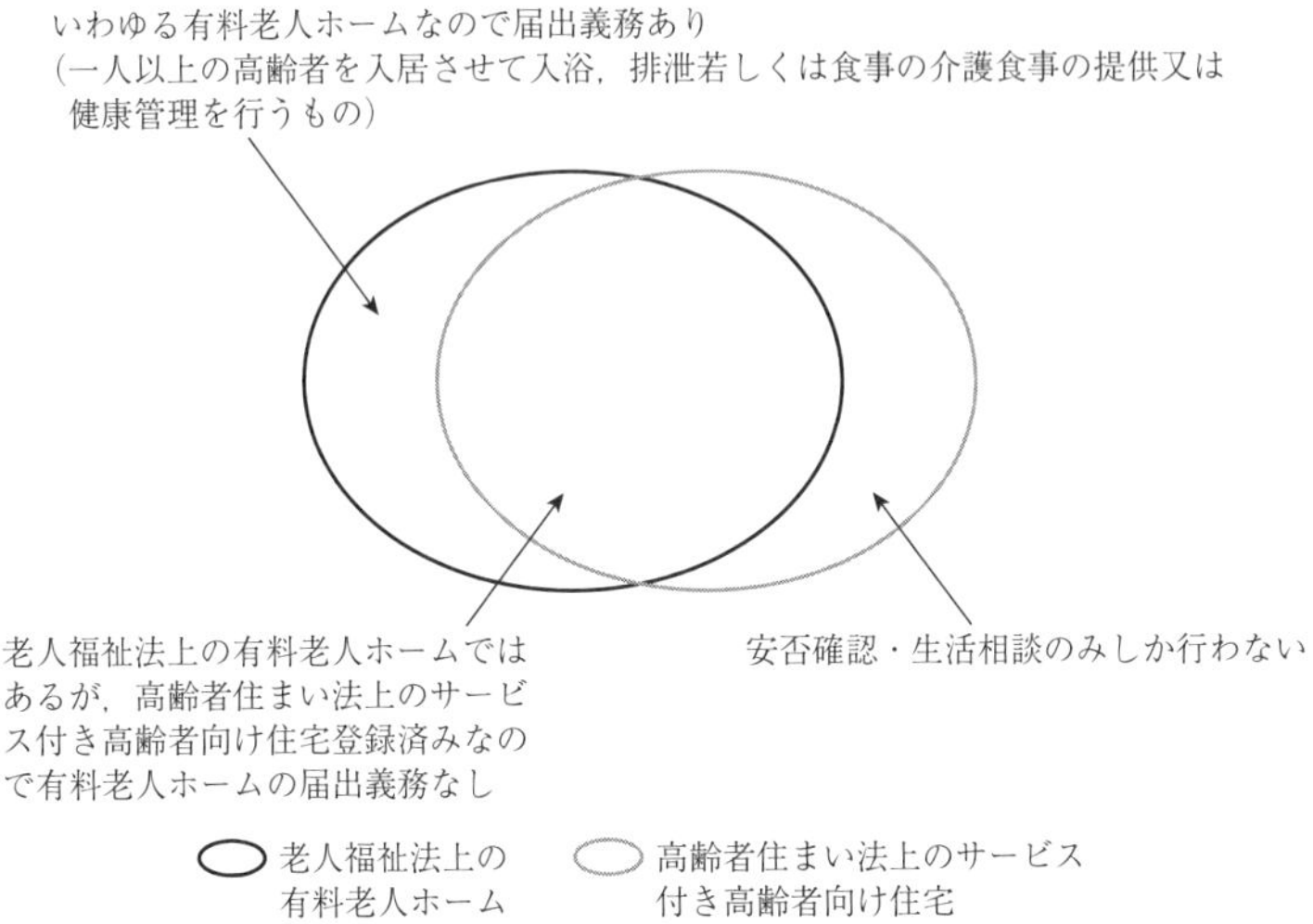
いわゆる有料老人ホームなので届出義務あり
（一人以上の高齢者を入居させて入浴，排泄若しくは食事の介護食事の提供又は健康管理を行うもの）
老人福祉法上の有料老人ホームではあるが，高齢者住まい法上のサービス付き高齢者向け住宅登録済みなので有料老人ホームの届出義務なし
安否確認・生活相談のみしか行わない
老人福祉法上の有料老人ホーム
高齢者住まい法上のサービス付き高齢者向け住宅

出所：厚生労働省資料を基に筆者作成。

のかがわかりづらいため、施設なのか、住まいなのかといった疑問がでてきてしまうが、サ高住の登録を済ませているものは「住宅」という考えで問題はない（図2-1）。

（2）サービス付き高齢者向け住宅スタッフと訪問介護スタッフの関係性

前述のとおり、サ高住はあくまでも住宅なので、介護施設と違い居室内にスタッフが自由に入れるわけではない。自宅である以上、そこには家族との思い出の品や、現金、有価証券等貴重品などが置いてある可能性があり、スタッフであっても勝手に居室内に立ち入ることはできない。夜間帯、許可なくスタッフが居室に入って睡眠時の様子を確認する事もできないし、居室のトイレ周りが汚れているからといって、気を遣って掃除することもできない。

そのような状況の中、サ高住スタッフが高齢者の身体的、精神的変化などの情報を集める場合には、ナースコールなどの緊急通報システムにより居室に呼ばれた場合や入居している高齢者が共用スペースに来た際などを利用することとなる。居室に呼ばれた場合は一対一の対応ができ、情報を集めやすいが、共用スペースでの情報収集は制約がある。共用スペースは文字どおり、その人だけのものではなく、入居している全員のものである以上、多くの人の目や耳があり、プライバシーの観点から正確な情報を聞くことが難しい。特に軽度者の場合は周りの入居者との関係性などを考え、より一層の注意が必要である。

一方で、訪問介護のホームヘルパーの場合、決められた時間に必ず居室に訪問するので一対一の時間をサ高住スタッフに比べてしっかりと取ることができる。そのため、入居者としても安心して、悩みや不安を伝えることができる。そこでホームヘルパーの得た情報をサ高住スタッフと共有することで、きめの細かい対応をすることができる。

サ高住内での生活援助はホームヘルパーにとっても大きなメリットがある。埼玉県蓮田市で訪問介護事業所を運営するウェルフェアプランニングのサービス提供責任者高階のぶ枝さんによると「一般のご自宅への訪問介護では、認知症による物盗られ妄想がある場合など、ヘルパーにとっても大きなストレスになる場合があります。軽度の方で物盗られ妄想の場合、普段のコミュニケーションなどはしっかりとした受け答えができることも多く、ご家族、保証人様がしっかりとご本人の状況を把握していない場合があります。一方で、サ高住内の訪問介護であれば、同じ自宅内に入るのであっても、そこにはご本人の状態をしっかりと把握しているサ高住スタッフの方がいます。何かトラブルがあっても客観的な立場でしっかりと状況を説明してくれる方がいるのでヘルパーとしては大きな安心感になっています」とのことであった。

実際、ホームヘルパーはサ高住スタッフの目を利用し、業務を行う上での安心感にしている。これから訪問する人はどのような人なのか、周りの人とのコミュニケーションはしっかりととれているのかなど、書面ではわからない場合もある細かい情報を事前に得ることで、思わぬトラブルを回避することができる。一方でサ高住スタッフは居室内に定期的に入れるホームヘルパーの目を利用し入居者の本心という情報を手に入れている。このように、サ高住スタッフと訪問介護のホームヘルパーの情報交換が入居者の生活の支援において重要な役割を果たしている。

(3) 介護の始まりは介護スタッフの目

以前、筆者の経営するサ高住でこのようなケースがあった。

早川紀子さん（仮名・要介護1・八六歳）は軽度の認知症ではあったが、身体機能としては健康で、現在住んでいるサ高住も五年前から住んで慣れているため、天気の良い日などは近所に買い物に歩いて行き、自分の住んでいるサ高住のチラシなどを持っていれば帰宅することもできていた。身だしなみにとても気を使う人で美容室にも頻繁に通っていて、食堂に来る際も必ず身だしなみを整えて、お化粧をしてくるような人だった。そんな紀子さんが、数日の間、髪も整えず、お化粧もせずに食堂に来ることが続き、サ高住スタッフが体調を尋ねても「特に問題ないわよ」といった返事しかもらえない時期があった。そこで、サ高住スタッフより生活援助で掃除に入っているホームヘルパーに状況を引き継ぎ、居室に入った際に少し話を聞いてみてもらうように依頼したところ、「手持ちのお小遣いがなくなりそうで心細かったんだけど、息子たちも忙しいみたいでなかなか言えなくて。こんな話はお友達にもなかなかね…」という悩みを打ち明けられた。そこで、ホームヘルパーが帰る際に、サ高住スタッフに報告し、サ高住スタッフからご家族に連絡して、お小遣いを持ってきていただき解決したということがあった。

このケースはサ高住スタッフ、生活援助のホームヘルパーという、一方は介護保険上の訪問介護スタッフとして、もう一方は私的契約上のサ高住介護スタッフとして共に「介護スタッフの目」で気づき、それぞれの特性を活かし情報収集し、それを共有することで連携を取った形となっている。サ高住の介護においては、このように介護保険上の介護スタッフと私的契約による介護スタッフという両者が共存し役割分担することで個人個人に最適な介護サービスを提供することが可能となっている。

(4) サービス付き高齢者向け住宅での代表的な生活援助

① 掃除・洗濯・食事

一般在宅でもそうだが、サ高住でも生活援助の代表例は掃除・洗濯・ゴミ出しの家事となっている。

食事に関しては、食事提供を行うサ高住がほとんどなので、生活援助で行う必要性は低い。一方、清潔な住環境を整えるという観点から、居室内の清掃やゴミ出し、洗濯は必要なものとなっている。

まず掃除を考えてみると、サ高住の居室は一般的には表2-1のように一八～二五㎡前後となっているので、掃除をするスペースとしてはそれほど広くはない。一軒家を掃除するのとは違うので、掃除に関する生活援助の必要性を感じることは少ないように思える。しかしながら、一軒家ほど広くないサ高住の居室で軽度者の場合はスペースの割に家財道具が多く、一人で掃除をすると転倒リスクが高まることが多い。そのような意味合いから、やはり、サ高住内でも生活援助のホームヘルパーがいる時に掃除してもらうというのが望ましい。

また、洗濯に関しては、次のようなケースもある。軽度の認知症があって、サ高住に入居してきた場合など、慣れない環境、新しい設備などによって、落ち着かない状況になることがある。今まで使っていた洗濯機を持ってきても、使い方がわからなくなってしまうということもあり、環境に慣れて、使い方を思い出すまでの間、ホームヘルパーと一緒に洗濯をする場合がある。一方で、掃除と同じように身体的な面からホームヘルパーを必要とすることもある。洗濯というのは機種によっては、洗濯機に入れる、取り出すといった工程に非常に高い身体機能を求められることもある。身長の低い女性高齢者ならなおさらである。さらに、洗濯物を干すという作業は、水を吸った重い洗濯物をもってベランダまで移動するといった能力も求められる重労働となっている。杖やシルバーカーなど歩行補助具を利用する高齢者にとっては、干したくても持っていけないといった事もしばしばある。そのようなときに、持っていくまでは手伝ってもらって、干すのは自分で干すといった役割分担をすることで、入居者自身で洗濯をすることが可能になる。

② 買い物

サ高住において、居室内での生活雑貨や、水分補給用の飲料水などは、入居者自身で用意する。介護施設であれば、定時に水分の提供があるが、サ高住居室内では、水分も自己管理となる。もちろん、夏場などはサ高住スタッフから水分摂取の呼びかけなどもあるが、訪問介護が入った時などはホームヘルパーから水分摂取の声掛けを行うこともできる。入居者の中には自分で買い物に行くことができる人も多くいるが、ペットボトルなど重いものを持って帰ってくることは身体能力から難しい場合がある。そのようなときに、ホームヘルパーと一緒に買い物に出かけて買ったものをホームヘルパーに持ってもらうことや、ホームヘルパーに買ってきてもらうことなどができる。この買い物という点においては、入居者の家族関係によって必要性が大きく異なってくる。

入居しているサ高住の近隣に家族が住んでいて、子どもや孫が頻繁に訪問してくる環境の場合、買い物に関する生活援助の必要性はほとんどない。一方で、入居しているサ高住から遠方に家族が住んでいて、訪問回数も少ない場合などは、買い物での生活援助の必要性が高くなってくる。最近では、親類縁者が少ない人が一人暮らしで将来に不安を感じてサ高住に入居するというケースも増えてきている。そのような場合、サ高住の近くに親族がいないというケースも非常に多い。そのため、このような場合も生活援助での買い物は必要性が高い。

4　サービス付き高齢者向け住宅での生活援助利用例

ここまでサ高住の概要や、サ高住内におけるホームヘルパーの位置づけなどを述べてきたが、ここでは、実際にサ高住入居者がどのように生活援助のホームヘルパーを利用しているのか、具体例を見ていきたい。

(1) 入居をきっかけに生活援助を利用

山本アイさん（仮名・要支援2・八一歳）　埼玉県内で一人暮らしをしていたが、めまいにより入院。治療の結果、退院したが今までどおりの一人暮らしに不安を感じて、老人ホームを探していたところ筆者の経営するサ高住に入居することとなった。めまいは慢性的なもので、一人で掃除や洗濯を行うことが難しいが、身体機能としてはできることも多く、一人では難しいところに訪問介護を入れていく必要があった。特に洗濯では、洗濯機に洗濯物を入れる、取り出す、干すといった作業の時、一人ではめまいのために、ふらつき、転倒する恐れもあるので、ホームヘルパーの見守りが必要となっている。

また、めまいの影響で外出の機会もすっかり減ってしまっていたが、デイサービスを利用することで、近隣の「利用者」、他の入居者と交流を持っている。一緒にデイサービスに通っている入居者とは、デイサービスでの交流を機に、サ高住の食堂でも一緒に食事をとったりするようになった。生活援助と同じで、入浴時もふらつき、転倒の恐れがあるため、週に二回デイサービス利用時に入浴している。

本人、家族とも、できることは自分で行いたい（させてほしい）と思っているが、無理をして転んで寝たきりになることは避けたいとも思っている。ご家族も頻繁にアイさんを訪ねては来るが、仕事もあって家事を毎日手伝うのは難しい。食生活に関しては、サ高住にいるためバランスのとれた食事を食べることができている。ご家族は一人暮らしの時もめまいの心配があって生活援助を勧めていたが、本人が自分でできると言っていてなかなか利用に至らなかった。しかし、入居してからはサ高住スタッフという他人から客観的に必要性を聞いて、本人も納得して生活援助を利用しはじめた。また、一人暮らしの時はどんな生活をしていて、何を食べているかがわからないという不安があったが、入居後は、普段の様子を知っているサ高住スタッフがいろいろと報告してくれるので、家族も以前より不安を感じなくなったとのことだった。

(2) 掃除を通したコミュニケーション

飯田ふみこさん（仮名・要支援１・九一歳）　もともと東京の下町に住んでいたが、高齢になってきて一人暮らしに不安を感じていた矢先に、埼玉に住んでいる長男が呼び寄せる形でサ高住へ入居した。高血圧の持病があり、内服加療している。入居して三カ月程度なので食堂で近くの席の人と話すことはあっても親しい友人とまではなっていない。室内では伝え歩きをして、屋外では杖で歩行しているが、掃除を行う際には長時間立っていることになるので、体への負担が大きい。ふらつきもあるため、下にかがんでの掃除などは難しい。初めてホームヘルパーが入ったときは、「床などはモップなどで、なんとなくきれいにできているが、トイレ周りなど、かがんで拭かなければならないようなところは全く掃除ができていない状況だった」とサ高住スタッフへの報告があった。本人はできることは自分でしたいと思っているが、週に一回でも、掃除を手伝ってもらえればと思って生活援助を利用しているようである。生活援助の際には、ホームヘルパーに手伝ってもらいながら、掃除の様子を見てもらい、体に負担のかからない掃除用具を選択してもらっている。また、親しい友人がまだできていないふみこさんにとって、週に一回、ホームヘルパーと一対一で掃除をしながら、他愛もない話をするのが気分転換になっているとのこと。そんな会話の中でも、買い足す必要のある日用品などがあれば、メモをとり、サ高住の買い物ツアーの際に買い足してくるようにしている。

5　サービス付き高齢者向け住宅内での訪問介護の必要性

(1)　基本的な生活のために

前述の二人の例を見てわかるように、たしかに軽度者であれば、生活援助を利用しなくても、掃除や洗濯をする身体機能を有していることがある。しかしながら、軽度者の家事全般は自分でできる身体機能があっても、常に大きなリスクと隣り合わせになっている。それであれば、軽度者の生活援助は不必要と考えるのではなく、生活援助に入ったときにこそ、できる範囲で本人がやるということにすべきではないだろうか。二四時間介護の施設でないからこそ、ホームヘルパーを利用しながらでも、できる日常生活動作は続けてもらうことができ、生活における機能を維持することが可能となっている点がサ高住で生活援助を利用する魅力の一つである。

(2) 生活援助の抑制で給付は増大するかも？

介護保険のありように関して、軽度の代名詞である要支援は給付が抑制される可能性も否めない。そもそも、要支援という概念がなかった時代の介護保険において、介護の必要がない身体機能を維持するために、介護保険が持続可能な制度になっていくために、要支援という制度が取り入れられた時のお題目こそ、できる事は介護保険で安全を担保して自分で行うということだったはずである。

多くの高齢者住宅では、訪問介護事業所を併設している（高齢者住宅財団 二〇一三）。それは、一般的に施設入居に比べて軽度者が多いサ高住における訪問介護のニーズが大きなものだからである。例えば、要支援の入居者がいたとして、サ高住で介護予防訪問介護が利用できなければ、その入居者は見守りのない中、自分一人で家事全般を行うことになるだろう。そして、転倒事故が起きて、要介護状態になってしまう可能性が高い。その後、身の回りのことができなければ、本人、家族は二四時間介護の施設に入居したいと考えるようになるだろう。その件数が多くなればなるほど、介護保険から居宅サービスよりもはるかに給付が大きい施設サービスのために、介護保険が使われることになってしまうようになるのではないだろうか。

(3) 高齢者住宅での生活援助は必要か

サ高住にはスタッフが常駐している。だから、生活援助に代わるものはスタッフが行えば良いとの話もある。しかし、サ高住の常駐スタッフは状況把握・相談援助のために全入居者向けに配置されている。したがって緊急時以外に個別対応を継続的に行うことは制度上難しい。それを補うのがホームヘルパーである。

前述したように、高齢者住宅に住んでいる軽度者にとって、介護保険で利用できる生活援助は基本的な生活を送るために必要な生命線となっている。それは、単に家事を代行するだけのものではなく、自分でできる事をいつまでも自分でできるようにするために必要なものとなっている。病院や介護施設に入居することなく、サ高住も含め自宅での生活をより長く充実したものにするために、気軽に自分の本心を他者に伝える会話の時間として、家族、サ高住スタッフ、ホームヘルパー、高齢者の周りを固める全員でサポートしていくために、高齢者住宅内での生活援助は必要不可欠なものとなっている。

参考文献

高齢者住宅財団（二〇一三）「サービス付き高齢者向け住宅等の実態に関する調査研究」。

吉田輝美・結城康博・早坂聡久編著（二〇一一）『ここをチェック・介護サービスの損しない選び方』ぎょうせい。

第3章　共働き家族

中塚さちよ

1　家族の立場からみたホームヘルパーの生活援助

本章では、働きながら親の介護にかかわる三人の女性へのインタビューを通じ、家族の立場から、ホームヘルパーの生活援助が果たす役割について述べていきたい。

2　仕事と親の介護の両立

(1) うつ病の母親と認知症の父親を支えた生活援助

① 家族が見落とした認知症

本田ゆみ子さん（仮名・五九歳）は、東京都内でマンション隣室に住む両親の在宅介護を一五年にわたり続けながら、大企業の営業職としてこの年まで勤め上げたキャリアウーマンだ。

最初に要介護となったのは母親の方だった。仕事を引退した父親が毎日家にいるようになってから夫婦関係が悪化し、喧嘩が絶えず、母親は自室に引きこもってしまった。家事をせず、入浴を拒否するようになり、うつ病と診断された。介護保険を申請、要介護1の認定を受けた母親は、週二日、入浴のためデイサービスに通うようになった。ゆみ子さんは毎朝の食事を、中学生と高校生の息子と夫の分に加え、隣りに住む両親にも運んで出勤した。日中の買い物や掃除、洗濯は、母親に代わり父親が全部担当した。

そうして八年経ったある朝、いつものようにゆみ子さんが出勤前に両親を訪ねると、今度は父親が、排泄物まみれになった家の中で倒れていたという。ストレスからくる胃潰瘍と下血で緊急入院となった父親は、急速に認知症が進み自力で歩けなくなってしまった。

ゆみ子さんの話では、父親は倒れる一年くらい前から毎日のように、母親から暴力を振るわれると訴えていたそうだ。しかし、暴力や虐待の事実は確認できなかった。「あれは、認知症からくる被害妄想だったのか」と、ゆみ子さんは振り返る。家事や買い物、金銭管理もすべて一人でこなし、洗濯は仕事で忙しいゆみ子さんの家の分までやってくれていた父親が、まさか認知症とは……。「父とは毎日顔を合わせていた。家族なのに認知症に気づかなかった」と、ゆみ子さんは悔やんだ。

② サービスの切れ目への不安

父親の入院中は、ゆみ子さんは仕事を全部早番にしてもらい、毎日病院に通った。自宅の母親は週二日のデイサービスに加え、家事や買い物、食事づくりのため、毎日、ホームヘルプサービスを導入することで乗り切った。

退院後自宅に戻った父親は、要介護4の認定を受けた。ホームヘルパーの仕事には夫婦二人分の家事に、父親の身体介護が加わった。ゆみ子さんは毎晩、父親のベッドの横に寝泊まりして夜間の介助を行い、朝はまた自宅に戻り二世帯分の食事の支度をして出勤した。

母親がデイサービスに行かない日は、父親への愚痴や口撃がエスカレートしないよう、ホームヘルパーができるだけ長時間滞在する工夫がなされたが、どうしてもサービスの切れ目で夫婦二人きりになる時間が生じてしまう。一年が経ち、折り合いの悪い両親を二人きりにしておくことに限界を感じたゆみ子さんは、ついに区の福祉課に駆け込んだ。近くの特別養護老人ホームは一〇〇人待ちだが、電車で一〇分の所に新しくできた認知症高齢者グループホームなら空きがあるかもとの情報が得られ、すぐに父親を連れて面談に行き、入居が決まった。

ゆみ子さんの父親が入居した認知症高齢者グループホームは、介護サービス費と居住費などの生活費で、一カ月の自己負担が約二五万円であった。このホームには二年間入居し、合計約六〇〇万円の費用がかかった。父親は元公務員で、年金は良い方だったが、賃貸マンションで暮らす母親の生活費や介護費用に消えるため、グループホームの費用はゆみ子さんの収入から捻出した。

父親がグループホームに入居するまでの間のゆみ子さんの介護負担は、決して軽いものには見えない。それでも、ぎりぎりまで在宅での介護を続けたのは、二人の息子がまだ小さかった頃、働くゆみ子さんを助けるため子どもの世話を一手に引き受けてくれた両親へ恩返しの気持ちからと、ゆみ子さんは語っている。ホームヘルプサービスのフル活用により在宅期間を一年延ばせたことは、年間約三〇〇万円のグループホームの費用の節約にもつながった。「ホームヘルパーが毎日来てくれて助かった。介護保険を使っていけば、何とかなると思った」と、ゆみ子さんは今でも感謝している。

(2) 介護離職のリスクヘッジ

① 再就職の壁と「介護うつ」

ゆみ子さんのように、親の介護も担う就業者の増加に伴い、介護を理由とした離職者の数も増加している。毎年一〇万人以上と推計される「介護離職」は、その八割が女性といわれている（総務省二〇一二a）。

しかし、働きながら二人の息子の子育てと一四年間の両親の介護をやりきったゆみ子さんは、「仕事を辞めようと思ったことは一度もなかった」と語っている。

近年では、専業主婦世帯が減少の一途をたどる一方、共働き世帯が増加し、今やその数は逆転している。かつては既婚女性が働いていても、その収入は自身の小遣いか、家計の補助的役割であることが多かったが、雇用環境の悪化や子どもの教育費の増加などを理由に、妻の収入も世帯の維持にとって必要不可欠となっている現状がある。

また、諸外国と比べて大きな遅れが指摘されてはいるものの、女性の社会進出も進んできた。民間企業における管理職（部長級・課長級・係長級）に占める女性の割合は二〇〇一〜二〇一一年の一〇年

図3-1　役職別管理職に占める女性割合の推移

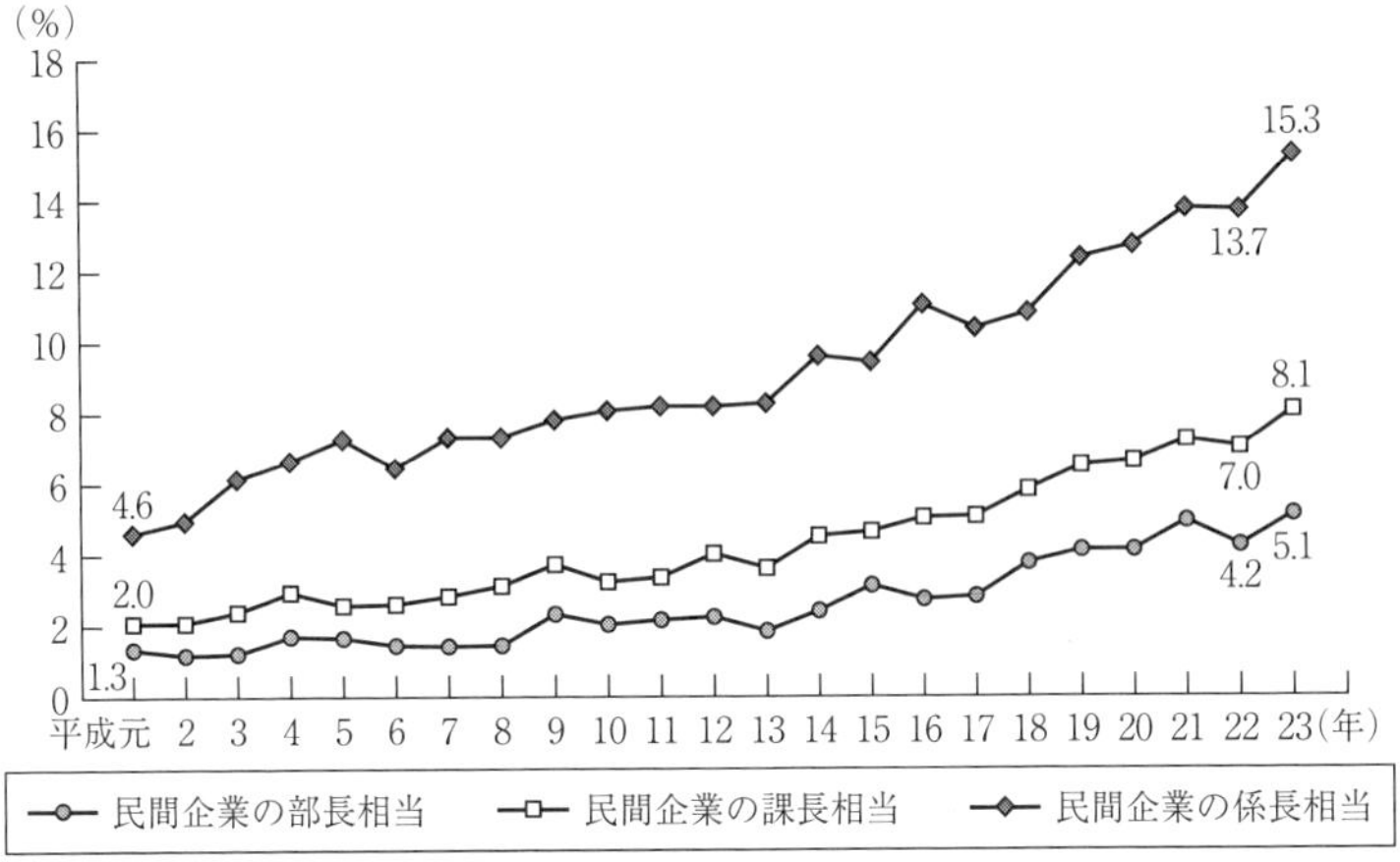

資料：厚生労働省「賃金構造基本統計調査」より作成。
出所：内閣府『平成24年版 男女共同参画白書』(http://www.gender.go.jp/whitepaper/h24/zentai/html/zuhyo/zuhyo01-03-12.html)。

間で二倍以上に伸びている（図3-1）。働き盛りの四〇〜五〇代では、男性同様社会でも重責あるポストに就き、家庭でも稼ぎ手としての責任を担うなど、簡単には仕事を辞められない状況にある女性も少なくない。

対象者を四〇〜五〇代に限定した厚生労働省の委託調査（図3-2）によれば、介護離職をした者の離職時の意向として、「仕事を続けたかった」という回答が男性では五六・〇%、女性では五五・七%と、ほとんど差がない。なお、「続けたくなかった」という回答は男性が二一・七%、女性が一九・二%で、男性が二・五ポイント上回っている。女性も男性と同じかそれ以上に、就労継続への意向が高かったことがわかる。

離職時の就労継続の意思は男女でほとんど差が見られない一方で、離職から再就職まで

図3－2　介護を機に仕事を辞めた時の就業継続の意向（離職者）

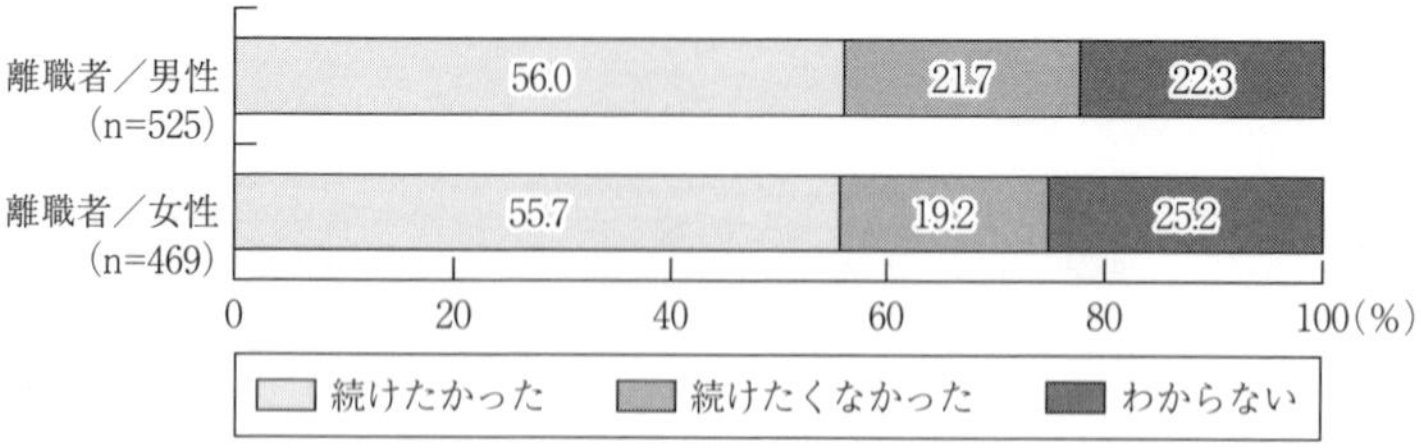

出所：三菱 UFJ リサーチ＆コンサルティング（2013）。

図3－3　離職から再就職までの期間（離職者：再就職済）

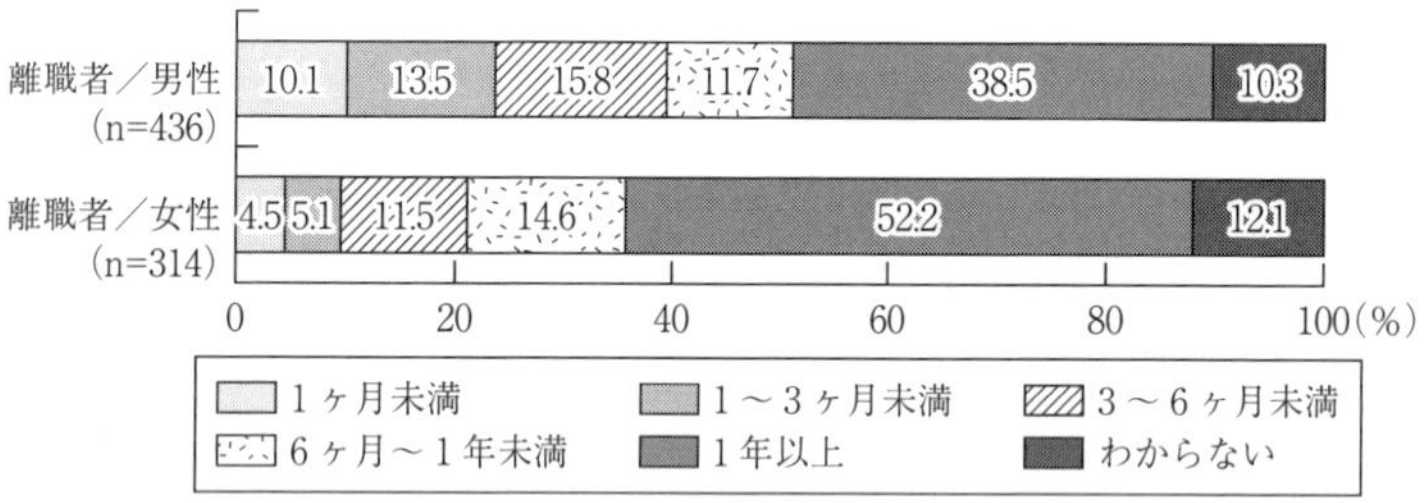

出所：三菱 UFJ リサーチ＆コンサルティング（2013）。

の期間には男女差がある。男性では「一カ月未満」が一〇・一%、「一〜三カ月未満」が一三・五%、「三〜六カ月未満」が一五・八%、「六カ月〜一年未満」が一一・七%であり、過半数が一年未満に再就職できているのに対し、女性の場合は「一年以上」が五二・二%となっており、過半数が再就職まで一年以上を要している（図3-3）。再就職へのハードルは女性の方が男性よりも高いのが実情だ。

なお、離職した場合、介護と仕事の両方を担う必要がなくなり、負担が減るのではないかと思われがちだが、離職後の負担感の変化についてたずねた項目では、精神面、肉体面、

図3-4　手助・介護を機に仕事を辞めてからの変化（単数解答）

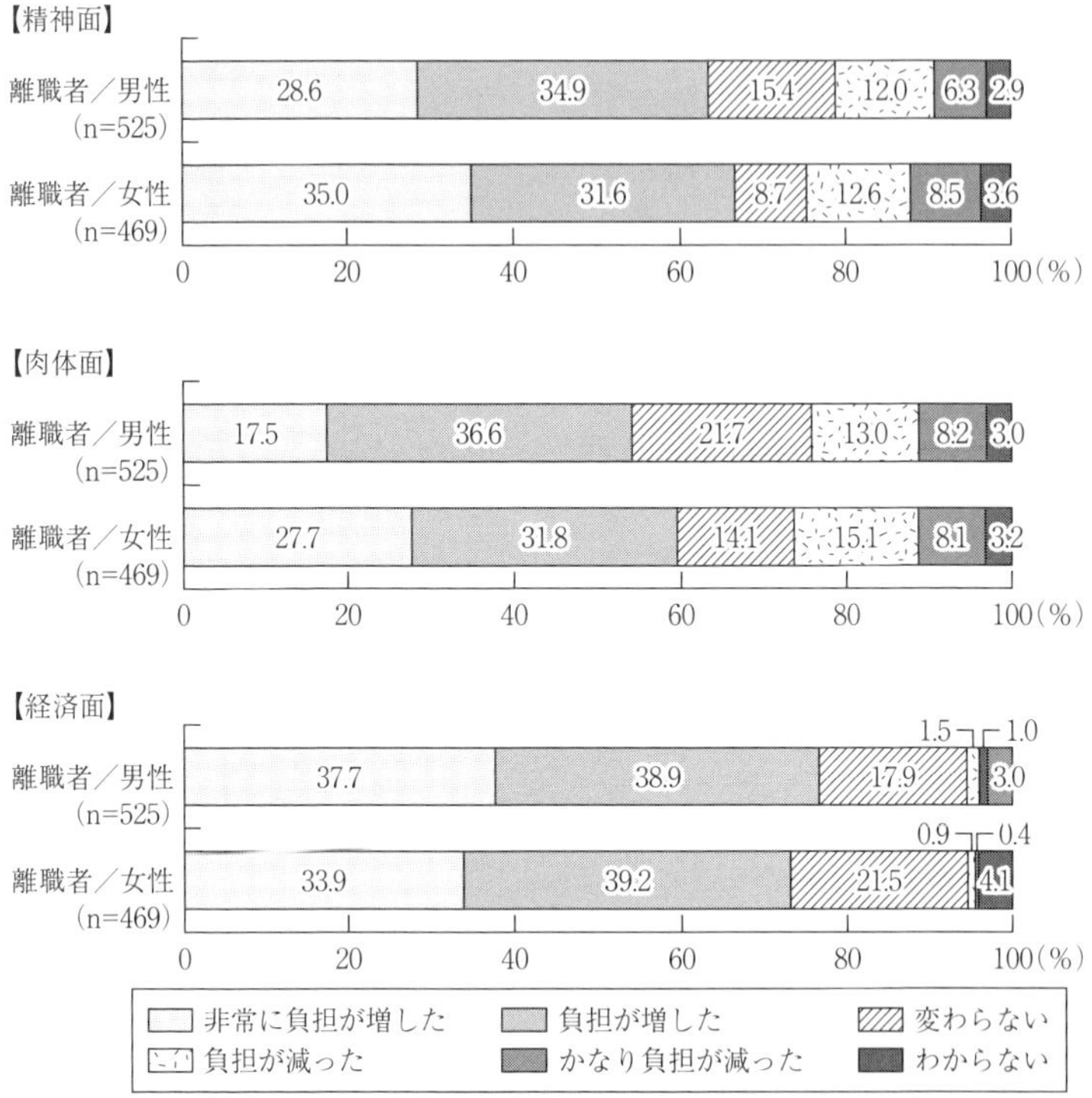

出所：図3-2と同じ。

経済面の三項目ともに「非常に負担が増した」「負担が増した」という回答が合わせて半数を超えており、「負担が減った」という回答を大きく上回っている。経済面での負担の増加は、男性が女性より大きいものの、女性では体力面、精神面での負担増が男性を上回る女性の場合は介護に専念することで、男性以上に心身の健康に支障を生じやすいようだ（図3-4）。

働き盛りの四〇～五〇

代は、女性にとっては更年期とも重なる。女性は男性よりもうつを発症しやすく（厚生労働省 二〇一二）、身体や精神に不調が生じやすい時期に、意に反する離職と親の介護が重なり、ストレスから「介護うつ」へと陥る人も少なくない。

②　あっても使えない介護支援制度

介護離職が社会問題となっている中で、国では仕事と介護の両立を支援するため、改正育児・介護法により「介護休業」「介護休暇」などの支援制度を定めている。「介護休業」は、雇用期間一年以上の労働者であれば、休業する日の二週間前までに申し出ることにより、対象家族一人につき一回、通算九三日まで休暇を取得できる。

事業主には、休業中の賃金の支払いは義務づけられていないが、休業期間中の所得保障として、雇用保険法により、一定の要件の下で休業前の賃金の四〇％に相当する介護休業給付金が支給される。介護休業が、要介護になった家族の身の回りの世話などのため、比較的長期間取得できる休暇であるのに対し、「介護休暇」は、対象家族の人数により一年に五日ないし一〇日まで、家族の通院の付き添いや、買い物などにあてることができる単発の休暇であり、無給であることが一般的である。

前述のゆみ子さんは、女性が多く働く職場で長年勤務していたが、こうした休暇は取得していなかった。理由をたずねると、父親の入院などで負担が増えた期間も、シフト勤務を早番にするなどの工夫で対応できたことや、周囲で介護休業などを取得している人がいなかったため、利用を思いつかなかった、といったことを挙げていた。

現実として、介護休業などの仕事と介護の両立支援制度は、多くの企業などにおいて利用が進んでいるとは言い難い状況にある。

総務省統計局の調査によると、介護をしている雇用者のうち、介護休業などを利用しているのは一五・七％である。しかし、その内訳をみると、「介護休業」が三・二％、「短時間勤務」が二・三％、「介護休暇」が二・三％などとなっており、一つひとつの利用率はいずれも二～三％台の低い割合に

表3-1　雇用形態，介護休業等制度利用の有無，介護休業等制度の種類別介護をしている雇用者数及び割合（2012）

（千人，％）

介護休業等制度利用の有無 / 介護休業等制度の種類 / 雇用形態		介護をしている						
		総数	制度の利用なし	制度の利用あり				
				総数	制度の種類(注)			
					介護休業	短時間勤務	介護休暇	その他
実数	総数（役員を含む雇用者）	2,399.3	1,998.0	377.6	75.7	56.2	55.4	196.5
	正規の職員・従業員	1,119.1	921.1	187.7	43.8	17.4	38.1	92.0
	非正規の職員・従業員	1,065.7	898.4	155.5	23.2	33.2	15.3	86.2
割合	総数（役員を含む雇用者）	100.0	83.3	15.7	3.2	2.3	2.3	8.2
	正規の職員・従業員	100.0	82.3	16.8	3.9	1.6	3.4	8.2
	非正規の職員・従業員	100.0	84.3	14.6	2.2	3.1	1.4	8.1

注：「制度の種類」については複数回答のため，各種類の合計は，「制度の利用あり」の総数と必ずしも一致しない。
出所：総務省（2012a）。

図3-5　介護のために活用した職場の制度

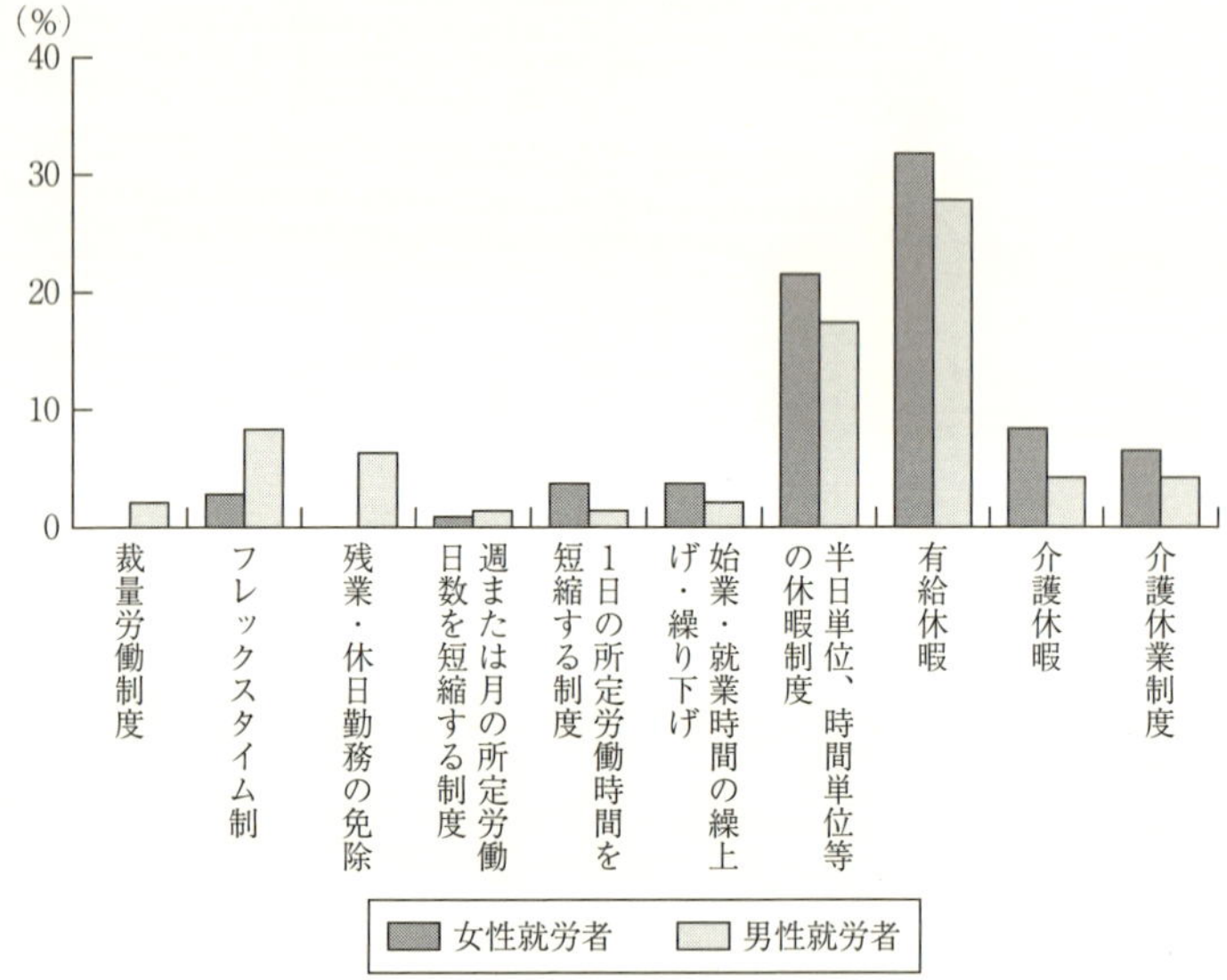

出所：図3-2と同じ。

とどまっている（表3-1）。

また、前述の厚生労働省委託調査では、就業者が介護のために活用した職場の制度は「介護休業」が一割未満（男性四・二%、女性六・五%）であるのに対し、「有給休暇」約三割（男性二七・八%、女性三一・八%）、「半日単位の休暇」約二割（男性一七・四%、女性二一・五%）「遅刻、早退などの柔軟な対応」が一〜二割台（男性一三・九%、女性一三・九%）となっており、両立支援制度よりも有給休暇などが介護への対応に利用されていることがわかる（図3-5）。

介護休業は、実際には受給要件が細かく規定されていて取りにくいことに加え、給付金による所得保障は休業前賃金の四〇％しか支給されないため、多くの人が給料を減らさずに済む有給休暇での対応を考えるのも無理はない。

3　子どもに忍びよる介護の費用負担

(1)「家政婦紹介所」のホームヘルパーが支える二四時間の在宅介護

①　他人の介護はできるのに

山野れい子さん（仮名・六四歳）も、やはり五〇代から、東京都内で近居の形による両親の在宅介護を経験してきた一人である。れい子さんの実家は、れい子さんと夫、娘が暮らす家から歩いて五分ほどの所にある。母親は肺気腫のため在宅酸素療法を行っていたが、酸素ボンベを引きながらの買い物や、夫婦二人分の料理をつくるのが年々辛くなっていた。いよいよ人の助けが必要となり、その頃始まったばかりの介護保険を申請、要介護1の認定を受けた。

れい子さんは当時、デイサービスの介護職員として週三日のパート勤務をしていた。ホームヘルパーの資格を取り、介護の知識や経験もあるれい子さんだが、「全面的に親の介護をやるとなると、メンタルの部分でもたないと思った」という。れい子さんの母親は、夫の経営する会社の役員として六五歳まで仕事をしてきたこともあり、プライドが高くはっきり物を言う性格である。夫と二人でやれるうちは、子どもに頼りきりにはなりたくないという本人の意向もあり、れい子さんは介護の仕事を続けながら、母親のところには週に二～三日の生活援助のホームヘルプサービスを導入した。

しかし、れい子さんは結局、パートのある日も毎日実家に立ち寄り、食事の下ごしらえなどを担わざるを得なかった。母親は食事の味つけにも好みやこだわりがあり、煮物などをホームヘルパーに最初から作ってもらっていては時間内に間に合わないからだ。それでも、デイサービスは「自分には合わない」といって母親は利用を拒否するので、ホームヘルプサービスがなければ、調理だけでなく両親の身の回りの世話のすべてが働くれい子さんに降りかかってくることになる。「ホームヘルパーさんがいないと困るのに、わがままなところがある。ホームヘルパーが続くかどうか」と、れい子さんは気をもむ毎日であった。

②　限度額いっぱいまで使っても足りない介護保険

そのような中、れい子さんの母親の状態が急変した。肺気腫の悪化で呼吸困難に陥り、救急車で運ばれたのだ。退院時は、カテーテル留置、ほぼ寝たきりの状態となり、夜間の介助も必要になった。一人で在宅を続けるのは無理とれい子さんは思ったが、本人は、認知症はなく意思表示もはっきりしており、施設入所は嫌だと主張した。

一足先に病院で亡くなったれい子さんの父親は、最後まで「家に帰りたい」と訴えていた。見舞いに行くたびに父を病院に残して帰るのが「後ろ髪をひかれるようで辛かった」というれい子さんは、その時のことを思うと母親を無理に施設に入所させる気持ちにはなれなかった。

だが、東京の住宅事情では、夫と娘と暮らすれい子さんの家は母親を引き取るには手狭で、部屋も用意できない。「長年お父さんと暮らしてきた、窓から緑も見えるこの家がいい。」そう言う本人の意向を汲み、日中は介護保険の訪問介護を上限いっぱいまで利用し、夜八時から朝八時までは自費で、泊まりの家政婦サービスを頼むことにした。れい子さんの住む地域では、介護保険の訪問介護事業者を併設する在宅サービスの利用が早くから普及しており、家政婦紹介所が点在している。免許を持つホームヘルパーが家政婦として登録しているので、家事にも介護にも対応でき、介護保険の全額自費のサービスよりも安上がりなので使いやすい。月に数日の家政婦が休みの日は、れい子さんと娘が交代で母親の家に泊まり、介護にあたっている。

コストはかかってでもそれぞれのライフスタイルを尊重し、親とは「つかずはなれず」の今の体制を続けられたら、とれい子さんは話すが、泊まりの家政婦サービスの費用は月五〇万円近くかかっており、大きな負担である。今のところ父親の遺産で賄っているものの、介護というのは子育てと違い、いつまで続くかわからない。「資産がもつかどうか……」と、先の見えない今後にれい子さんの不安は尽きない。

(2) 親の介護に備えは必要か

① 年金だけでは賄えない

厚生労働省の調査によると、介護サービスの利用にかかる一カ月あたりの自己負担額の平均は、約三万円から五万円とされている(1)。また、生命保険文化センターの調査では、平均的な介護年数は四年七カ月といわれている（生命文化センター 二〇一二）。こういった調査結果を掛け合わせると、介護にかかる自己負担は約三〇〇万円になると試算されている。

だが、介護にかかる費用は、こうした介護保険のサービス利用に関わる費用だけにとどまらない。ショッピングカートや介護用シーツなど自費で購入する福祉用具、紙おむつや介護食といった消耗品の購入費用など、健康な時には要らなかった出費が生じてくる。

より高額になるのは住居関連の費用である。介護に対応できる住まいの確保のため、バリアフリー改修やエレベーター付きのマンションへの転居、あるいはサービス付き高齢者向け住宅への住み替えが必要になることもある。さらに介護が重篤になれば、特に都市部では特別養護老人ホームの待機者が多く入所が難しいことから、自宅で家族が介護できなければ、認知症高齢者グループホームや有料老人ホームといった居住型のサービスを検討せざるを得ない。グループホームでは、東京都内だと月々一四万円〜一八万円程度の居住費に加え、場合によっては数十万円程度の入居一時金と、要介護度に応じた介護保険料がかかる。有料老人ホームでは月々二〇万円以上の居住費と介護保険料、さらにホームの仕様によっては入居一時金だけで一〇〇〇万円程度から五〇〇〇万円以上を要するところもある。年金だけで賄うことは到底不可能であり、資産の切り崩しで対応するしかない。

しかし、備えていたはずの老後資金が、いざという時すでに底を尽きているという可能性もある。例えば介護が必要となる原因の第一位は「脳血管疾患」（図3-6）であるが、手術や治療、入院、リハビリなどに予想以上の出費がかかり、介護の前段階で蓄えを使い果たすこともあり得るからだ。高

図3-6　介護が必要となった主な原因

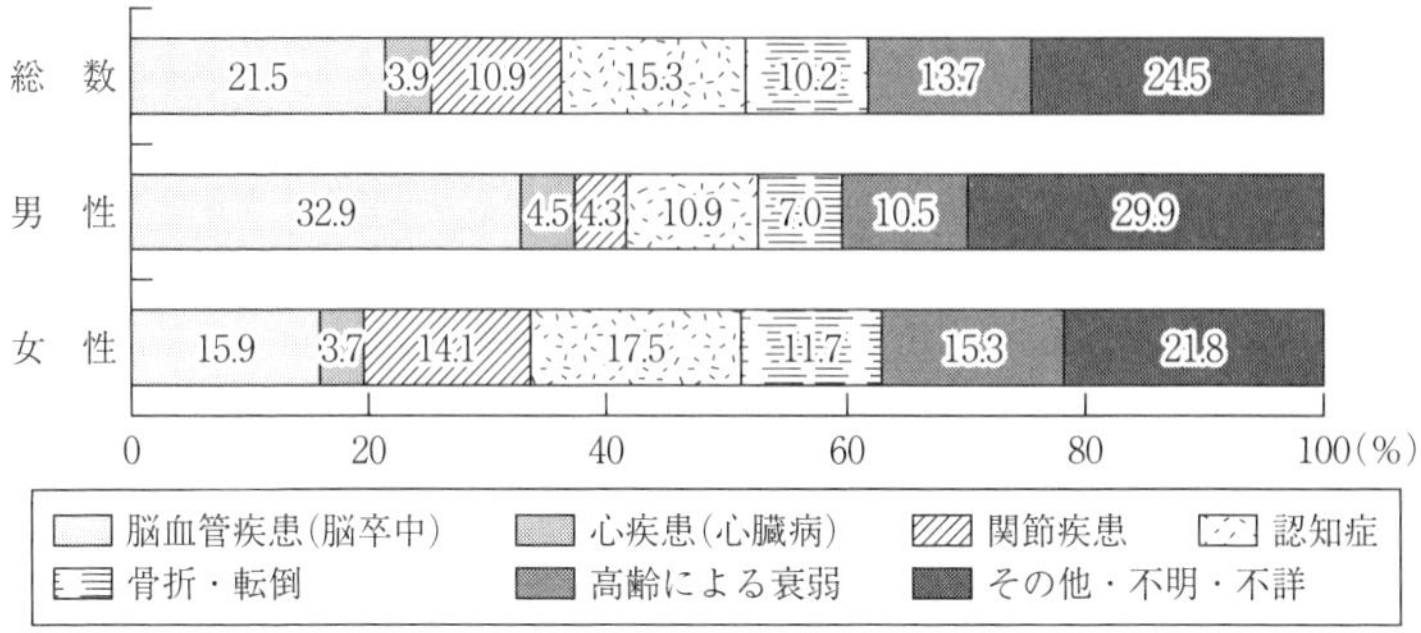

出所：『平成24年版 高齢社会白書（全体版）』（http://www8.cao.go.jp/kourei/whitepaper/w-2012/zenbun/s1_2_3_02.html）。

額療養費制度で、年齢や所得に応じた負担額の上限を超えた分は戻ってくるとはいえ、病院を出てから在宅などで落ち着くまでの医療費として、一五〇万～二〇〇万円の備えが必要とみられている[2]。

昨今では、医療保険に加え、所定の要介護状態になった時に現金給付などが受けられる民間の介護保険も充実してきているが、生命保険文化センターの調査では、民間介護保険への加入率は二〇一〇年度で六・六％に過ぎない[3]。ゆみ子さんやれい子さんの事例のように、両親が共に長期にわたって介護が必要になった場合などは、十分な年金収入や貯蓄があったとしても、子どもの世代に負担が及ばないとは言い切れないのだ。

②　高齢者は裕福なのか

もっとも、今の高齢世代は裕福という声もある。総務省の家計調査によると、世帯主が六〇歳以上の世帯では貯蓄額が二五〇〇万円以上の世帯が約三分の一を占めており、平均貯蓄額は二二二三万円となっている（総務省 二〇一二

図3-7　介護が必要になった場合の費用負担に関する意識

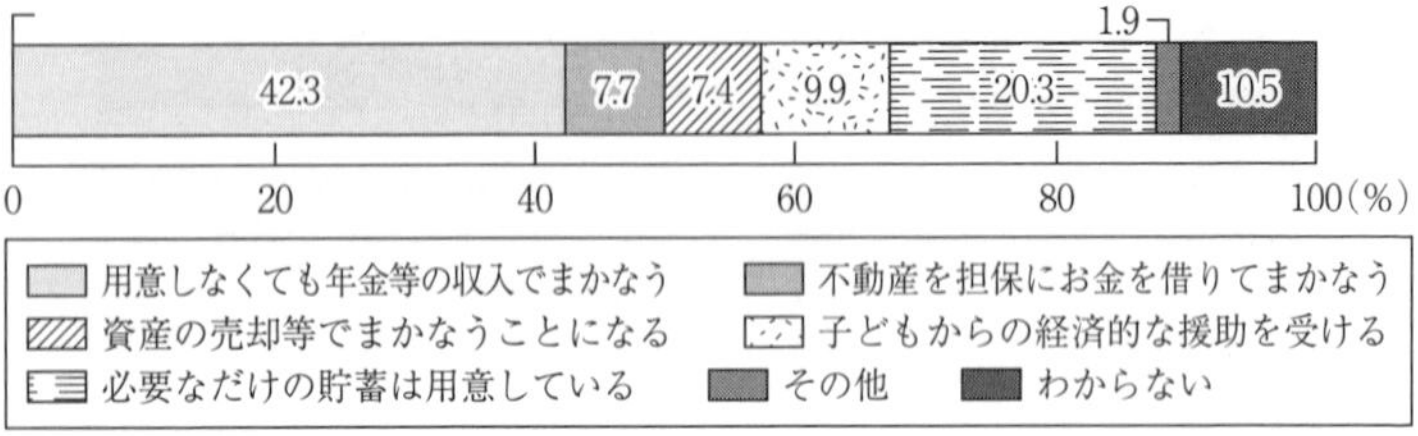

注：(1) 対象は，全国60歳以上の男女
(2) 質問内容は「子どもに介護などの世話を受けたり，老人ホームに入居したり，在宅でホームヘルプサービスを受けたりする場合の費用をどのようにまかなうか」
出所：内閣府（2012）「高齢者の健康に関する意識調査」。

b）。

また、高齢世帯の年間所得の平均は三〇七・二万円となっており、全世帯平均（五三八万円）の半分強であるが、これは世帯人員一人あたりでみると一九七・四万円であり、全世帯平均（二〇〇・四万円）との間に大きな差はない（総務省 二〇一二b）。

こうした現役世代並みの経済力も背景に、介護が必要になった場合の費用負担について、多くの高齢者は介護にかかる費用を自分たちで何とかできると考えているようだ。内閣府の調査によると、介護費用を「特に用意しなくても年金等の収入でまかなう」が四二・三％、「不動産を担保にお金を借りてまかなう」が七・七％、「資産の売却等でまかなうことになる」が七・四％、「必要なだけの貯蓄は用意している」が二〇・三％であるのに対し、「子どもからの経済的な援助を受ける」は九・九％で、一割未満である（図3-7）。

しかし、介護費用について、特に貯蓄や資産などを用意せず、年金などの収入でまかなうと考えている四割強の回答者や、不動産を担保にお金を借りる、資産の売却でまかなう、などとしている回答者たちは、本当に大丈夫なのだろうか。

高齢世帯の年間所得の平均は三〇七・二万円と前述したが、これは仕事などで収入が得られている世帯も含まれた数字である。実際には、過半数である五六・七％の高齢世帯が年金や恩給だけで暮らしている。その場合、一世帯当たりの年金所得の平均額は二〇七・四万円、一カ月当たりにすると約一七・三万円という数字になる。持ち家であれば、高齢夫婦がひとまず生活していける水準かもしれないが、十分安心できる金額とは思えない。また、不動産を担保としたリバースモーゲージや資産の売却にしても、不動産価格の下落などにより、あてにしていた金額が調達できないリスクもある。

なお、前述の家計調査は、対象者が「二人以上の世帯」となっていることに留意しなければならない。調査の対象から除外されている単身高齢者には低所得者が多い。特に単身女性は六五歳以上の二人に一人が年収一一二万円以下（可処分所得が中央値の五〇％未満）で暮らしており、ＯＥＣＤの指標に基づけば貧困層といわれる状態にある。[4]

年金収入で賄うつもりが賄えず、子どもに資金援助を願い出るケースも想定されるなど、予断を許さない状況である。

4　増加する「介護力のない家族」

(1) 引きこもりの息子と同居する義母への援助

① 同居家族のいる場合のホームヘルパー利用に関する誤解

「いつまで援助を続けることになるのか」。高橋かおるさん（仮名・三八歳）の顔は晴れない。昨年結婚したばかりのかおるさんは、義母が不測の怪我で要介護となって以来、仕事の合間を縫って隣県の夫の実家まで足を運んでいる。しかし、かおるさんが困惑しているのは、新婚早々直面した義母の介護のためではなかった。

義母の雅子さんは、四〇代の未婚の息子（次男）と二人暮らし。八〇代ながら、料理や掃除などの家事を息子の分も行い、買い物や通院にも一人で行くなど自立した日常生活を送っていたが、転倒により骨折。病院に運ばれたが、骨粗しょう症のため手術もできず、絶対安静と言われ家に帰され、一夜にして寝たきりとなってしまった。

同居の次男は地方の大学に進学し、卒業後は飲食店で働いていたが、一年ともたず、実家に戻ってきた。その後も仕事が続かず引きこもりとなり、うつ病、社会不安障害と診断された。四～五年前に通っていたデイケアを辞めた後は、ほとんど自宅で過ごし、行政や福祉サービスとも関係が切れてしまっていた。しかし、かおるさんは結婚するまで、義弟のこうした事情を知らずにいたのだ。

家にいるとはいえ病気や薬の副作用で意欲の出ない次男に、雅子さんは、慣れない家事はもとより更衣や排泄の介助などは頼みにくく、食も進まず水分も控えがちになり、日に日にやつれていった。雅子さんは要介護認定を受ければ、介護保険のサービスが利用できることは知っていたが、他人とのかかわりがストレスとなる次男を気遣い、できるだけ自分たち二人で頑張ろうと無理を重ねていた。加えて、ホームヘルパーの生活援助を利用している近所の知人から「ホームヘルパーは同居家族がいるとダメ」と聞いていたので、自分は利用できないのではないかと思い込んでいたのだ。困り果てた次男から相談を受けたかおるさんは驚いて介護保険を申請したが、すでに骨折から三週間も経ってしまっていた。

ホームヘルパーの生活援助サービスは、二〇〇六年の介護保険法改正の際、財源不足を背景に、同居家族がいることを理由に機械的に利用を制限される事例が続出した。しかし法律上は、利用者の家族などが障害や疾病などの理由により家事を行うことが困難な場合など、やむを得ない事情がある場合については、生活援助の算定が認められている。介護保険の代理申請のため訪れた地域包括支援センターの保健師の説明により、ホームヘルパーが利用できることを雅子さんも理解し、週六日、一日一時間、調理、おむつ交換、保清、洗髪のサービス提供が決まった。

②　介護で遠のく社会復帰

ホームヘルパーの訪問が始まり、かおるさんが一安心したのもつかの間、今度は雅子さんから「（次男が）夜になるとお酒を飲んで、人が変わってしまう」と打ち明けられたという。ヘルパーサービスは雅子さんへの調理は行うものの、次男の分も含む調理や掃除、洗濯までは認められない。これまで母親に任せきりだった家事の負担と、連日他人が家に入ってくるストレスから、次男は夜になると大量飲酒しては暴言を吐いたり、かと思えば弱気になって「死にたい」などとこぼし、雅子さんを困らせているというのだ。

大量の空の酒瓶に気づいたホームヘルパーがケアマネジャーに情報をあげ、地域包括支援センターの保健師が巡回してくれるようになり、虐待などの最悪の事態は免れていたが、一〇年以上も家に引きこもっている次男の社会復帰は母親の介護によりますます遠のいてしまった。

高橋さん親子はいまのところ、雅子さんの遺族年金と次男の障害年金の他、かおるさん夫妻からの仕送りで生活している。雅子さんに万一の事があれば、次男は月六万六〇〇〇円ほどの障害年金だけではとても暮らしていけない。「うちで義母との同居も考えていたが、義母は次男が心配で家を出たくないと言っている。たしかに、お義母さんと離れたら、義弟は一人じゃ無理だし」。昨今では、生活保護の不正受給が問題となっており、親族の扶養義務が厳しくなるといったことも報じられている。「八〇歳の義母なら先も見えているし、できる限り助けたいと思うけれど、まだ四〇ちょっとの義弟を我々夫婦がこの先援助し続けなければならなくなるのか。夫も仕事にかまけて実家の問題にはノータッチ」とかおるさんはうなだれる。

(2) ホームヘルパーが果たすセーフティネットの役割

高齢者と未婚の子どものみの世帯は年々増加傾向にあり、二〇一二年には全高齢者世帯のうち一九・六％を占めるようになった（厚生労働省 二〇一二a）。こうした世帯構成は、親子共に元気な間は良いが、親が要介護状態に陥れば親子双方が危機的状況になることが指摘されている。

特に近年、介護の現場では、同居家族が家にいても、引きこもりや家族関係が悪いなどの理由で家事や介護に協力しない、いわゆる「介護力のない家族」が増えてきているという話を耳にする。高橋さん親子の場合、次男はうつ病と診断されており通院加療中であったことから、母親には生活援助も含めたホームヘルプサービスの利用が認められたが、明確に病気や障害と診断されてはいない場合、厚生労働省では「一律に介護給付の支給の可否を機械的に判断しないように」と通知を出しているにもかかわらず、市区町村やケアマネジャーがサービスを〝自主規制〟して、要介護の親が必要なサービスを受けられず権利侵害されていると思われる例も散見されている。

こうした同居家族がいる場合の生活援助の問題も含め、公的介護保険によるホームヘルパーの生活援助は法改正のたびに縮小される傾向にあるのが現状である。さらに、二〇一四年の介護保険法改正では、軽度者へのホームヘルパーによる生活援助が介護に関する専門的な資格を持たないボランティアによる支援も可能になった。ここではとり急ぎ、高橋さん親子の事例にみるように、ホームヘルパーの生活援助は、対象となる高齢者の日常生活の支援にとどまらず、埋もれていた家族の課題を発見し、適切な専門職や行政機関につなぐなど、最悪の事態を防ぐセーフティネットとして機能している側面を指摘しておきたい。

注

（1）　みずほ情報総研株式会社実施（厚生労働省委託調査）による六五歳以上の家族の介護を行っている男女労働者（三〇～六四歳）を対象としたＷＥＢアンケート調査（n＝3676）において、一カ月あたりの平均介護費用・平均医療費用は五万七一六一・七円と算出されている。

（2）　結城康博（二〇〇九）参照。

（3）　生命保険文化センター（二〇一〇）『平成二二年度　生活保障に関する調査』による。民間の生命保険会社や郵便局、ＪＡ（農協）、生協・全労済で取り扱っている介護保険・介護特約の加入率。

（4）　内閣府『平成二四年版　男女共同参画白書』による。厚生労働省（二〇〇七・二〇一〇）「国民生活基礎調査」を基にした集計。

参考文献

春日キスヨ（二〇一〇）『変わる家族と介護』講談社現代新書。
厚生労働省（二〇一一）『平成二三年　患者調査』。
厚生労働省（二〇一二a）『平成二四年　国民生活基礎調査の概況』。
厚生労働省（二〇一二b）「改正育児・介護休業法のあらまし」。
生命文化センター（二〇一二）『生命保険に関する全国実態調査』。
総務省（二〇一二a）『平成二四年　就業構造基本調査』。
総務省（二〇一二b）『平成二四年　家計調査報告（貯蓄・負債編）』。

藤崎宏子（二〇〇八）「訪問介護の利用抑制にみる『介護の再家族化』」『社会福祉研究』第一〇三号
三菱ＵＦＪリサーチ＆コンサルティング（二〇一三）「平成二四年度　仕事と介護の両立に関する実態把握のための調査研究事業報告書」厚生労働省委託事業。
結城康博（二〇〇九）『介護の値段――老後を生き抜くコスト』毎日新聞社。
結城康博（二〇一〇）『介護入門――親の老後にいくらかかるか？』ちくま新書。

第Ⅱ部　ホームヘルパーを取り巻く環境

第4章　ホームヘルパーの専門性
――家政婦との違いに関する議論をめぐって

近藤けい子

1　身体介護と生活援助

(1) 老計第一〇号で示されたもの

① 盛り込まれた「自立生活支援のための見守り的援助」

二〇〇〇年、介護保険法施行の二週間前（三月一七日）に厚生省老人保健福祉局老人福祉計画課長から一つの通知が出された。老計第一〇号「訪問介護におけるサービス行為ごとの区分等について」である。介護保険のスタートを目前に、サービス行為について身体介護と家事援助（当時）の区分が示され、「訪問介護計画及び居宅サービス計画を作成する際の参考として活用されたい」と前書きされていた。

この「老計第一〇号」をまとめ上げる際に、家庭奉仕員の時代に引き続き介護保険前の措置の時代を介護福祉士として担ってきた者が、介護の職能団体の代表として介護専門職の立場で参画していたと聞いている。

この通知の中で、ホームヘルパーの専門性は、区分「一　身体介護」の「一-六　自立生活支援のための見守り的援助（自立支援、ＡＤＬ向上の観点から安全を確保しつつ常時介助できる状態で行う見守り等）」に見ることができる。

例示された内容は、

・利用者と一緒に手助けしながら行う調理（安全確認の声かけ、疲労の確認を含む）。
・車イスでの移動介助を行って店に行き、本人が自ら品物が選べるよう援助。
・洗濯物を一緒に干したりたたんだりすることにより自立支援を促すとともに、転倒予防等のための見守り・声かけを行う。
・痴呆症の高齢者の方と一緒に冷蔵庫のなかの整理等を行うことにより、生活歴の喚起を促す。

であり、区分「二　家事援助（のちに生活援助）」とは明らかに異なった「共に行う生活援助」が示されている。

② **生活援助であっても身体介護と融合しているはず……**

「二　家事援助（生活援助）」については、「身体介護以外の訪問介護であって、掃除、洗濯、調理などの日常生活の援助（そのために必要な一連の行為を含む）であり、利用者が単身、家族が障害・疾病などのため、本人や家族が家事を行うことが困難な場合に行われるものをいう。（家事援助は、本人の代行的なサービスとして位置づけることができ、仮に、介護等を要する状態が解消されたとしたならば、本人が自身で行うことが基本となる行為であるということができる。）」と説明されている。

振り返ってみると、措置の時代、ホームヘルパーの仕事は「身体介護」「家事援助」「相談援助」の三つに区分されていた。しかし、この三つの援助はバラバラに提供されるのではなく融合されたものであり、利用者自身が「生きていてよかった」と感じる事のできるような援助が提供されていたのである。措置の性質上、一人暮らし・生活困難な高齢者や身体障害者の利用が多く、援助は主に家事援助が中心であったが、在宅（家）＝利用者の城という観点から、まさに生活の主体者＝利用者であり、利用者自身のやり方、生活の仕方に依拠した援助が展開されていた。

こうした援助こそが自立支援であるという実践知が、前述した介護保険の開始時に、介護の専門職からのメッセージとして「老計第一〇号」に盛り込まれた中身なのである。

しかし、この自立支援の精神は訪問介護の報酬体系には反映されず、「身体介護」と「家事援助（生活援助）」の報酬単価は分けて設定された。身体介護よりも家事援助（生活援助）に低い報酬設定がされたという事は、簡単に言えば「生活援助の価値が低い」という事なのか。

その後の改定においても、現場からの継続した「一本化」の声はかき消され、開始から一四年を経た今、「生活援助」そのものが軽視される意見が大きくなっている。二〇一四年の法改正において、要支援者に対する訪問介護が介護保険の予防給付でなくなった。

「一－六」でいうところの共に行う家事が援助の中心であるというのならば、すべて「身体介護」ということになる。しかし、「生活援助」軽視の意見の中心にある考え方は、共に行う家事の重要性を言っているわけではない事は明らかである。代行的援助としての「生活援助」を主に捉えながら、訪問介護でなくても提供できる内容であるという論理展開になっている。

訪問介護で行う「生活援助」および「身体介護一－六」が、いわゆる家政婦の行う家事とどのように異なるのか、さらには、「生活援助」軽視の論者の言うボランティアによる支援やコンビニや宅配弁当、掃除サービスの利用で代われるのかを考えてみたい。

(2)「家政婦のミタ」とホームヘルパー

①　家事代行に徹する家政婦

テレビや新聞、雑誌などのマスメディアによる影響力の大きさには、しばしば驚かされる。夢中になって見ているうちに知らず知らずのうちに影響を受けている。職業に対するイメージも形づくられる。映画やドラマの制作者は、ある主張を持って筋立てを組むのだろうから、視聴者は読み取る力を持ちたいものだ。

ホームヘルパーの仕事について介護保険が開始されて一四年を経て、随分と市民権は得られたと思うが、国がそうであるように、まだまだ専門職であるという認識は拡がってないのではないか。そうした世情の中、反響を呼んだテレビドラマがあった。

松嶋菜々子の主演で二〇一一年一〇月一二日から毎週水曜日全一一回の高視聴率を得たテレビドラマ「家政婦のミタ」を覚えているだろうか。市原悦子主演の「家政婦は見た」が良く知られていたので、タイトルはパロディかと思いながらチャンネルを回した記憶がある。

このドラマで話題となった「家政婦のミタ」の決め台詞がある。「承知しました」「それは業務命令でしょうか」「それはあなたが決めることです」である。さまざまな過去を背負ったミタが無表情にこの台詞を発する姿は衝撃的であり、抑揚の無い長い台詞も気になった要因だった。ミタが家政婦に就いた理由が「ロボットのように命令された業務を遂行するだけでいい」という事も筆者が興味を持った理由の一つである。話の筋書きや展開は所詮ドラマなので、現実のようでありながら、あり得ないと思うことも多かった。料理もうまく、裁縫もこなし、子どもが怪我をすれば、いつも持参のバックから手当てに使うカットバンも出てくる。できない事はないという姿が、これでもかと完璧に映し出される。社会的におかしいと思われる事も「業務命令」であればやってのける。

②　頼りになるという事と評価としての報酬

このドラマは、ホームヘルパーの訪問先でも話題になっていた。認知症の父親加藤良夫さん（仮名・八二歳・要介護4）を仕事を抱えながら介護している娘のみち子さん（仮名）の職場でも話題になっていたようだった。ミタさんに、阿須田家の子どもたちが無理な仕事を頼み、当初お約束の時間が延長になりそうな時に「承知しました。延長料金は四〇〇〇円です。」と言うくだりがあった。

娘のみち子さんは、ホームヘルパー派遣時の時間延長＝計画変更と重ね合わせて「ホームヘルパーさんも大変だけど、いいわね。一時間で四〇〇〇円も貰えるんだ」とドラマである家政婦のミタさんと同じようにホームヘルパーを捉えたようだった。ホームヘルパーは勿論、「貰えませんよ。それに私たちは家政婦さんとは違いますしね」と首を横に振った。家政婦さんの賃金がどれくらいか知らなかったが、家政婦紹介所の運営資金にあたる収入分も当然あるだろうから、依頼家庭の支払いのすべてが家政婦のミタさんの収入になるはずはない。しかし、ドラマを見ている人の中には、娘のみち子さんのようにホームヘルパーと家政婦を混同して感じる人も多いのだろう。

また、このシーンを見ていて、訪問介護の報酬単価が頭をよぎった。身体介護で一時間は約四〇〇〇円、生活援助は当時二七〇〇円ぐらいだった。当然これらは事業所の収入として、事務所賃貸料・光熱水費・電話代・コピー機代などの管理費や移動のガソリン代を含む車両経費、ホームヘルパーの人件費に充てられる。ホームヘルパーの人件費は報酬の中の一部であり、身体介護と生活援助の一時間報酬単価の開きは大きく、たとえばミタさんが家政婦として行っていた内容は、調理や掃除、洗濯などで「生活援助」と重なるが、訪問介護の収入は家政婦のミタさんが言っていた料金より圧倒的に低額である。娘のみち子さんは、大きな誤解をした訳だ。

娘が仕事で留守の間、決められた時間に訪問し、食事の仕度や尿などで汚染された衣類を着替えさせ、転倒の危険回避のために汚れた床も拭き清潔を保つ。ベッドを整えて、父親をやる気にしながら食事を介助し、食後の薬も飲みこむところまで確認する。ホームヘルパーは、まさにみち子さんの抱える難題を見事に解決してくれる「家政婦のミタさん」と同じような存在だったのかもしれない。援助に対する感謝の気持ちとともに報酬として見た時には一時間四〇〇〇円を超える額はみち子さんにとっては「いいわね」という価値観だったといえる。しかし、支払う立場から見た場合、どうだろうか。介護保険の訪問介護は一割負担なのでこの額でいえば四〇〇円余となる。一時間四〇〇円で済めば、一カ月の回数にもよるが、それでも援助を頼みたい額であろう。「家政婦のミタ」はドラマとはいえ、衣食住は毎日の事、一日何時間をいくらで頼めるのか、一カ月の支払はどうなるのかと見ていて心配になった。高校生から下は保育園に通う子どもがいる父子世帯で、家政婦が経済的に頼めるのかと思うのは老婆心だろうか。

③　出発点の異なる家政婦とホームヘルパー

「自立支援」が大前提の「介護保険」で行う訪問介護では、ホームヘルパーは身体介護でも生活援助でも本人に残された能力を最大限活かす働きかけを行う。それは本人の尊厳に係る問題であり、人は最期まで「自分」でありたいのだという事を大切にした援助である。「自分」でありたいという事は「自分でやりたい」という事と重なる。たしかに依存心は千差万別ではあるが、それぞれ、人は譲れない部分を持って生きているのではないか。他人に手伝って貰いたいと思わざるを得ない現実が老いや病気による障害とともにやってくるのだが、それでも「自分でやりたい」「他人に頼みたくない」という心と葛藤しながら頼んでいくのではないか。だからこそ、「自分でやれるところは頑張ってみましょう」「ホームヘルパーはやれないところを手伝ったり、自分でやれるように手伝ったりします」と働きかけていく。

家政婦は、どうだろうか。本人ができるかできないかは問題ではなく、依頼されれば、それはミタさんが言ったように「業務命令」であり、「承知しました」と行う関係ではないか。それ以上でもそれ以下でもないのである。

そもそも家政婦とホームヘルパーは、出発点が異なっているのである。

④　介護保険が始まった時に起きた混乱——生活援助の不適正事例

措置の時代に限られた利用であったホームヘルプの利用は、介護保険が開始して、爆発的な勢いで拡がった。大量の訪問介護サービス利用者の創出は、同時にサービス内容の混乱を生み出した。ホームヘルパーは利用者や家族の困難な出来事に何でも答えてくれると勘違いしたのだ。制度の利用範囲の説明は個々に介護支援専門員（ケアマネジャー）や訪問介護事業所のサービス提供責任者からも、丁寧にされたはずである、しかし、勘違いや混乱は全国各地で発生した。

そして、国も混乱を整理するために通知を出した。それから二〇〇〇年一一月一六日「老振第七六号指定訪問介護事業所の事業運営の取扱い等について」いわゆる「生活援助の不適正事例」の通知である。主な内容は、以下の通りである。

1．直接本人の援助に該当しない行為

☆主として家族の利便に供する行為または家族が行うことが適当であると判断される行為

・利用者以外のものに係わる洗濯、調理、買い物、布団干し

・来客の応接
・主として利用者が使用する居室等以外の掃除
・自家用車の洗車・清掃　等

2．日常生活の援助に該当しない行為

☆訪問介護員が行わなくても、日常生活を営むのに支障が生じないと判断される行為
・草むしり
・花木の水やり
・犬の散歩等ペットの世話　等

☆日常的に行われる家事の範囲を超える行為
・家具・電気器具等の移動、修繕、模様替え
・大掃除、窓のガラス磨き、床のワックスがけ
・室内外家屋の修理、ペンキ塗り
・植木の剪定等の園芸
・正月、節句等のために特別な手間をかけて行う調理　等

ホームヘルパーはこうした混乱した現場にあって、介護保険制度の中でやれることを説明しながら、さらに「自立支援」を促す援助を行ってきたのである。

2　ケアマネジャーからみたその人らしい生活の継続を可能にする生活援助

（1）生きていくのは自分だ

ケアマネジャーの中村愛子さん（仮名・六二歳）は、妹を亡くして一人娘となっていたが、両親の住む家から片道四時間近くかかる他県で結婚して所帯を持って暮らしていた。

昭和一桁生まれの母親と大正生まれの父親の両親が、年々高齢となっていく二人暮らしの状態を気にはなっていたが、「あと五年頑張って」と励ましてきた。

両親は生活の一つひとつのやり方にもこだわりがあり、自分たちなりのルールを作り、守りながら暮らしてきた。仕事の忙しい愛子さんは、妹の命日や、お盆、正月など、年に三〜四回ぐらいしか帰省できないでいたが、六〇年を越した二人の暮らしの場は、新しい物が時々増えてはいるものの、きちんとあるべき所にあるべき物が納まっており、たまの帰省時にも戸惑う事なく、整理整頓された室内が保たれていた。母親が手づくりした手工芸品などが、ちいさな家ながら季節ごとに取り替えられていた。

ところが、今年のお盆に帰省した折に、母親が「玄関に掛けてある色紙額がいつまでも福寿草で気になるので変えてくれないか」と愛子さんに頼んできた。正月用に額に入れられた色紙が、夏になるまで変える事ができなかったのだ。老いという事はこういう事なのだと愕然とした。

愛子さんは、ケアマネジャーという仕事の中で、たくさんの老いを勉強させてもらっていたが、肉親でありながら、生活の隅々に息づく「自分らしさ」の変化に気づかなかった事に反省したという。

しかし、どんな状態になっても、生きていくのは自分である。身体機能の低下はさまざまな事を失わせる。具体的な生活動作だけでなく、楽しんできた生活文化、心の豊かさも失っていく。そして失いながらも人は生きていく。

（2）ホームヘルパーの援助はなぜ必要か

愛子さんの両親の生活について、もう少し見てみよう。若い時から病弱な妻に代って買物、室内の掃除、身の回りの片づけ、ごみの分別、ごみ出し、洗濯、洗濯干し、取り込み、朝食の用意、寝具の片づけ、金銭の出し入れや管理など、およそ、家庭生活の大部分の家事を担って来たのは大正生まれの父親であった。大正生まれの男性としてはめずらしく「男が家事を担う事への偏見」も無く、自分なりの家事のルールを持って守っているという風であった。病弱で早死にしたという母親と男兄弟の次男坊、職人たちが出入りするという家庭環境に育った背景があったからだろうか。丁稚奉公に出て、親方や兄弟子の身の回りや掃除などの経験の蓄積が生活能力を形成したのかもしれない。

愛子さんは介護保険開始当初からケアマネジャーとして働いているが、その前身は家庭奉仕員・ホームヘルパーである。初めてこの仕事に就いた時、父親から「お金を貰って年寄の気持ちを勉強できる良い仕事だ。一人ひとり生活の仕方が違うので、気をつけて手伝うんだよ」と助言された。

ホームヘルパーの援助の真髄を言い当てていたと、後に経験を積んでから関心したものだ。一人ひとりの生活の仕方の違い＝自分らしさ＝その人らしさに依拠して行う援助である。この「その人らしさ」が最も顕著に出てくるところが「生活」ではないだろうか。

ホームヘルパーは、「生活」を援助する時にその人なりのやり方を引き出し、なぞりながら行う事で、かつて本人が行っていた生活に近づき、あきらめ失いつつあった心までも、取り戻そうと働きかける。

調理・洗濯・掃除・買物などに代表される「生活援助」の行為そのものは手段であって、本来勝ち取るべき課題・目的は「本人の生きる力」の獲得ではないか。加齢によりさまざまな生活能力が低下してきた時、その結果失われた物が満たされても、心は満たされず、「本人の生きる力」は生まれてこない。それでは真に生きていることにはならないのである。

だからこそ、本人の心に働きかける自立支援のための見守り的援助（身体介護一-六）があり、生活援助も身体介護も一体的に行う援助として「訪問介護」を捉えてほしいという現場からの熱い訴えが続いているのだ。

愛子さんの父親はもうすぐ九〇歳である。背骨が曲がり、膝の激痛に耐え、懸命に病弱な妻をかばって家事をこなそうとしているが、何しろ時間がかかる。家の中のあちこちに椅子を置き、少し歩いては座り、身体を休め、また、立ち上がり動くという事を繰り返している。八〇代半ばの母親は心臓、腎臓、高血圧、腰痛、喘息の持病があり、一〇数種類の薬を処方され、定期受診と年に数回の入院の繰り返しの中で在宅生活を継続している。

室内移動も困難という二人の状況は、食事づくりの後退という形で現れてきた。台所に立って調理するという行為は父親にとっては、洗い物を行う際の流しの高さがまずは障害となった。息切れや腰が痛い母親も同じであるが、一定の時間立っている事が辛いために、簡単な調理も休み休みなので時間がかかるようになった。

主に父親の役割であった買物も「大変な事」になっていた。車にやっと乗り込んでスーパーまでは行けるが、入口に近い駐車スペースに止め、買物カートに寄りかかり歩行器がわりに店内を周り食料品を買い込む。その荷物を車に積み、カートを返しに行き、そして杖をたよりに車に戻り、自宅まで着いたら、また買物荷物を持って杖をつき、車と室内を何回も往復する。へとへとになって自宅に入り、さらには冷蔵庫に収納するという一連の行動に、気の遠くなるようなエネルギーが費やされていた。帰省した折に買物同行した愛子さんには驚きの実態だった。愛子さんは、せめて重たい物や定番の品物の買物をホームヘルパーに頼む事を両親に提案した。「どうしても自分でやりたい事を残すためにも他人に頼む選択をしないと、本当に何も自分でやれなくなってしまうほど辛くなっていませんか」という問いだった。

父親が、なじみのスーパーの売り場の見取り図と買物リストを丁寧に書いて準備し、ホームヘルパーに買物を頼むようになったのは、間もなくだった。

(3) コンビニ弁当

他人を家に入れる事に抵抗感が強かった二人が、近くの民生委員の働きかけにより要介護認定を受け、ホームヘルパーによる週一回の買物、掃除機かけ、訪問リハビリが定期化するのに比較的時間はかからなかったが、一年を経た今もまだまだ不満も抵抗感も消えていない。そのような中で、ホームヘルパーと相談しながら食事を作ることを愛子さんは両親に提案してみた。帰ってきた答えは「ノー」だった。特に父親の抵抗が強かった。「鍋の位置を教えたり、醤油はどこだ、砂糖はどこだと他人に教えながら、自分が守ってきた台所をかき回されて食事を作って貰うのはいやだ」というのがその理由だった。愛子さんもホームヘルパー時代に散々やってきた事で、父親に言われたように相手のやり方で、支援してきたのにという思いが湧いてきた。しかし、いやな人がいるのも事実である。食事が作れない現実を何とかしなくてはいけないという事で再提案した。宅配弁当という選択である。最近、地方にも伸びてきた宅配弁当を試してみた。しかし、土日や年末年始は休みとの案内に、これでは困るのではと、全国展開のコンビニ宅配に途中で変更してみた。味がしつこい、パックの処理が困る、配達時間に玄関で待ってなくてはいけないと不満はつきない。

できなくなった事を受け入れている母親は、「コンビニ宅配弁当は自分の口に合わないものが多くてね。でも自分ではできないのだから、ホームヘルパーさんに頼めばいいのだけど」と肯定的である。愛子さんは、父親の不満や拒否は実は動けなくなった自分への拒否なのではないか、とこの頃考えるようになった。

(4) ホームヘルパーが伴走するようになるまでの過程

苦しいけれども長い時間をかけて、ホームヘルパーが今までのように動けなくなった二人に寄り添い、意思を尊重して手助けしながら生活に溶け込みつつある事を愛子さんは感じている。ホームヘルパーが人生の最期の伴走者として生活の中で果たす役割は大きい。宅配弁当も社会の中で大きな一つの役割であると思うし、商品を選ぶという自己選択はあるが、限られた選択であり、一方で喪失感も大きい。

動けなくなっても喪失感を最小限にしながら、その人らしい生活の継続を支える役割を果たせるのは、自立支援を柱に据えたホームヘルパーによる生活援助以外にはないのではないか。今まで行っていた時間の何倍もの時間を費やして行おうとしている家事の一つひとつは、行う人にとって生きていく誇りであり、自分で行う事に意味がある訳で、他に代われないものなのだという事を理解して援助することにこそ、ホームヘルパーの専門性がある。

高齢の両親と同居していない愛子さんは、家族の役割というところで悩まない訳ではない。そもそも、家を出て別の家庭を築いていく中で、両親は娘を頼らずに自立して暮らしてきたからこそ、高齢になっても自分で家事のすべての事を行わざるを得ず、頑張ってこられたともいえる。若い時から子どもと一緒に暮らすことで依存的になる場合もある。どちらがどうとは言えないのである。与えられた状況の中で最善を尽くす事が大事ではないか。

3　最期を自分らしく生きていくために

(1) 生活の持つ意味

生活はその人そのものであり、その人が生きていく活力の源である。また、一人ひとり積み上げてきた価値観の塊ともいえる。その人の生活を理解し、支えることは一朝一夕にはいかないが、ホームヘルパーという専門職が本人より前に出ることなく、歩みに遅れることなく、ぴったりと脇に付き、伴走者のように「その人らしい生活」を支える事の意味は大きい。

衣食住も「その人らしい衣食住」があるはずである。誰かが決めた衣食住で満たされても自分らしく生きていくことにはならないのである。衣食住は生きていく上で大切な土台であるが、人はその土台の上に自分らしい文化を築いて生きていく。生活は、この衣食住の土台と自分らしい文化＝家族との関係・友人との関係・社会との関係、音楽・美術・工芸・伝統などが織り交ざったものである。

人の生活を支えることを職業とすること、つまり、専門的技術と知識と理念を持って人の生活を支えていくことで「その人らしい生活」を可能たらしめるのだから、ホームヘルパーが行おうとしている援助を、例えば宅配弁当のような「もの」に置き換える議論は、根本的に成立しないのではないか。

(2) 身体介護だけではその人らしい最期を援助できない

高齢となりさまざまな病気が現れて身動きができなくなってきた時、家族支援だけでは家族が疲弊し在宅生活の継続が困難となってくる。ホームヘルパーによる身体介護は、一日に何回か組まれながら要介護状態となった本人と家族を支えていく事が多い。排泄、清拭、着替え、食事の介助、車いすへの移乗などである。もちろん、身体介護であっても衣類や食事献立の好みなど、その人らしさを意識して支援していくが、多くの部分は共通のやり方で行われることが多い。

人が最期を考えた時、身体介護だけでなく、十人十色の生活の援助を共に行っていくことが、その人らしい最期への援助となる。本人がほとんど動けない状態となって身体介護のみに援助の中身が限られていった場合でも、それまでの過程の中で、豊かな生活援助が重ねられている場合には、身体介護に対する印象も自然と違ったものになるだろう。長い長い生活援助の関わりの中で蓄積されていった信頼関係が、受け入れることが辛いであろう身体介護を受け入れやすくし、本人の気持ちを楽にしていく事になると思う。

参考文献

一番ヶ瀬康子監修、日本介護福祉学会設立準備委員会編（一九九三）『介護福祉学とは何か』ミネルヴァ書房。
柴田範子（二〇一三）「利用者と一緒に行う生活援助の知恵」『おはよう21』一月号、中央法規出版。
日本介護福祉士会監修、石橋真二・平木久子『介護保険でこう変わる、ヘルパーのしごと』（ホームヘルパーブックシリーズ⑥）中央法規出版。

第5章　深刻化する人材不足
――サービス提供責任者・登録型ホームヘルパーそれぞれの立場から

松下やえ子

1　揺らぐホームヘルパーの姿

(1) 熟年ホームヘルパー

東京近郊のY市に住むホームヘルパーの田中節子（仮名・六四歳）さんは、NPO法人の訪問介護事業所で働くホームヘルパー歴九年目の登録型ホームヘルパーである。子どもたちはそれぞれ独立し、定年を迎えた夫との二人暮らしである。介護保険スタート後にホームヘルパー二級の資格を取得して、ホームヘルパーの仕事に就いた。収入は一カ月四～五万円と多くはないが、人が人を支援するホームヘルパーの仕事の奥深さに充実感を感じ、ここまで続けてきた。六〇歳で介護福祉士の資格も取得し、常勤でサービス提供責任者になることを勧められたこともあったが、夫が定年を迎える年であったこともあって、以降も登録型ホームヘルパーを続けている。

最近、節子さんは七カ月後に迎える六五歳の誕生日を機にホームヘルパーを辞めることを考えている。節子さんの心を大きく動かしたのは、「今後、生活援助が介護保険サービスから外され、重度の利用者への身体介護サービスがどんどん増えてくる」と聞いたからだ。節子さんは、今のところ、内臓の病気などはないものの、少しずつ膝関節や腰の痛みが出てきている。しかし、ホームヘルパーの仕事は制度改正のたびにサービス提供時間が縮少され、「ルンバ（電気掃除機）」ヘルパーのようにクルクル、クルクルと援助内容をこなさなければならなくなってきている。これ以上過酷な業務が求められるのならば、自分の身体のことも考えてこの辺でホームヘルパーを辞め、企業戦士として働きづめであった夫と二人で動けるうちに旅行をしたり、健康づくりをしたいと考えている。

（2）子育て世代のホームヘルパー

千葉県に住むホームヘルパーの中島友子（仮名・三八歳）さんは、都内のＩＴ企業に勤める夫（四〇歳）と小学校三年生・五年生の子ども二人の四人暮らし。三年前に戸建てのマイホームを住宅ローンで購入し、一カ月九万円ほどを返済している。下の子どもが小学生になって手がかからなくなったこともあり、二年前にホームヘルパー二級の資格を取得した。折よくその年、友子さんの住む市が「市内の訪問介護事業所での就労を条件に研修費全額補助」という訪問介護の人材確保の施策を行っていたため、年が明けた昨年の一月末より、自宅からほど近い訪問介護事業所で登録型ホームヘルパーとして働くことになった。

半年ほど過ぎると、友子さんは週に四ケースほどを担当するようになり、少しずつ身体介護のケースも担当するようになっていた。子どもたちの夏休みが終わった秋口からはケースも増え、週七ケースほどになった。しかし、一二月に入ったころから、入院やショートステイなどで担当ケースの減少が続き、現在は三ケースに減っているという。当然、担当ケースの増減に伴って、収入も月二～四万円の間で増減している。お弁当の宅配パートタイマーをしているママ友は、短時間でも確実な収入を得ていると聞いた。

登録型ホームヘルパーになって一年を経た友子さんは今、他の仕事を探そうと真剣に考えている。中島家の子どもたちの塾やけいこ事などの費用は、月約四万円（水泳七〇〇〇円×一人、そろばん六〇〇〇円×二人、書道三二〇〇円×二人、通信学習四七〇〇円×二人、スポーツサークル費二〇〇〇円など）になる。子どもたちの学年が上がって、今後ますます教育関係費が増大することを考えると、ホームヘルパーの仕事は嫌いではないが、もっと安定した収入の得られるパートタイマーの仕事につきたいと思い、仕事探しを始めている。

（3）サービス提供責任者

N市のS訪問介護事業所でサービス提供責任者の小松加代子（仮名・五六歳）さんに話を聞いた。元社会福祉協議会のパートタイム型ホームヘルパーであったという加代子さんは、働いていた社協が訪問介護事業を閉鎖したため、四年前に零細のS事業所に移った。二年前、当時のサービス提供責任者がケアマネジャーの試験に合格して辞めてしまったため、介護福祉士の資格を持つ加代子さんは管理者に乞われて、サービス提供責任者になった。ホームヘルパー歴七年目のホームヘルパーである。事務所はさほど広くなく、インタビューの間も利用者やホームヘルパーから、絶えまなく電話が鳴り、その日は管理者や事務の方が加代子さんに代わって連絡帳にメモしながら取り次いでくれていた。このように事務所へは連日、ホームヘルパーからは「利用者が不在です」「お茶碗を割ってしまいました」「利用者の体調が悪そうですが、どうしましょう」など、また、利用者からは時間前であっても「ヘルパーさんが来ない」「明日の訪問は、歯医者に行くから休みにして欲しい」「ヘルパーさんが料理に使ったしょうゆの蓋が開かない」など、さまざまな内容の連絡があるので、その一つひとつに適宜・適切に調整・対応しなければならない。

さて、その加代子さんの悩みは、サービス提供責任者本来の業務が日中の勤務時間内に十分できず、過労ぎみであることだ。サービス提供責任者の業務はケアマネジャーの業務以上に多い。ところが、年を追うごとに日中のサービス訪問（定時訪問・代行訪問）時間数が増えていて、加代子さんがサービス提供責任者の本来業務を行うのは「アフター5」というのが実情だそうである。もちろん、サービス残業である。また、休日出勤することもあるという。ホームヘルパーを募集しても募集しても、応募がない。また、やっと応募者があったとしても、数カ月で辞めてしまうというのである。こうしたホームヘルパー不足がサービス提供責任者の業務遂行にしわ寄せとなっていることは明らかだ。加代子さんは、どんどん疲労が蓄積していくのがわかるという。

もう一つの悩みは、月一六万円ほどの給与でありながら、連日、夜遅くまで働いて自分の家庭生活に支障が出ていることである。同い年の夫が管理職になり、自分は妻として十分に夫をサポートしているだろうかと振り返ったとき、前任のサービス提供責任者がケアマネジャーの資格を取得して辞めていったように、加代子さんも今年はケアマネジャー試験にチャレンジしようと考えている。しかし、仮にケアマネジャーの資格を取得し退職を申し出たとして、辞めることができるだろうか、と誠実な小松さんは悩んでいる。なぜならば、「あなたが辞めるようなことがあったら、うちの事業所は休止しなければならない。辞めるなんて言わないでね」と、日頃から管理者に言われているからである。

このように、現在就業しているホームヘルパーの中には、前述の三人と同じように悩み、離職に心が揺らいでいる人たちが圧倒的に多いのが現状である。

2　ホームヘルパーは在宅介護のキーパーソン

(1)　花形産業ではなかったのか

社会福祉士及び介護福祉士法の成立した一九八七年、筆者は「家庭奉仕員三六〇時間講習」の第一期生であった。当時のこの講習の講師は皆、一様に「ホームヘルプサービスはこれから花形産業ですよ。皆さんホームヘルパーはその主役です」と口にした。あれから二七年、ホームヘルパーは、誰もがなりたいと思う職種となり得たであろうか。

二〇一三年八月一六日に介護労働安定センターが取りまとめた「平成二四年度介護労働実態調査」

表5-1　従業員の過不足状況

（%）

	回答事業所数	当該職種のいる事業所数	①大いに不足	②不足	③やや不足	④適当	⑤過剰	不足感（①+②+③）
全　体	7,511	4,735	4.6	18.6	34.2	42.0	0.6	57.4
訪問介護員	7,511	2,562	11.9	26.2	29.7	31.1	0.9	67.9
サービス提供責任者	7,511	1,633	3.4	7.8	13.2	74.7	0.9	24.4
介護職員	7,511	4,378	4.3	13.9	29.7	49.7	2.2	47.9
看護職員	7,511	3,764	6.3	13.1	22.6	56.4	1.5	42.0
生活相談員	7,511	2,832	0.8	2.9	10.5	84.9	0.9	14.2
PT・OT・ST等	7,511	1,324	3.0	7.3	20.3	68.1	1.3	30.6
介護支援専門員	7,511	3,415	1.9	5.0	13.6	77.7	1.8	20.5

注：PT・OT・ST等：PT（理学療法士），OT（作業療法士），ST（言語聴覚士）等の機能訓練指導員，以下同じ。

出所：平成24年介護労働実態調査「事業所における介護労働実態調査結果」を一部改変。

報告の「事業所における介護労働実態調査」によると、「従業員の過不足状況」（表5-1）において「不足感（大いに不足+不足+やや不足）」を感じている事業所は全体で約六割であり、前年度と比較して増加している。中でも訪問介護員（ホームヘルパー）の不足感については、六七・九%と最も高い結果となっている。

近隣の事業所の現状を見ても、前述のように在宅介護の主たる担い手である訪問介護員（ホームヘルパー）や訪問介護（居宅介護）サービスの要であるサービス提供責任者は、繰り返し募集をしても「応募なし」が常態化しており、人材不足はますます深刻化している。このままの状態が続けば、まさに

「ホームヘルパー消滅の危機」[1]であり、ホームヘルプサービスを希望する利用者の「ホームヘルプサービス難民」さえ危惧される状況なのである。

そこで、この深刻化する人材不足について、これまでのホームヘルプサービスのたどってきた道と介護職離れについて時系列で見てみよう。

(2) ホームヘルプサービスの伸展

① 公的サービスとしての位置づけ

ホームヘルプサービスは、一九五八年に長野県で開始された「家庭養護婦派遣事業」を源とし、一九六二年度から国庫補助事業（人件費補助方式）として制度化され、翌年「老人福祉法」の制定に伴い家庭奉仕員派遣事業としてスタートした。派遣対象は、公的制度スタート当初は要保護世帯であったが、その後低所得の世帯に拡大、そして一九八二年の有料化の導入に伴い所得税課税世帯へも拡大した。

一九八九年には、「高齢者保健福祉推進一〇カ年戦略」（ゴールドプラン）が策定され、利用を促進するとともに多様な需要に対応するため、これまで「その家族が介護を行えない状況にある場合」とされていた派遣要件についても、「家族が介護を行える場合であっても、必要とする場合」に緩和された。利用料については、有料化の導入以降、世帯ごとの所得に応じた応能負担とされた。

②　サービスの拡大

公的制度としては老人福祉法に基づく「家庭奉仕員派遣事業」から始まったホームヘルプサービスであるが、一九六七年には「身体障害者家庭奉仕員派遣事業」、一九七〇年には「心身障害児家庭奉仕員派遣事業」が創設され、一九九七年「難病患者ホームヘルプサービス事業」、二〇〇二年「精神障害者ホームヘルプサービス事業」が開始され、広く高齢者福祉から障害者（児）福祉の分野まで、在宅介護の要として利用者の生活を支援する欠くことのできないサービスとなった。この間、介護保険法や支援費制度、障害者自立支援法、障害者総合支援法など根拠となる法律や制度の改定に合わせて、それぞれ「訪問介護」「介護予防訪問介護」「居宅介護」「重度訪問介護」「同行援護」「行動援護」としてサービス提供されている。

③　措置から契約の時代へ

もともと「人件費補助方式」で行われていた国庫補助は、一九九七年には三年後の介護保険制度施行をにらみ、「事業費補助方式」が導入され、提供したサービス時間に応じた「出来高払い」となった。したがって、これまでの一人当たり週一八時間程度の訪問では常勤の給料を賄うことは到底できないため、パートタイムや登録型ホームヘルパーへの非常勤化に拍車がかかることになった。併せて、補助金の交付基準が「身体介護中心業務」と「家事援助中心業務」に区別され、それぞれの単価が設けられるというサービス内容の細分化が行われた。

二〇〇〇年四月、介護保険法施行により、ホームヘルプサービスは要介護者が選んで契約する居宅サービスの「訪問介護」として位置づけられた。利用料は世帯の所得に関係なく応益負担となり、利用したサービス費の一割負担となったため、措置時代に利用料を多く負担していた「収入のある家族が同居する世帯」の負担は減り、「所得の少ない世帯」にとっては負担が重くのしかかる結果になり、不適切・不均衡なサービス利用が散見された。また、一割であっても利用料を負担するとなると利用者の権利意識が過剰になるケースもあり、サービス提供に当たるホームヘルパーは利用者の要求と法令遵守の狭間で適切なサービスを提供することに疲弊した。併せて、一日に複数のケースを訪問しなければ一定の収入を得られないことや利用者の入院などに大きく左右される不安定な収入に、利用者の笑顔や感謝の言葉に癒されてこの仕事に魅力を感じていたホームヘルパーでさえも、徐々に転職者が増えていくことになった。

(3) なぜホームヘルパーは定着しないのか

① 主婦ならだれでもできる仕事か

わが国のホームヘルプサービスの起源とされる「家庭養護婦派遣事業」のサービス内容は、不治の病や障害等のため家庭内の家事に支障をきたす場合に短期的に派遣されるものであった。森山（二〇〇〇）は、その当時について「我が国のホームヘルプサービスの成立期である一九五〇年代から六〇年代は、高度経済成長による社会の変化や家族機能の変容を背景に、家事サービスへの需要が高まり、家事サービスを女性の職業として発展させようとする動きが見られた時期でもあった」と述べている。

このように、当時の役所の担当部署では、「主婦は家事をしている。ホームヘルパーの業務は家事支援である。すなわち、ホームヘルプサービスは主婦ならだれでもできる仕事」という考えが主流であった。果たして、本当にそうであろうか。

② 社会サービスとしての質の確保

有料制の導入された一九八二年より、採用時研修（七〇時間）が導入された。これは、勤務体制を弾力化してパート勤務を可能にしたことから社会サービスとして一定の質を確保するために、採用時に義務づけられたものである。その後、一九八七年には、急速な高齢化による多様な介護ニーズに対応するべく、採用時研修に代えて「家庭奉仕員三六〇時間講習」がスタートした。しかし、まだまだホームヘルプサービスの社会的認知が進まない時代であったため、三六〇時間講習の第一期生である筆者が自宅から通える五市の担当課にアタックしても、ホームヘルプサービスの現場に立つには一年以上を要した。時は、元号が昭和から平成に変わる一カ月前であった。その後、一九九一年には段階別研修システムが導入され、新ゴールドプランの策定を受けて、一九九五年にはカリキュラムの改定と研修時間の見直しが行われた。

③ 介護保険スタートで夢破れ

一九九七年の介護保険法成立後は、その後の需要を見込んであちこちにホームヘルパー養成研修機関の看板が立ち、受講者の順番待ちが出るなど、数年にわたって養成研修全盛期が続いたものの、その状況は介護保険のスタート後、そう長くは続かなかった。受講者の中には、介護報酬＝ホームヘルパーの賃金と思った人もいた時代である。実際に、訪問介護の仕事に就いてみると、サービスを提供した時間のみしか賃金にはならず、気苦労が多く仕事内容の割に収入が少ないということが浸透し、研修受講者の減少を招き、ホームヘルパー養成研修機関の閉鎖が続出した。

④　コムスン問題で介護職離れに拍車

さらにこの状況に追い打ちをかけたのが、二〇〇七年の㈱コムスンの不正による介護保険事業継続指定取り消し事件である。また、マスコミの刷り込みによるイメージダウンもあった。その一方で、訪問介護のサービス利用者は年々増加し、需要が多くあるにもかかわらず、担い手であるホームヘルパーがいないという現象が一層顕著になり、事業者の中には自ら指定を受けてホームヘルパーの養成研修をしたり、研修費用の一部を還元するという方策で人員の確保に取り組むところもあったが、それでも状況の改善は見られなかった。

国も状況の重大性に気づき、二〇〇八年「介護従事者等の人材確保のための介護従事者等の処遇改善に関する緊急対策」を打ち出し、翌年より三年間の時限措置として「介護職員処遇改善交付金」を支給することとした。

⑤　介護職員の専門性を高めると言うけれど……

そうした現況とは裏腹に、少子高齢化が進展し認知症高齢者や一人暮らしの高齢者の増加が見込まれる中で、介護保険制度は老後の安心を支える仕組みとして安定的に介護に従事する人材を確保するとともに介護サービスの質の確保・向上を図ることが重要な課題とされた。介護サービスの質の向上を図る上で、介護職員の専門性を高めることをねらいとして、施設、在宅を問わず介護サービスに従事する職員の共通の研修として、二〇〇六年に「介護職員基礎研修」が創設されたのである。しかし、開講しても受講申し込みが少ない状況が続き、国はハローワークの失業対策の一環として失業者をこの研修に送りこんでみたものの研修修了者の訪問介護への入職は少なく、また職場定着が進んでいないのが現状である。

二〇一一年、「介護サービスの基盤強化のための介護保険法等の一部を改正する法律」の成立により、介護福祉士資格取得を基本とする介護職員の資格制度が見直され、「介護職員実務者研修」「介護職員初任者研修」がスタートしているが、人材不足解消に明るい未来は見えてこない。

3　介護現場の嘆き

(1) 訪問介護フォーラム

そうしたホームヘルプを取り巻く状況変化の中で、介護保険がスタートした二〇〇〇年より、筆者らは、千葉県において「ホームヘルプサービスの質の向上」「ホームヘルパーの社会的地位の確立」を目的として、社会福祉協議会・社会福祉法人・NPO法人・株式会社・有限会社などの訪問介護事業所の有志が実行委員となって、毎年一回「訪問介護フォーラム」を開催し、一五〇人余の現場のホームヘルパーの思いや課題を共有している。また、介護保険法や介護報酬改定の折には、利用者・

事業所・ホームヘルパーを対象にアンケート調査を行い、それぞれの実情や意見をまとめ、国・千葉県などに提言を行ってきた。自発的なささやかな活動ではあるが、ホームヘルパーの定着に向けた支援を続けている。以下に、そうした中で得られたものも含めて、在宅介護現場の状況を概観する。

(2) サービス提供責任者の状況

① サービス提供責任者の業務

介護保険制度のスタートで必置となったサービス提供責任者の業務については、「指定居宅サービス等の事業の人員、設備及び運営に関する基準」(平成十一年三月三一日厚生省令第三七号、最終改正：平成二四年三月三〇日、厚生労働省令第五三号) 第二四条および二八条に以下の項目が定められている。

・訪問介護計画の作成・変更を行うこと。
・利用の申込みに係る調整をすること。
・利用者の状態の変化やサービスに関する意向を定期的に把握すること。
・サービス担当者会議への出席等により、居宅介護支援事業者等と連携を図ること。
・訪問介護員等に対し、具体的な援助目標及び援助内容を指示するとともに、利用者の状況についての情報を伝達すること。
・訪問介護員等の業務の実施状況を把握すること。

図5-1　利用者宅で介護サービス（代行等）を提供する時間（n＝3,480）

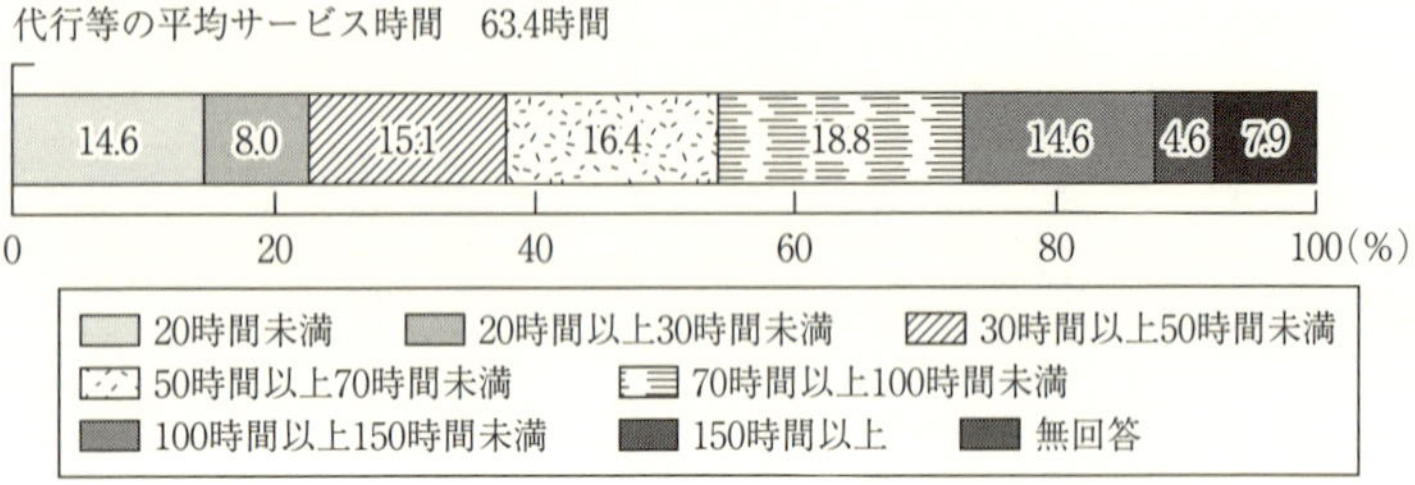

出所：介護労働安定センター（2009）。

・訪問介護員等の能力や希望を踏まえた業務管理を実施すること。
・訪問介護員等に対する研修、技術指導等を実施すること。
・その他サービス内容の管理について必要な業務を実施すること。

以上のように、ケアマネジャーの業務に劣らない多岐にわたる内容・量の業務にもかかわらず、サービス提供責任者の業務に対応する介護報酬の設定はないのである。このため、サービス提供責任者の中には他のホームヘルパーのケアによって得た収入の中から自分の給与を得ているというような負い目を感じている人も少なからずいる。そうした負い目や前述の加代子さんのようにホームヘルパー不足の代行などで、「一カ月にサービス提供責任者が利用者宅で介護サービス（代行等）を提供する時間」は、六三・四時間となっている（図5-1）。つまり、一日平均約三時間のケアに出ていることになる。ケア訪問をこなしながら、法に定められた業務を十分にこなすことは至難の業であり、現場のサービス提供責任者の嘆きや悲鳴が多く聞こえてくる。

②　事業所・サービス提供責任者の嘆き

しかし、そうした中でもサービス提供責任者は、黙々と業務をこなそうと努力し、精神的に疲弊していく例が多い。「訪問介護フォーラム二〇〇七——サービス提供責任者業務に介護報酬を」におけるアンケート（回答数：事業所四三・サービス提供責任者一七九人）の自由記述から見えてきた状況は、以下のとおりである。

ⅰ　事業所の嘆き

・サービス提供責任者の業務に介護報酬が反映されていないため、十分な賃金（給料）の保証や待遇改善ができない。
・ホームヘルパー不足のしわ寄せが、サービス提供責任者の過重労働を招いており、常に離・転職の不安を抱えている。
・ケアマネジャーの資格を取得すると離・転職してしまう傾向があり、サービス提供責任者としての経験知の集積ができない。
・人員不足で研修等への参加も制約があるため、「ホームヘルパーへの技術的なアドバイスや個別指導」「記録」などのスキル不足につながっている。

ⅱ　サービス提供責任者の嘆き

・訪問介護の介護報酬が低く、また、サービス提供責任者の業務に対して介護報酬が設定されていないため、自らもケアに出なければならない。
・ホームヘルパー不足から、「ホームヘルパーの休暇や急な休みへの対応・手配」に最も負担感を感じ、手配がつかない場合は自らケアに出るため本来業務が十分にできず、心身ともに疲弊している。
・業務内容が煩雑で時間がかかる。効果的・効率的な訪問介護とするために業務の整理と提供責任者の力量のアップが必要である。
・提供責任者業務の中で、「できていないと感じている業務」の第一位は「ホームヘルパーへの技術的なアドバイスや個別指導」となっており、訪問介護員の専門性への社会的認知が得られないことにつながっている。
・ホームヘルパー不足から、プロ意識のないホームヘルパーに対しても離職されては困るので、適切・適正に指導できないため、精神的負担が大きい。
・本来、保険者が果たすべき制度改正の周知徹底業務まで担わされ、利用者と制度の板ばさみになっている。
・労働環境の悪さ（賃金・手当・休暇等々）にもかかわらず、「自分がやらなければ誰が……」との使命感で続けているが、体力的にいつまでもつのか不安が大きい。

その後の介護報酬改定でわずかな加算が導入されたが、その後もこの状況はますます深刻化し改善の見込みはない。

③　危ぶまれる事業所の存続

当該アンケートで、「ケアマネジャーの資格を保有した場合の就業の希望の有無」について尋ねたところ、「就業の希望有り」と回答した人が全体の四六・九％（八六八人）と半数近い結果であった。同様に、前述の介護労働安定センター（二〇〇九）「四．能力開発（4）三年後の仕事の希望」においても、ケアマネジャー希望が一九・〇％となっている。あまりにも先の見えない報われない労働環境に、「サービス提供責任者からケアマネジャーへ」という離・転職のルートができ、サービス提供責任者の質、ひいては訪問介護の質が上がらないばかりか、事業所の存続をも左右しかねないのである。

（3）ホームヘルパーの状況

①　不安定な雇用状況

介護労働安定センター（二〇一三）の「Ⅳ労働者の個別状況　4．職種別の従業員の割合」（表5-2）を見ると、訪問介護員（ホームヘルパー）は非正規職員が八〇・一％と他の職種と比較にならない数値を示している。また、「（3）賃金の支払い形態」（図5-2）では、訪問介護員（ホームヘルパー）の八二・七％は時間給である。つまり、ホームヘルプサービスは必要な時だけ働いてくれる登録型のホームヘルパーにより成り立っていることがわかる。

図5－2　賃金の支払形態——訪問介護員の83％は時間給

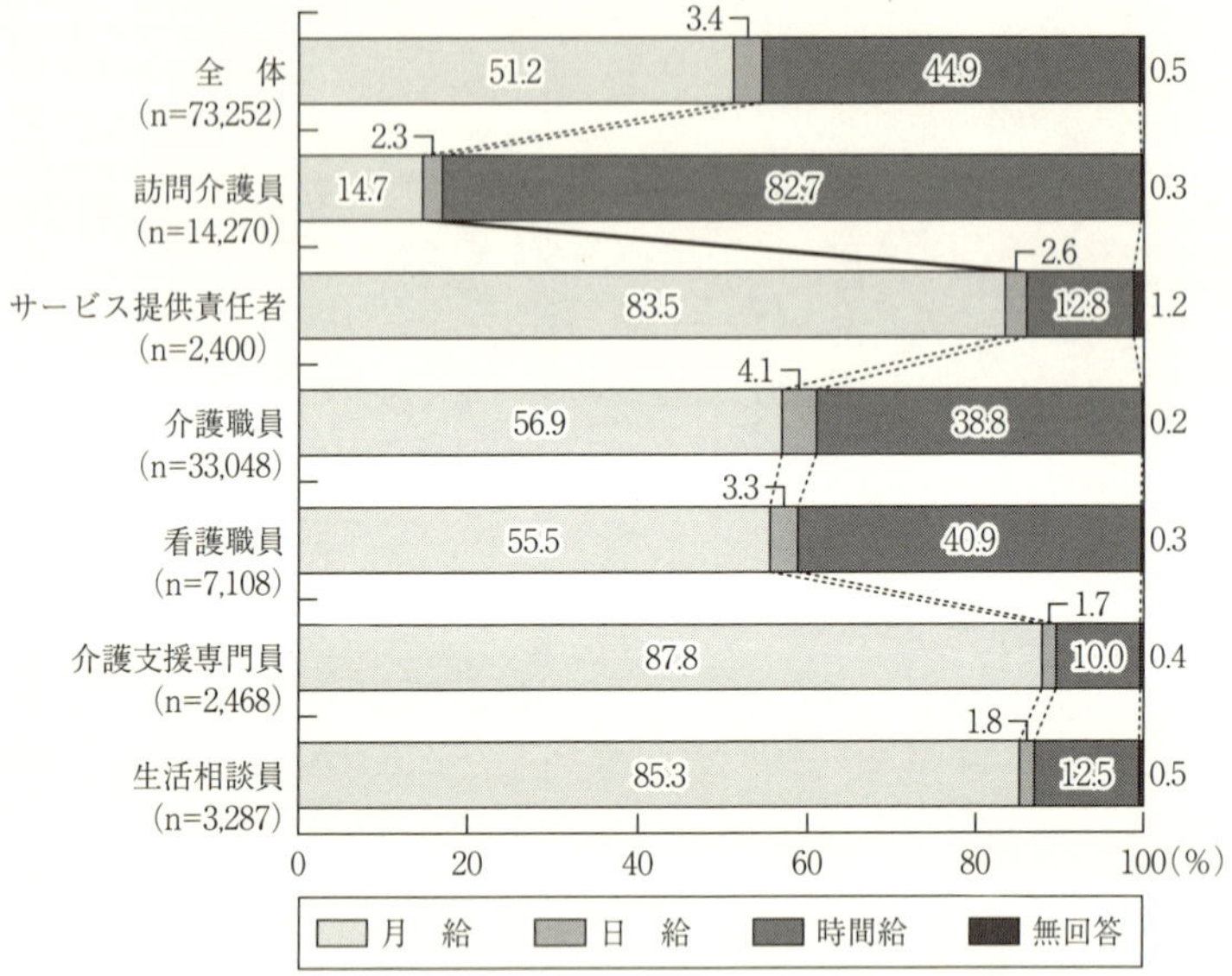

出所：「平成24年介護労働実態調査」介護労働安定センター（2013）。

さらに、「3．所定内賃金」（表5－3）では、訪問介護員（ホームヘルパー・時間給の者）の一時間当たりの平均賃金は一二〇二円であり、介護職員の九一〇円に比べれば高いと考えられがちであるが、仮に八～一八時の間に一日三ケース（合計四・五時間）の訪問介護を担当した場合、賃金は五四〇九円となる。これに対して、介護職員であれば、仮に九～一六時の間の六時間の勤務で五四六〇円が得られるのである。また、訪問介護の場合、前述の友子さんのように、毎日同じ就労時間が確保されるわけではなく、ケア時間はその日によって異なり、併せて利用者の入院などによる訪問の休止により毎月の収入は一定しない。こうした現状

表5-2　職種別の従業員数

(%)

	回答事業所数	職種別の構成割合（人数比率）	合計 人数（人）	合計 男性	合計 女性	正規職員 合計（職種別従業員数における割合）	正規職員 男性	正規職員 女性
訪問介護員	4,090	23.7	40,233	8.0	92.0	18.3	23.0	77.0
サービス提供責任者	1,900	2.7	4,643	12.5	87.5	76.8	14.1	85.9
介護職員	5,240	49.2	83,605	24.8	75.2	57.2	32.0	68.0
看護職員	4,831	11.7	19,890	4.9	95.1	56.2	6.1	93.9
生活相談員	3,544	3.9	6,705	40.8	59.2	84.0	44.6	55.4
PT・OT・ST 等	3,111	2.7	4,621	47.4	52.6	69.5	48.5	51.5
介護支援専門員	4,902	6.1	10,350	20.8	79.2	80.3	23.6	76.4
合　計			170,047	19.2	80.8	51.2	27.8	72.2

	非正規職員 合計（職種別従業員数における割合）	非正規職員 男性	非正規職員 女性	勤務形態別 常勤労働者	勤務形態別 短時間労働者	勤務形態別 勤務形態が不明	就業形態が不明 合計（職種別従業員数における割合）	就業形態が不明 男性	就業形態が不明 女性
訪問介護員	80.1	4.2	95.8	6.9	72.8	20.3	1.6	24.1	75.9
サービス提供責任者	19.6	4.2	95.8	53.6	27.6	18.9	3.6	22.9	77.1
介護職員	42.1	14.8	85.2	33.2	49.0	17.8	0.7	39.6	60.4
看護職員	42.4	2.5	97.5	17.6	67.8	14.6	1.5	25.9	74.1
生活相談員	13.3	16.0	84.0	40.6	41.1	18.3	2.7	45.1	54.9
PT・OT・ST 等	28.6	45.8	54.2	72.0	19.2	8.8	1.8	30.6	69.4
介護支援専門員	17.1	6.7	93.3	36.9	43.3	19.7	2.7	29.3	70.7
合　計	47.5	9.5	90.5	22.1	59.5	18.4	1.3	30.9	69.1

出所：表5-1と同じ。

表5-3　所定内賃金

	月給の者		日給の者		時間給の者	
	労働者個別人数（人）	平均賃金（円／月）	労働者個別人数（人）	平均賃金（円／日）	労働者個別人数（人）	平均賃金（円／時間）
全　体	33,775	211,900	1,566	8,079	24,465	1,079
訪問介護員	1,691	183,843	186	7,876	8,297	1,202
サービス提供責任者	1,736	214,876	43	8,500	211	1,097
介護職員	17,377	193,253	932	7,345	10,450	910
看護職員	3,578	261,994	144	10,367	2,148	1,369
介護支援専門員	1,926	247,859	*23	*7,719	187	1,306
生活相談員または支援相談員	2,570	232,575	34	7,859	328	956
事業所管理者（施設長）	4,997	354,304	*18	*10,326	47	1,064

注：（1）他の職種は省略。
（2）「*」印があるデータは，サンプル数（回答数）が少なく（30未満）参考値の位置付け。
出所：表5-1と同じ。

の時間効率の悪さや不確定・不安定要素の大きさから、生計中心者や毎月一定の収入を得たい人にとってこの雇用形態と賃金では魅力のある職種にはなり得ないのである。

移動や記録・会議などに対する賃金や手当については、監督官庁の指導もあって、ここ数年、十分な金額とは言えないまでも徐々に支払われるようになってきている。また、二〇一一年「介護サービスの基盤強化のための介護保険法等の一部を改正する法律」の成立により、介護事業所における労働法規の遵守の徹底、労働基準法等違反者が事業所指定の欠格要件及び取り消し要件に追加されたことから、さらなる適正化を期待したいところである。

② ホームヘルパーの高齢化

また、同じ調査の「Ⅳ労働者の個別状況　1．年齢」において、平均年齢を見ると介護職員四二・〇歳、サービス提供責任者四六・八歳、介護支援専門員（ケアマネジャー）四七・四歳、訪問介護員（ホームヘルパー）五一・五歳となっている。そうした中での課題は、前述の節子さんのように、熟年ホームヘルパーのゆらぎである。

介護保険スタート前から、地域で在宅介護サービスを展開してきたNPO法人の代表をしている友人は、「ここ数年、若い人の採用がないため、登録型ホームヘルパーの平均年齢が六〇歳近くになっていて、身体介護を依頼しても断られることが多くなった。今回の改正で生活援助が切られたら、若い人が来てくれる見込みもないので事業所を閉めざるを得ない」ともらす。コツコツと地域福祉を担ってきた友人の言葉は重い。

このように、前述の雇用の不安定さや収入の不確実さから若い世代の入職が期待できない中で、地域に根差しながら高齢のホームヘルパーで運営されている零細訪問介護事業所は同様の悩みを抱えている。

③ 仕事の満足度

さまざまな調査を見ると、「現在の仕事を選んだ理由」として、「働きがいのある仕事だと思ったから」と回答する人が圧倒的に多い。にもかかわらず、なぜ離職率が高いのか。現在働いているホームヘルパーは、少なくともホームヘルパー二級課程（一三〇時間）の研修を修了した人である。この研修の中で、根拠となる各制度の目的や訪問介護（居宅介護）サービスの意義・目的・役割を学び、ホームヘルパー自身の自己実現を目指して入職したはずである。高松（二〇〇九）は、「パートタイム労働や派遣労働を容認し、パターン化、スポット化された介護労働では、指示された業務を行うことに終始し、介護労働者自身が対象者を主体においてその人の尊厳を守り、個別性を尊重した介護が実践できているかどうか判断できない状態に陥ってしまう」と述べている。まさに現在の短時間細切れの支援形態は、「訪問介護」サービスの効果を阻むものであり、利用者の最も身近な存在として社会サービスを担うホームヘルパー自身の使命感や達成感、自己実現をも阻むものである。ホームヘルプサービスそのものの魅力を奪ってしまっているといっても過言ではない。本来の介護福祉労働の主体性が奪われていくことは、「燃え尽き」や「働きがい喪失」につながる。ここを改善しなければ人材の定着は図れないと思う。

4　訪問介護を魅力的な職域にするために

(1)　若者は在宅介護の担い手になれるのか

そもそも現在の訪問介護の介護報酬で、適正な人材確保は可能なのか。介護労働安定センター同調査（事業所）「6　介護事業等収入に占める人件費割合」（図5-3）を見ると、訪問系：平均七二・一%、施設系（入所型）：五八・〇%、施設系（通所型）：六一・九%となっている。介護保険スタート以

図5-3　介護事業等収入に占める人件費割合

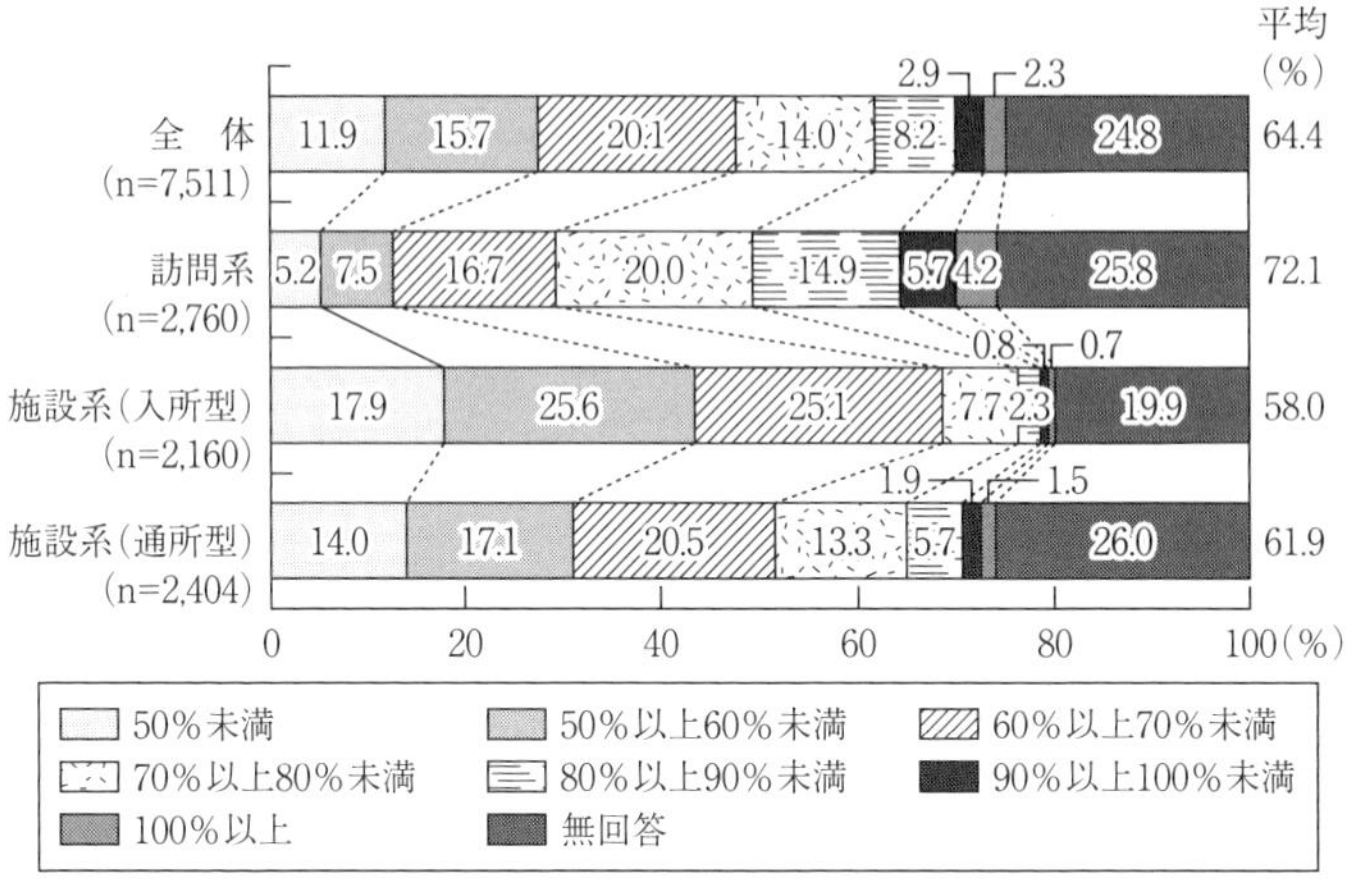

出所：図5-2と同じ。

来、訪問介護の介護報酬は低く抑えられてきた経緯がある。同調査の「Ⅲ運営上の課題1．介護サービスを運営する上での問題点（複数回答）」を見ると、全体では「良質な人材の確保が難しい」五三・〇％、「今の介護報酬では人材確保・定着のために十分な賃金を払えない」四六・四％、「指定介護サービス提供に関する書類作成が煩雑で、時間に追われてしまう」三一・五％となっている。こうした結果が現在の訪問介護の厳しい現状のすべてを表している。登録型ホームヘルパーで事業運営し、それでも人件費割合が七割を超えるというのは、その他の必要経費等も考えると訪問介護事業所の事業運営にマイナスの影響を与えている。このままでは訪問介護事業の質の担保、その継続性さえ危ぶまれる。慢性的なホームヘルパー不足とホームヘルパーの高齢化が進行している今、若い人材が入職・定着できる介護報酬単価の設定が必要である。併せて、子育てや介護が必要になった際にも、辞めずに働き続けられる多様な働き方や福利厚生も重要である。

（2）身体介護と生活援助は一体的なサービス

他者の介護や支援が必要な人の生活において、身体介護と生活援助は連動しているものである。高松（二〇〇九）は、「一つのつながりを持っている生活を時間や生活行為によって細切れにし、その部分、部分に対して指示されたサービスを限られた時間内に行うという介護では、生活を支えるという視点は失われ、利用者がどのような生活課題を抱えているのかが、見えなくなってしまう」と述べ、専門性の欠如に警鐘を鳴らしている。ホームヘルパーの援助は人が人に対して提供するサービスである。

他者の支援が必要な利用者の尊厳を支えながら、その人らしい生活を再構築することが訪問介護（居宅介護）の専門性である。ホームヘルパーが利用者の生活の変化を把握し、代弁機能を果たしながらサービス提供責任者やケアマネジャー、関係職種と連携して適切な生活支援ができた時、そこには利用者の安心・安全な生活が保障され、ホームヘルパー自身の仕事への意欲も継続されるのではないだろうか。

（3）キャリアパスの上位はケアマネジャーなのか

二〇一二年、「介護サービスの基盤強化のための介護保険法等の一部を改正する法律」の施行により、介護福祉士資格取得を基本とする介護職員の資格制度の見直しが行われ、今後のキャリアパスは、「初任者研修修了者→介護福祉士→認定介護福祉士」を基本とし、現在、認定介護福祉士のモデル事業が行われている。また、同年より、内閣府の「実践キャリアアップ戦略」として、介護プロフェッショナルの「キャリア段位制度」も始まっている。介護サービスの質の確保はもちろんのこと介護労働者の早期離職の防止や定着促進のためには、キャリアパスや能力開発を充実させることがポイントである。ここで、気を付けなければならないことは、勤務形態の違いなどからキャリアアップに関心が低い職員への対応である。こうした職員に対しても、「誇り」や「やる気」を失わないための研修体系を用意するなどの環境づくりが必要ではないか。

しかし、システムを作るだけでは定着にはつながらない。サービスの価値に見合う報酬やキャリアパスに応じた介護報酬上の評価が得られ、そこで働きたいさまざまな立場の人が、一生涯不安なく働き続けられるような多様な賃金体系を構築する必要がある。

（4）ホームヘルパーは「要介護者の命綱」

今後ますます高齢化が進展し、医療的なケアを必要とする人や認知症の要介護者の急増が見込まれる。そうした中で、「住み慣れた地域で最期まで暮らし続けたい」という利用者の願いに応えるためには、ホームヘルプサービスを含む在宅サービスの拡充や充実が不可欠である。「サービスあって、マンパワーなし」ということになってはいけない。

介護保険のスタートした二〇〇〇年、「人は人に支えられて輝きを増す」という仲代達也さんモデルの介護保険の啓発ポスターが、今もはっきりと筆者の目に焼き付いている。支える人（ホームヘルパー）が輝いていなければ、支えられる人（要介護者）は輝けないのである。

ホームヘルパーは、「要介護者の命綱」。専門的知識・技術の修得や研鑽、キャリアアップシステム、安心の労働環境、そして豊かな人間性の醸成があってこそ、「尊厳を支える介護」の継続ができるのである。支え手である「ホームヘルパーの輝ける日」を追い求め続けたい。

注

（1）この文言は、ヘルスケア総合研究所より二〇〇一年に刊行された書籍名である。

参考文献

介護労働安定センター（二〇〇九）「平成二〇年度　サービス提供責任者実態調査」。

介護労働安定センター（二〇一〇）「介護労働者のキャリア形成に関する研究会　最終報告書」。

介護労働安定センター（二〇一三）「平成二四年度　介護労働実態調査」。

厚生労働統計協会（二〇一三）『国民の福祉と介護の動向　二〇一三／二〇一四』。

高松智画（二〇〇九）「介護労働者の現状と課題」『龍谷大学社会福祉学部紀要』。

中島朱美（二〇一三）「社会福祉労働の専門性と業務特性からみる介護従事者の課題と提言」『介護福祉教育』

第一八巻第二号。

日本ホームヘルパー協会ホームページ（http://nihonhelper.sharepoint.com/Pages/default.aspx、二〇一四年二月一日アクセス）。

森山千賀子（二〇〇〇）「高度経済成長期におけるホームヘルパー養成の歴史的考察」『白梅大学・短期大学紀要』。

「指定居宅サービス等の事業の人員、設備及び運営に関する基準」（最終改正：平成二四年三月三〇日、厚生労働省令第五三号）。

「訪問介護フォーラム二〇〇七――サービス提供責任者業務に介護報酬を」当日資料。

「訪問介護フォーラム二〇一二――二〇一二介護保険法改正・報酬改定の功と罪」当日資料。

第6章　看護と介護の狭間で
——ホームヘルパーの医療行為をめぐって

境野みね子

1　ホームヘルパーと看護師の関係

二〇〇〇年、介護保険制度が開始され、介護サービスの利用体系が措置から契約に変わり、介護職と看護職をはじめとした多職種が協働して利用者に質の高いケアを提供することがより重要になってきた。高齢化が進む介護の現場では、在宅でも施設でも日々医療依存度の高い人が増えてきている。その状況からホームヘルパーが、本来の役割である生活支援の専門職ではなく、看護補助や医療行為のアシスタントとなってしまっているケースが多くみられる。

ホームヘルパーと看護師は、本来、専門職として同等のはずであるが、医療に直接関わっている看護師の方が、どうしても立場が上に見られているケースがあるのは事実である。

（1）ホームヘルパーと看護師の視点の違いと共通点

たとえば、以前、身体症状が重篤な利用者のケアのためにケアマネジャーから、看護師とともにケアに入ってほしいと要請のあったケースがあった。そのケアの際、看護師はホームヘルパーにあれこれと強い口調で指示し、ホームヘルパーは看護師の言うがままに動かされる。看護師が利用者の処置に使用した用具、出たゴミなどの後片づけもすべて指示される。ホームヘルパーは、毎回、看護師の指示どおりに動かされることに疑問を持ち、悩みもしたが、看護職には文句も言えず、仕方がないと思ってしまっている。

連携を図りながら、利用者のケアを行う介護保険サービスの提供においては、両者に上下関係はないはずであるが、医療職の下に介護職があるという意識がどうしても生じてしまう。

また、医療と介護では共通の言語が少なく、看護師から送られてくるサマリーなどには介護職がわからない言葉も多い。介護職が医療の情報を十分理解できていない一方で、医療関係者も介護に対する情報（理解）を十分に持ち合わせていないなどといった専門性の違いを感じることもよくある。こうした専門性の違いから、介護職と看護職では同じ言葉でも異なった受け取り方をすることも少なくない。たとえば、

「重度」という言葉を、介護職は「介護の負担（必要性）が大きい」と捉え、看護職は「病気の程度が重い」と捉える。

「ＡＤＬ」については、介護職は「日常生活の中で行えること」、看護職は「身体的に行えること」と捉える。

「自立」については、介護職は「日常生活で必要なことができる」（その人らしい生活を、その人らしくできる?・）、看護職は「自分で意思決定ができる」と捉える。

といったように、同じ言葉でも受け取り方がこれだけ違うのである。このことからも、お互いの業務や専門性を明確にして、両者の連携とコミュニケーションの必要性を感じる。

しかし、介護と看護は仕事上重なる部分も多くある。

介護と看護の言葉の意味を調べてみると、看護（Nursing）とは、「個人や家族、地域社会が最大限の健康を取り戻し、できる限り質の高い生活ができる事を目的とした支援的活動」としている。これに対して、介護（Nursing・elderly care）とは、「障害者の生活支援をすること」あるいは「高齢者・病人などを介抱、世話をすること」とされている。英訳の部分をみて分かる通り、「Nursing」と両者同じ言葉が示されている。このことからも介護と看護の境目・境界線を引くことは難しく、介護と看護の狭間でたくさんの問題が起こってくるのは必然と考えられる。次項では、その典型的な事例を紹介する。

(2) 褥瘡のケア

前田良子さん（四三歳）は、一〇年のキャリアがあるホームヘルパーである。今から訪問する利用者は、褥瘡が重篤で、褥瘡の処置は訪問看護師が担当し、良子さんはオムツ交換のケアを担当していた。利用者宅に訪問してみると、既に訪問看護は済んでおり、褥瘡部位に新しいガーゼが当ててあったが、多量の排便と排尿のために褥瘡にまで便が侵入していた。

そのため、家族に、「訪問看護師さんは来てくれたばかりで悪いので、褥瘡の消毒とカーゼの張り替えをして欲しい」と依頼された。ホームヘルパーは便も多く出ており、利用者の状態を見ると断るにも断りきれず、家族の希望に沿った援助を行ってしまった。事業所に戻ったホームヘルパーは、サービス提供責任者に「やってはいけないと分かっていても、やらざるを得なかった」と報告した。ホームヘルパーの声としては、状況によっては断るに断りきれないこと、また行っても良いのなら援助したいという声も多くあるのが現状である。

(3) 医療報酬の問題

このようなホームヘルパーの医療行為をめぐる問題が起きる背景には、現在の医療報酬体系では、患者の入院期間が四カ月を超えてしまうと減算の対象になってしまうため、医療依存度の高い人もどんどん病院を退院させられてしまうという現状がある。そのため、在宅介護現場にも医療行為を必要とする利用者が多くなってきており、ホームヘルパーが医療行為を担わざるを得ないケースも必然的に増えていくのである。

介護に十分な知識のないケアマネジャーから医療行為を依頼されてしまう場合、老老介護で高齢の介護者が医療行為ができない、あるいは家族が働いているため日中の介護が行えないからと依頼されてしまう場合、訪問看護は報酬単価が高いから限度額を越えてしまって頼めないので等々、理由はさまざまであるが医療行為を依頼されてしまうケースは少なくない。

2　医療行為ではないケア

介護保険がスタートした二〇〇〇年には、訪問介護員（ホームヘルパー）の医療行為は禁止されており、何が医療行為であって、何がホームヘルパーの援助の対象である日常生活行為なのか、その判断の根拠が明確にされていなかった。具体的な内容は老計第一〇号に記載されていない一方、爪切りや熱を測るなどは医療行為であると認識している介護職や医療職が多く、厚生労働省も医療行為の具体的内容を示していなかったため、サービス現場は大混乱をきたした。そのことから、二〇〇五年年七月二六日、医政発第〇七二六〇〇五号「医師法第一七条、歯科医師法第一七条及び保健師助産師看護師法第三一条の解釈について」が発出され、医療機関以外の場において医療行為であるか否かの判断に疑義が生じることの多い行為であって原則として医療行為ではないと考えられるものが明確にされた。その通知に規定された行為は、ホームヘルパーが業務として行っても医師法違反にはならないと周知された。

以下は、その通知を要約したものである。ただし、これらの行為を行う際は安全に行われるべき、あるいは状態によっては医療行為となる場合があるという但し書きが付されている。

一、体温計による体温の計測
二、自動血圧測定器による血圧の計測
三、パルスオキシメータの装着
四、軽微な切り傷、擦り傷、やけど等の処置
五、医療品の使用の介助（以下の三条件を満たした場合）
・皮膚への軟膏の塗布（褥瘡の処置を除く）
・皮膚への湿布の貼付
・点眼薬の点眼
・一包化された内用薬の内服（舌下錠の使用も含む）
・肛門からの坐薬挿入
・鼻腔粘膜への薬剤噴霧

〈満たすべき三条件〉
①　治療する必要なく状態が安定していること
②　副作用の危険性や投薬量の調整等のため、医師または看護職員による連続的な容態の経過観察が必要でないこと
③　内用薬や坐薬についてはその使用に関して専門的な配慮が必要でないこと

六、その他

・爪切り（爪に異常がない、周囲の皮膚にも化膿や炎症がない、糖尿病等の管理が必要でない場合）
・日常的な口腔内の刷掃・清拭（重度の歯周病等がない場合）
・耳垢を除去すること（耳垢塞栓の除去を除く）
・ストマ装具のパウチにたまった排泄物の処理（肌に接着したパウチの取り替えを除く）
・自己導尿を補助するためのカテーテルの準備、体位の保持
・市販のディスポーザブルグリセリン浣腸器を用いての浣腸

ホームヘルパーが何らかの医療行為に携わっていることは多く、その数は九〇％とされている（篠崎良勝氏〔当時・八戸大学〕二〇〇五年六～八月調査）。このことからも在宅介護を担うホームヘルパーにおいても、多くの医療行為が求められていることは明らかである。

3　二〇一二年法改正による一部医療行為の容認

二〇一一年、「介護サービスの基盤強化のための介護保険法等の一部を改正する法律」の成立に伴う「社会福祉士及び介護福祉士法」の改正により、二〇一二年四月から介護福祉士及び認定特定行為業務認定証の交付を受けている介護の業務に従事する者に、保健師助産師看護師法の規定にかかわらず、診療の補助として、医師の指示の下に、特定行為（喀痰吸引等のうち当該認定特定行為業務従事者が修了した喀痰吸引等研修の課程に応じて厚生省令で定める行為をいう）を行うことを業とすることができるとされた。

近年、医療制度改革により重篤な状態のまま退院するケースも増え、医療依存度の高いターミナル期の人や難病患者などが在宅で暮らすようになっているが、痰の吸引、経管栄養などのケアについては、家族か訪問看護師が行っていた。しかし、看護師の人員不足のため、ホームヘルパーが暗黙の了解の下で痰の吸引などを行ってきた一面もある。

そうした中で、二〇〇二年に日本ALS協会会長より要望書が出され、翌年、医政発第〇七一七〇〇一号「ALS患者の在宅療養支援について」が発出され、ALS患者に対してホームヘルパーが痰の吸引を行うことができるようになった。次いで二〇〇五年には、医政発第〇三二四〇〇六号「在宅におけるALS以外の療養患者・障害者に対する痰の吸引の取り扱いについて」が発出され、ホーム

表6－1　ホームヘルパーらの医療行為について

研修課程の区分	研修を受けることで認定を受けられる行為	研修の特徴
省令第1・2号研修（不特定多数の者対象）	不特定多数の誰に対しても，下記の喀痰吸引等の医療的ケアを行うことができるようになる。 第1号：喀痰吸引（口腔・鼻腔・気管カニューレ内） 経管栄養（胃ろう腸ろう・経鼻） 第2号：喀痰吸引（口腔・鼻腔内のみ） 経管栄養（胃ろう腸ろうのみ） 注意：人工呼吸器装着者に対する喀痰吸引を行う場合には，対応した研修を別途受講する必要がある。	計50時間の基本研修（講義）に加え，決められた回数以上のシミュレータ演習及び実地研修を受ける必要があり，一通りの研修を修了するのにはおおよそ合計15日程度の日数を必要とする。 第1号と第2号の違いは，実地研修にて実施する行為の種類のみである（左記の「研修を受けることで認定を受けられる行為」を参照）。 現に多数の利用者に対して喀痰吸引等を行う必要がある特別養護老人ホーム等の介護施設に所属する介護職員が受講することが望ましいとされている。 なお，実地研修については，基本的に各所属施設で実施する。その場合，指導者（正看護師等）及び各行為の対象者が所属施設にいることが必要条件となる。 介護職員実務者研修の修了者は基本研修（講義・演習）についてのみ履修免除が可能。
省令第3号研修（特定の者対象）	現に喀痰吸引等を行う必要がある特定の利用者個人に対して，下記の医療的ケアのうち，その個人が必要とする行為を行うことができるようになる。 ・喀痰吸引（口腔・鼻腔・気管カニューレ内） ・経管栄養（胃ろう腸ろう・経鼻）	行為を行う対象者が限られるため，講義（8時間）の基本研修（講義）とシミュレータ演習（基本1時間）からなる基本研修と特定の利用者に対する実地研修を修了することで，その対象者に限っては喀痰吸引等を行うことが可能になる。 喀痰吸引等が必要な利用者が限られている訪問介護事業所等に所属するホームヘルパーなどが受講するのが一般的で，カリキュラム内容は障害者介護従事者向けの内容となっている。障害者支援施設等の介護施設に所属する職員が受講することも可能。 第3号研修をすでに受講したことがあり，これから実施する行為または対象者を新しく増やす場合には，第3号研修の実地研修を改めて受講しなければならない。

出所：厚生労働省資料から筆者作成。

ヘルパーによる痰の吸引をALS患者だけでなく在宅療養者で痰の吸引が必要な人全員を対象とするように認めたという経緯がある。つまり、実質的違法性阻却論により容認されている状況であった。その後、痰の吸引や経管栄養等といった日常の「医療的ケア」について、在宅、介護保険施設、学校等において、介護福祉士等の介護職員が実施できるよう法整備の検討を早急に進めることという総理指示が二〇一二年九月に出され、モデル事業への取り組みが進められた。

このように、介護保険の中でボランティアが実質的違法性阻却論により「医療的ケア」が容認されていることは、制度の中で働いているホームヘルパーにとっては不可解な事であり、事故があった場合の補償は実に不明確であった。制度改正により、二〇一二年四月からホームヘルパーらに認められた特定行為と研修の内容は、表6-1のとおりである。

4　医療行為は認められたが……

(1)　研修の必要性

そもそも、医療行為は「医師法、歯科医師法、保健師助産師看護師法により定められている業務独占の行為」であり、無資格者が行えない行為である。ところが、介護現場では看護師の人材不足のために、たんの吸引や経管栄養を行うことが困難となっている。国が在宅重視の政策を掲げている中での医療行為の容認であったので、看護師の不足を介護職によって補おうとしているのかと感じてしまう。

そのため、前述のような改正をふまえ、ホームヘルパーが医療的ケアを担うのであれば、安全の確保ができるように慎重に学習や支援を進めていかなければならない。介護現場においては利用者一人ひとりの身体状態も異なり、かつ使用している機器もそれぞれ異なっている。利用者の数が多ければ多いほど、その対応方法・機器の使用方法・特徴に関する知識・技術も習得しなければならない。同時に、利用者の安全を確保するためにも、たとえば、たんの吸引実施時の清潔を守るために必要な知識や各プロセスにおいて正しく実施できたかどうかを的確に判断できる技量も身に付けなければならない。

また、万が一医療的ケアを実施中に事故が発生した場合、事業所だけでなく実施者であるホームヘルパーの責任が問われてくることも懸念される。短時間の支援の中で安全を確保し事故が起きないようにするにはどうすれば良いのかが大きな課題であるが、実際に介護事故に対する賠償についてある保険会社に問い合わせたところ、医療事故の場合は賠償金額が上がる可能性があるという回答を得た。また、この改正ではたんの吸引をしても介護報酬は変わらず、わずかしか加算されない。リスクを抱えながら医療的ケアを行うので、事業所単位で取り組まないといけない問題であるが、その事業所自体が高いリスクと低い報酬という構造的な問題があるため、積極的に取り組もうとしていない。また前述したように、法に定められた医療的ケアを行うためには約五〇時間の研修を受ける必要があるが、その費用は事業所・ホームヘルパーが負担しなければならないことも理由の一つだと考えられる。医療的ケアを行ってもその報酬はわずかしか上乗せされない。

つまり、ハイコスト・ローリターンの状態である。医療的ケアを担うということを躊躇する事業所・ホームヘルパーが多いことと合わせて、事業所やホームヘルパー個人の研修費を負担させる措置は、制度そのものを機能させなくする恐れをはらんでいる。言い換えれば、医療行為を含むケアを必要としている利用者にとって利用している事業所に認定特定行為業務従事者認定証を持ったホームヘルパーがいないため、医療的ケアサービスの利用ができないということは、家族の介護負担が軽減されないばかりか、命にかかわる問題でもある。だからこそ、国はこのようなニーズに応えられるように適切な介護報酬の加算の検討や、事業所やホームヘルパーへの負担を軽減できる研修費などへの助成を考慮すべきである。

(2) ホームヘルパーの側からみた医療行為

① 多様なホームヘルパーの意見

他にも研修を終えて医療的ケアを行えるようになったとしても、今度は実施の前にいくつものハードルが待ち構えている。医療的ケアの実施には医師の指示書と看護師による計画書を基に、医師と看護師を交えた打ち合わせを利用者宅で何度も行わなければならない。また、実施となれば、医師の指示に基づく正確な記録を残し、当然その報告も必要となってくる。

このため、医療的ケアの実施に対して、訪問介護事業所の取り組み方は二極化している。一つは利用者の立場に立って実施に取り組む事業所、もう一つは実施に取り組まない（組めない）事業所の二つであるが、後者が圧倒的に多い。

また、新たに制度化された医療的ケアを行うホームヘルパーたちは、どのような意見を持っているのだろうか？　実際にホームヘルパーに聞いてみたところ、「利用者のために行いたい」「今までとても疑問があった。なぜ家族にできるのにホームヘルパーがやってはいけないのか！　たん吸引が必要な利用者は重度の方が多く、その家族の介護負担が大きかった。ホームヘルパーが訪問している時ぐらい介護から離してあげたいのに、たん吸引をホームヘルパーができないため、ホームヘルパーのケアの時間帯でも家族は付きっきりであった。これで家族の介護負担を少しでも軽減してあげられる。ホームヘルパーができるようになって良かった」「やっても良いが不安がある。何かあったらどうしたらよいのだろう。一人では不安である」「必要性は感じるが、悩む」「いや、やりたくない」「事業所がやると言ったら、やらざるを得ないのではないか。事業所の命令ならやる」「自分の年齢からして新しく何かを行うのは難しい」「研修五〇時間？　そんなに休めないよ。しかも研修費高いわね。事業所が負担してくれるのかしら。事業所が負担してくれるなら喜んで受ける」「何かの役に立ちそうだから、今は必要なくても受けるだけ受けておこうかしら」などのさまざまな意見があった。

このように、同じホームヘルパーでも意見はさまざまであったが、大きく分けるとほぼ二つの意見にまとめられる。一つは、利用者ならびにその家族の負担軽減のために積極的に行うべきという意見である。この意見の根底には、現場で感じていたもどかしさに起因するストレス（援助したくてもできない）があると思われる。もう一つは、医療的ケアをするのはやぶさかではないが、慎重な見方を示す意見である。この意見の根底には、事故発生時のリスク、研修費用、事業所との関係性といった、支援の結果生じる可能性のある問題を考慮した意見といえる。

このように書くと、後者の意見が利用者主体の観点からの意見でない点に問題があると思われるかもしれないが、生活援助はさまざまな諸要因の上に成り立つものなので、これらの点を重視するのも至極当然であり、そもそもホームヘルパーがこのように色々と悩み、本来の援助に集中できない制度・施策に根本的な問題があるのではないだろうか。

②　登録型ホームヘルパーの高齢化

また、もう一つの大きな問題として、登録型ホームヘルパーの高齢化が挙げられる。

介護労働安定センターの調査によると、ホームヘルパーの年齢は四〇～五〇代が三三％で最も多く、次が五〇～六〇代の三〇％で六〇代以上も八・六％である。そうした中で、高額のホームヘルパーは本人も医療的ケアをやりたがらないし、事業所としても頼めない現状があることもわかってきた。

しかしながら医療的ケアが業務の一つとして位置づけられた以上、専門職としてその知識と技術をしっかりと身に付けていくことが求められている。

5　ホームヘルパーには認められていない褥瘡の処置

ホームヘルパーにたんの吸引などの医療的ケアが認められたのにともない、さまざまな問題が生じているのは前述のとおりだが、これらの問題以上に生活援助に影響を及ぼしている問題点が一点ある。それは、褥瘡の処置についてである。ホームヘルパーに医療行為に関する調査をした所、九〇％のホームヘルパーが「医療行為をしたことがある」と答えたが、その中で最も多いのが、この褥瘡の処置だったのである（篠崎良勝氏、前掲調査）。

ホームヘルパーは褥瘡の処置は一切行えない。汚物で汚れた褥瘡の部分を洗うこととガーゼの交換は行える。しかし、ガーゼの交換を行えても軟膏などの塗布はできない。塗布を行えないなら、ガーゼに薬を付けてそれを患部にあてる、フィルムを貼れないのなら、家族にオムツにフィルムを貼っておいてもらいそれを付けるなど、いろいろな打開策を事業所ごとに考えて行っているのが現状である。

褥瘡予防が大前提なのは無論だが、今の介護保険制度では多くて一日に三～四回の訪問が限界である。二四時間のケアで四回の訪問をしたとしても、六時間おきのケアとなる。体位交換の目安は二時間おきとされているので、エアーマットなどの使用を考慮しても褥瘡をゼロにするのは難しい。

6 爪切りは？

爪のケアについてだが、ホームヘルパーは普通の爪なら切れるが少しでも疾患があったら爪切りを行えない。高齢になると身体の機能低下にともない自分で爪を切ることが困難になってしまう。視力の低下により、爪と皮膚の境目が見えず深爪してしまったり、手が震えてうまく切れない、手に痺れがあって爪切りをしっかり持てないといった問題が出てくる。また、身体のバランスが悪くなり、爪を切る体勢の保持ができない、身体が曲げられず足の爪を切れない、といった問題も出てくる。

他に、爪自身も高齢者になると固く肥厚くなってしまい普通の爪切りでは切れなくなってしまうという問題も生じる。高齢者の介護をしている人はわかると思うが、普通の爪の人や普通の爪切りで爪を切れる人は少ないのである。そのため、一人暮らしで爪に軽微な疾患がある人はどうしたら良いか？　という次のような課題が発生する。

・爪切りのためだけに訪問看護の利用をするか？
・爪を切るためだけに病院を受診するか？

前述の二つのどちらもしないで家に来てくれるホームヘルパーに頼む利用者がほとんどであろう。

これらは爪切りを基に列挙した問題だが、医療的ケアに関する援助であれば、どのような場合でも問題となる点である。この打開策として、現場の実情をふまえ、より適切な医療行為の許可をホームヘルパーに出すこと、ホームヘルパーが医療行為を行う際のリスクの軽減のための方策の立案、この二つが、現在、政府に求められていることではないだろうか。

7　医療ニーズが高まる中で

(1) 連携の重要性

今後、さまざまな医療的ケアを日常的に必要とする高齢者が増えていくことを鑑みると、ホームヘルパーの役割はますます多様化し重要となるであろう。また、ホームヘルパーの医療的ケアも今後ますます増えることが予想される。

そのため、多くの専門職とコミュニケーションを基盤とした連携・協力・研讃が必要であり、特に看護職との連携・協働は不可欠である。しかし、看護職との連携・協働を図るには、本章の冒頭で前述したような上下関係を形成したままでは難しい面がある。連携や協働には、報告・連絡・相談など基本的なことが必要となるが、関係性が双方向ではない上意下達のようになっている場合などには、うまく機能しないことがある。

この協働・連携がうまく機能しないと、ホームヘルパーの側からの積極的な発言が難しくなり、情報が共有されにくくなってしまう。そして、このような状態に陥ると、看護師はその専門領域の観点からのみ物事を捉えてしまい、福祉が重視する「生活」という視点が欠落した状態のまま一方的にホームヘルパーに指示のみをするという関係性に陥ってしまう可能性がある。この要因として、医学に関する知識量の違いが挙げられる。

この対策としてホームヘルパーに求められるのが、自己研鑽と生涯研修による質の向上と専門性の明確化である。以前に比べれば介護職員初任者研修において修了試験が実施されるなど、スキルアップのための環境は整えられつつあるが、今後さらなる自発的な研修や講習への参加、国家資格である介護福祉士資格の取得といったキャリアアップが求められているといえる。

また、看護師との連携・協働において重要なことは、看護師とホームヘルパーは専門性が異なることを忘れてはいけない、という点である。ホームヘルパーにできて看護師が行えない技術やスキルはたくさんある。利用者の負担にならない介護の方法や利用者が気持ちよく入浴できる方法など、利用者にとって身近で安心して快適な生活を送れる方法を共に考え実施できるのはホームヘルパーであろう。

ホームヘルパーはより利用者に近く、より親身な立場でケアが行える。精神的なフォローも行える。そういった重要な立場であることを再認識する必要がある。

(2) ケアマネジメントとの関連

また、医療行為の問題の解決には、ケアマネジメントが重要である。家族で行えることは家族に行ってもらう。利用者や家族で解決できない課題は、その解決策をしっかり検討する。そして、利用者の同意のもと立案された「居宅サービス計画」及び「協同介護計画」に沿ったサービスを提供することが基本である。もし、計画に記されていること以外のことを頼まれてしまった場合は、必ず報告・連絡・相談を行い、さまざまな関係機関などと話し合いをすることが必要である。小さなことでも多職種で連携を図っていくので、お互いに役割が明確化し業務分担が自然と図れるようになる。

医療的ケアの問題も相互の関係の問題も、ここに答えが隠れているのではないかと考える。ホームヘルパーと看護師の仕事の明確化・役割分担を図ることは大切である。しかし、考えてみると、ホームヘルパーと看護師の志は同じように思える。

そして、一人の利用者に質の良いケアを提供するためには、その人に関わる関係者すべてが同じ目標に向かい互いに連携をとり、専門性を活かしそれぞれの力量を十分に発揮しながらケアを行っていくべきだろう。

第7章　現場ニーズと法令のジレンマ
——コンプライアンスをめぐって

中原京子

1　家事代行サービスから要支援サービスへ

二〇〇五年の介護保険制度改正に伴い、介護保険の基本理念である「自立支援」をより徹底する観点から新たな予防サービスの導入が始まり、予防重視型システムへ転換された。二〇〇〇年に介護保険制度が始まり、当初より自立支援を合言葉に始まった制度であったが、訪問介護のサービスの実態をみると、ホームヘルパーによる生活援助は、家事代行サービスになっているケースが多く散見され、本来の目的を果たしていないという指摘があったのを覚えている。

訪問介護事業所は、二〇〇六年頃から本格的に、質の向上を目指し、ホームヘルパーが訪問した際には、できるところは見守りながら、できない部分を手伝うことで安心して住み慣れた自宅で自立した生活が維持できる事を目標に、「自立支援」に取り組み、要支援サービスも段々と定着しつつあるのが現状だ。

2　家族による介護機能の低下と軽度者（要支援～要介護1）の実態

超高齢社会の現代において、核家族化が進み一人暮らしの高齢者が急激に増えている。以前の日本にはあった向こう三件両隣、勝手知ったる隣の家といった風習が少なくなった。戦後、高度経済成長に伴い少子高齢化が進み、ベッドタウンに住んでいた若い世代が歳をとり、巨大な団地に一人暮らし高齢者が増え、孤独死、老老介護、認々介護（夫婦とも認知症）という社会問題が出現している。それだけではない。地域では、核家族化が進み、高齢者が住む一戸建ての世帯も多い。

このような社会環境の中、要支援1～2や要介護1の軽度者がどのようにすれば要介護状態に陥らず生活できるのか？　老老介護や認々介護の高齢者が、どのようにすれば安心して生活ができるのか？　筆者は、訪問介護の生活援助の必要性の是非だけで考えると、ホームヘルパーの介入が大変重要な役割を果たしていると考える。この点を検討するために、以下、事例をいくつかあげてみる。

(1)　遠方に住む娘と一人暮らし高齢者

花田太郎さん（仮名・八七歳・要介護1）は一人暮らしをしている。心疾患があり、労作性による疲労や精神的疲弊が顕著であった。経済的な負担やこれから先の不安があり、閉じこもり気味で鬱傾向にある。妻は、五年前に他界した。遠方に住む娘が心配して介護保険の申請を行い、要介護1の認定がおりた。週に二回程度、ホームヘルパーが掃除と買物や、食事の支援を行っている。ホームヘルパーの介入によって、徐々に生活意欲を取り戻し、元々、趣味であった陶芸を習いに週に一回外出するようになり笑顔も見られるようになった。

ホームヘルパーの定期的な介入により他者とコミュニケーションをとることで楽しみを覚えるようになり、また掃除や洗濯、家事全般についてもホームヘルパーが当事者に生活することに自信がつくような促しを行っていた。

(2) 要支援1の一人暮らし高齢者

浦川花子さん（仮名・八四歳・要支援1）は一人暮らしをしている。軽い認知症があり、室内犬を飼い生活をしている。普段は、足腰が弱く転ぶのではないかという不安があり五年間お風呂を沸かして入ったことがなく、食事は、宅配サービスを週に一回頼み、それで買い物を賄っていた。近所に姉の家族はいるが疎遠になっており、行き来することはほとんどない。

民生委員から地域包括支援センターに相談があり要介護認定を受けたが、他人を家に入れることに抵抗があった。そんな中、飼い犬の調子が悪くなったのをきっかけにホームヘルパーが介入し、信頼関係を築きながら、足浴を何度か繰り返しているうちに「お風呂に入りたい」という意欲が湧き、ホームヘルパーの声かけと見守りで週に一回の入浴ができるようになった。そのことがきっかけとなり、ホームヘルパーと食事の準備をすることや掃除をすることが日課になり、生活意欲の改善へとつながっていった。

（3）「人」は一人では生きていけない！

これらの事例からわかるように本来、「人」は一人では生きてはいけない動物である。昭和〜平成へと時代の移り変わりの中で社会環境が変化し家族の形態が変わった今、人の尊厳を守るための必要最低限の手段として、ホームヘルパーの生活援助は、自立のための重要な役割を担っており、福祉の現場で訪問介護は、なくてはならないサービスへとなっていった。二〇一二年度の改正より、地域包括ケアシステムという言葉がキーワードとなり、定期巡回型サービスや、医療と介護の連携が大きなテーマとなり二〇一五年に向けて制度は大きく変わろうとしている。病院では入院期間が短くなり、重度者の多くが在宅で過ごすようになった。

3　サービス提供責任者のジレンマ

訪問介護におけるサービス提供責任者の果たすべき役割は非常に大きく、制度改正が行われていく中で徐々に法的にしなければならない事務作業も増えている。以下、これらの情報を整理しつつ、問題点についての考察を試みる。

（1）サービス提供責任者の配置基準と資格要件

二〇一二年の介護保険改正に基づく、ある事業所のサービス提供責任者の配置基準と資格要件は以下の通りである。

①　利用者の人数（前三カ月間の平均値）が四〇人（一単位）を増す毎に一人以上の者をサービス提供責任者としなければならない。

②　資格要件は二級ホームヘルパー三年以上でサービス提供責任者の業務を行っていた人の場合、二〇一三年四月以降は減算対象となってしまう。訪問介護員養成研修一級以上の資格が必要となる。

③　特定事業所加算要件を満たすための縛り（質の高い事業所を評価する要件）

一、サービス提供責任者は、すべての訪問介護員等に対し、利用者情報・留意事項伝達・技術指導を目的とした会議を概ね一月に一回以上開催し、その概要を記録しなければならない。

二、サービス提供責任者は、利用者情報やサービス提供時の留意事項を連絡票や提供記録等（FAX、メール含む）の書面により確実な方法で訪問介護員に伝達し、サービス提供終了後の報告内容を提供記録等の書面に記録・保存しなければならない。

三、すべての訪問介護員等に対し、年に一回、事業主の費用負担により健康診断を実施しなければならない。

四、当該事業所における緊急時の対応方針・連絡先・対応可能時間等を記載した文書（重要事項説明書等）を利用者に交付し、説明を行うものとする。
五、訪問介護員の総数（常勤換算）のうち、介護福祉士の占める割合が三割以上、又は介護福祉士、実務者研修修了者、介護職員基礎研修課程修了者及び一級課程修了者の占める割合が五割以上であること（職員の割合は、前年度〈三月を除く〉又は届出日の属する月の前三月の一月当たりの平均実績で算出する）。
六、すべてのサービス提供責任者が介護に関する実務経験を三年以上有する介護福祉士、又は五年以上有する実務者研修修了者若しくは介護職員基礎研修課程修了者若しくは一級課程修了者であること。ただし、指定居宅サービス基準第五条第二項により一人を超える配置することとされている事業所においては、常勤のサービス提供責任者を二名以上配置していること。

(2) 帳票の整備について

帳票類については、法定帳票とされる訪問介護計画書、実施記録の他にも三カ月に一回のモニタリングの記録（場合によっては毎月）、アセスメント、手順書などを整備しておかなければならない書類が多く煩雑になりやすい。

(3) サービス提供責任者のサービス実施

サービス提供責任者も毎日サービスに平均一～三件入っている。人の採用が難しい現状と、経営的リスクもあり入らざるを得ない状況がある。

(4) 守るべき法令の問題点

前述の本節(1)①～②については、二〇一二年度の法令改正で顧客四〇名に対してサービス提供責任者が一名の配置となり、人員基準が緩和されたかのように見えるが、前述したように、特定事業所加算の対応・帳票整備・サービス実施と業務が多くとてもこなせる人数ではない。この②の資格要件は納得できるが、労働基準法が絡んでくるのですべてをこなすのは至難の業である。

このようにみてくると、全体のサービス提供責任者の業務をどのように掌握し、制度に結び付けられているのか疑問を感じる。生活援助の必要性に関しても、家族のサポート状況や地域の資源を考慮したうえで、ケアマネジャーの計画に基づいた個別支援計画が必要なため、アセスメントは、何度も自宅に訪問したり、ホームヘルパーに聞き取りをしながらでないと作成が困難なケースが多いため、物理的に難しいと言わざるを得ない。

つまり、一人にかける時間が多く、この業務以外にも、ホームヘルパーの育成、サービス担当者会議への参加、それに基づくケアカンファレンスの実施など、やらなければならないことが山積している。そのような中、実地調査などで、記録の不備などが見つかると、返還になってしまう。あるサービス提供責任者は、文章による指示と報告が、休みの時でも頭から離れず、夢に出てくるという。業務が一日八時間でできる量ではなく、残業が発生するケースが多い。しかし、労働基準法の三六協定により残業時間も規定があるため、それを超えて残業はできない。

では、サービス提供責任者がホームヘルパーとして稼働しなければよいのか？　そうすると、一気に赤字に転落し、今度は経営的なリスクが大きくなり事業として成り立たなくなる。理想としては、非常勤の稼働を増やしたいところだが、なかなか思うように人員の確保ができない実態がある。また、非常勤が多くなるとサービスの質の確保が難しくなる。今後、いかにして人員を確保し質を担保するか、また、効率のよい体制を作っていくかがカギになる。

4　ホームヘルパーのジレンマ

なお、ホームヘルパーらが法令の遵守以外に、利用者（要介護高齢者）との関わりでもジレンマを感じている点がある。筆者が関連する訪問介護事業所のスタッフらに質問をしてみたが、以下のような答えが返ってきた。

①　掃除や、調理に関しても細かなこだわりを言われ、お手伝いさん感覚としてみられる事がある。また、その希望や要望をどの程度まで叶える（支援する）必要性があるのか疑問を感じる。

②　制度改正で、二〇分以上四五分以内など細かく時間が設定され、一分の違いで単価を変えられ、利用者からも疑問が出ている。改正前まで六〇分だったサービスが四五分になり、サービスを制限しなければならず、利用者から苦情が出ているケースもある。

③　通院介助について、大きな病院になればなるほど、看護師が院内の介助をしないため、院内の算定ができないのに移動介助をしなければいけない事が多い。結果的にボランティアになる事がある。

④　個人契約になるとサービス提供責任者は法令上サービス提供ができないため、サービスをお断りしなければならない。したがって、馴れ親しんだお客様に介護保険上のサービスは実施できても、保険外のサービスは提供できないので矛盾を感じる。

⑤　通院介助を除いては室内のケアのみだが、透析などの外出の場合、お迎え前準備は算定できても、送迎車を外で待つのは算定できない。カンファレンス時にある医師に「それはおかしいでしょう?」と言われたが、断るしかなかったので、ケアマネジャーが話した。車いすに一人乗せてスタッフは、別々に帰らなければならない現状に疑問を感じる。

⑥　利用者によって掃除のこだわりにも温度差がありどこまでが大掃除として判断するのか、身体状況的にも無理と判断できるところでも介護保険でとなると迷う。

⑦　要支援でのサービスでは、通院介助は可能だが九〇分で終了する事はなく事業所の負担ばかりが大きいので疑問に感じる。

⑧　介護認定結果に疑問を感じることがある。なぜ、この人が要支援？　要介護？

⑨　要介護から要支援になり、サービス時間や内容が変更になっても、なかなか利用者に理解が得られない場合がある。

⑩　同居家族のいる場合、家事ができない、あるいは、家事能力のない家族であっても生活援助のサービスが提供できないケースがあり、そのような線引きは、自立支援を妨げる結果となり、何のための制度かわからない。

⑪　利用者の洗濯をする際に、洗濯機の中に家族の下着が混ざっている場合、仕分けをして、本人のものだけを洗濯しなければならない。

⑫　実施記録にサービスにかかった時間を分刻みで記入しなければならないが、利用者のその時の体調や環境によって、必ずしも同じにはならない。また、ホームヘルパーによっても得意・不得意があったりするので違ってくると思う。

⑬　いつも時間に追われて仕事をこなさなければならず、利用者とのコミュニケーションがなかなか取れない。

⑭　法令改正で時間の変更があり、サービス提供責任者を通じてケアマネジャーにサービス内容の提案をしているが、必要なサービスが中々理解されず、時間が余るサービスと足りないサービスが発生し戸惑うことが多い。

他にも、玄関先の掃除であったり、外回りの掃除もできない。散歩に関しては、自立支援のための介助であって、ケアプランに位置づけられていればＯＫになったが、以前はできなかった。また、制度改正によって時間の区切りが変更になったり、自治体の財源の影響を大きく受けてなのか、家族のいる中での生活援助が大きく制限されたために利用者が戸惑い、それがホームヘルパーの生活援助をやりにくくさせている要因になっているといえる。

一方、同じ在宅のサービスでも、地域密着型小規模多機能居宅介護になると、制度上、「まるめ」の請求になるためか、訪問サービスは縛りが緩やかになり、必要があれば、外回りの掃除や本人が畑の仕事をするときにも見守りなどできたりする。サービス形態の違いに、どこか矛盾を感じる。

訪問介護事業所は、老計第一〇号を基本にサービスを組み立てていくがグレーゾーンが多く存在する。各々のケアマネージャーや自治体に確認しながらサービスを組み立てているが、事業所は、いつも頭を悩ませている。

福祉行政は、福祉計画を立て、予算を決めていく。その限られた予算の中で、介護保険を賄っていかなければならないため、行政の立場としては、線引きをしなければならなくなる。法的根拠に基づいて制限されると思うのだが、各自治体によってその範囲が違い、地域格差が大きくなっている現状がある。

これからますます増加する高齢者人口と介護保険利用者。二〇一四年には再び制度改正が行われ、二〇一五年に実施される。その中で注目されるのは、要支援１・２が地域支援事業に移行される事である。訪問介護事業所の三～四割近くは、介護予防サービスである。大きな収益減になるリスクもあり、その動向を確認しつつ、地域包括ケアシステムや二四時間巡回型サービスも視野に入れた動きをしていかなければ、事業所として存在できなくなるのではないかとの懸念もある。

5　当事者の声を活かすには

そもそも、ホームヘルパーが提供するサービスのすべてが、本人の尊厳を守り、安心して住み慣れた環境の中で自立した生活を送るためのものである。

社会福祉法に基づく地域福祉計画を一般の人々は、知っているのだろうか？　介護保険の導入とともに二〇〇〇年に二一世紀に向けて国民の期待に応えることができる社会福祉の共通基盤を作り上げることを目的に制度化されたものである。地域福祉計画には、地域住民の意見を十分に反映することが謳われているが、その意見の収集方法に疑問を感じる。多くはパブリックコメントが中心となっているため、本当に困っている人々の声の多くを吸い上げ切れていない感がある。本当に困っている高齢者やその家族の多くは、ＰＣを利用しない。サービス事業所ですら、膨大な業務の中で、期限付きのパブリックコメントに意見を拾い上げてメールができるかというと、ほとんどの場合できないし、その内容を知らない人が多い。

事業計画の裏づけは、統計に基づく数字の実態と各自治体が独自に行っている社会調査や有識者の意見、または、パブリックコメントなどを参考にしながら整理され、目標が立てられている。各地域で住民説明会も行われており、筆者も参加したことがあるが、地域の福祉をどうしたいのかが中々伝わってこない。住民からの質問にも、担当者が答えきれず、お役所仕事の実態が見え隠れする場面もある。

事業所の実地調査などの場面でも、調査者によっては、机上の空論を主張され納得のいかない指導もある。また、サービスを提供する事業所は同じでも、隣の自治体では、法的解釈が違っていたりして理解に苦しむこともある。

これからの高齢化社会を守るためにも、この温度差を解消するための仕掛けが必要かと思う。統計法を利用するならば、予めアンケートを作成し、サンプリング調査で自治体職員が訪問調査を行い、直接生の声を聞きながら実態を把握してほしい。制度を作るときに、もっと当事者やサービス提供者の意見を十分反映した内容になることを期待している。

6　訪問介護の役割を果たすためには

(1) 現代社会における訪問介護の重要性と安心して働ける環境の担保

人は、生まれて歳を重ねていく過程の中で、季節の移り変わりとともに家族の関係や社会的役割も変化していく。人が人として蓄積してきた、地域や人との結びつき・大切にしてきた家族・たくさんの思い出などが、最後まで壊れることなく尊厳をいかにして守る事ができるか。訪問介護は、在宅で暮らす人々に寄り添いながらその「生きる」を支えていく最も重要な役割を担っている。人々の「生活」の場面をサポートすることほど尊い仕事はないと思う。かつて筆者は、病院の中で看護師として高齢者の看取りに関わっていた経験があるが、病院や施設の中では、その人の「尊厳」を守るためのエキスが見出せない。訪問介護は、当事者の住み慣れた地域や自宅に訪問して自立を支援する究極のサービスである。

多くの民間事業所が参入している訪問介護事業において、限られた財源の中で公的資金を使いサービスを実施するには、制度を活用し一定の質の確保とコンプライアンスが必要となる。しかしながら、介護の現場は、制度に付随する縛りが大きく帳票のための仕事になり、高齢者と向き合う時間が少ないように感じる。

現在の膨大な事務量と多くのサービスの制限によるジレンマが原因で、本来、高齢者の尊厳を守るためのサービスであるべきなのに、コンプライアンスを守るためのサービスになってはいないか？ふと、そう思う時がある。

サービス提供責任者の一日を見ていると、急遽、担当者会議に呼ばれたり、深刻な人材不足の中、ホームヘルパーが体調不良でサービスに入れなかったりすると、事務作業を中断し、サービスに入らなければならない。計画していた一日のスケジュールも計画どおりにはいかない。それで一日が終了してしまう事は、日常茶飯事である。また、地方では、サービス実施エリアが広範囲におよび、ホームヘルパーは、息をつく暇もなく広範囲のエリアを車で走りまわり一日六~七件のサービスをこなしている。ホームヘルパーの実施記録も計画どおりの時間数でサービスが区切られ、たとえば、生活援助では、調理六〇分・買い物二五分・記録五分と記載する。

しかし、現実のサービスでは、ホームヘルパーのスキルによって、時間配分が変わったり、利用者のその時の状況で微妙な時間の誤差が生じる。また、身体介護でも同様に、便が出る時・出ない時、その日の調子で、立位が取れる時とそうでない時、食事介助でも、嚥下状態が良い時・悪い時で時間の誤差があって当然である。そして、実施記録に記載された時間と微妙なずれがあると、実地指導時の指導の対象とされることがある。また、買い物などの外出支援についても計画どおりにいかない場合もある。利用する立場からすると、「今日は、天気がよいから、ホームヘルパーさんに今日一緒に買い物に連れて行ってくれないかな?」このような依頼があっても、計画されたサービスではないので認められない。このような現状をどの程度把握して制度化しているのだろうかと疑問に感じる。できれば、厚生労働省でもサービス提供責任者やホームヘルパーへの細かい実態調査を行って制度に反映してほしいものである。

また、サービス提供責任者やホームヘルパーの質の向上についても大きな課題がある。制度改正とともに病院や施設から在宅へ、重度者が多く帰ってきている現状がある。その中で重要な調整役のケアマネジャーの資格取得制度についても疑問に思うが、サービス提供責任者やホームヘルパーの質の確保がコンプライアンスを左右すると考える。看護師の世界でも四年制大学ができて何年になるだろうか？　介護についても四年制大学でもっと奥深い勉強ができてもよいのではないだろうか？　ケアマネジャーも含め、福祉制度全般の理解や対人援助技術・コミュニケーションスキルの向上が必要だと常々感じている。事業所においても自助努力が必要である。社内外研修の充実・専門の研修担当者の確保など、安心して働ける環境の担保をしなければならない。

(2) 介護の質の担保と人材の十分な確保

介護の質を担保をするためには、人材の十分な確保と研修が必要である。施設や病院から在宅へと謳われ、ますます人員が必要になるかにもかかわらず、逆行して深刻な人材不足が大きな課題となっている。現に福祉系の学校の多くは、定員割れをしていると聞いている。ハローワークにホームヘルパーのリクエスト求人に行くと、職員から「訪問介護は、人気がないですもんね！」と言われた事もある。また制度を改正する時に医療と介護は、連携して改正を行わないのか？　一体的に考えていかなければ、ジレンマが解消されていくとは、到底思えない。なぜならば、医療依存度の高い高齢者や末期癌患者の在宅での看取りが増える中、いっそうの質の向上が必要であり、医療職と福祉職は密接に連携しながら質を向上していくことが求められると考えられるからである。

しかしながら現状は、双方に壁があり、連携・協働する事が難しい場合が多い、教育のあり方も含めて一体的に考えていく必要がある。アベノミクスにより、経済は上向きになりつつある。それに伴ってか、ホームヘルパーの求人がめっきり減った。ケアマネジャーは、サービスの提供できるホームヘルパー事業所を探すのに苦労するといった声もある。この深刻な人材不足に対する対策を国を挙げて取り組んでほしい。たとえば、学校を卒業したら、全員介護職員基礎研修を受けて、二年間は介護の現場で働いて人に奉仕する意識を若い時に身につけさせるとか。そうすれば、もっと福祉に興味を持つ若者も増えてくるのではないだろうか？　筆者自身も微力ではあるが、看護大学であるとか、中学校や高校などで、機会を見つけては在宅サービスの実際を紹介し、究極の在宅サービスでの働きがいについてアピールし将来の人材確保に繋げようと頑張っている。

たとえば、福岡県においては介護職員確保定着促進事業が毎年行われている。介護職員は、不安を抱えながら仕事をしており、研修に参加することで日頃の自分の介護に対する姿勢を振り返り、他事業所の介護職員とコミュニケーションをとることで情報交換を行い刺激を受け、やりがいにつなげていっている。これも一つの質の向上に向けた取り組みだと考える。今後も継続して実施してほしいと思う。

今後、人材の確保育成などの大きな課題を解決する政策とともに、現場の実態を細かく調査し、柔軟なサービスの運用が可能となる制度改正が必要である。

超高齢化社会を迎えた今、国の果たすべき役割は大きい。北欧のコミューンにならってか、地方分権が活発になり、権限委譲が進み、介護保険制度においては、地域包括支援センターも中学校区毎に配置され、介護保険におけるインクルージョンの体制は、変化を遂げてきた。

社会福祉は、本来人々の地域生活を守ることを基本理念として謳っている。経済成長とともに最重要課題である社会保障制度改革。人々が安心して老後を生きられる社会の実現に向けて、机上の空論で終わらせることなく、現状をしっかり踏まえた上で制度改革が行われていくことを期待している。

第Ⅲ部　ホームヘルパーに求められる協働

第8章　孤独死と虐待の予防
——地域と連携した取り組み

宮下京子

1　高齢化の進むまちでの生活

(1) 急増する高齢者

長野県北端に位置する信濃町は、周囲を山々に囲まれた、野尻湖を配する自然豊かなまちであり、俳人小林一茶のふるさとでもある。しかし、信濃町で忘れてはいけないものがある。それは、〝雪〟である。特別豪雪地帯に指定されている信濃町では、毎年一一月下旬頃から雪が降り始め、積もった雪は根雪となり一カ月程で地面を覆い隠す。一度雪が降り始めると、その降雪量は一mを超えることもあり、そのままでは日常生活に支障を来してしまう。深夜三時頃から大型除雪車が幹線道路の除雪を行い、人々は朝も晩も自宅周辺の除雪作業に明け暮れる。そんな生活が四月初め頃まで半年近く続くのである。「もう雪はうんざりだ」「雪さえなければ良い所なんだが」。人々は挨拶代わりに雪に対する愚痴を口にする。このような厳しい冬の生活を嫌って、この町も他の地方と同様、若い人たちは

表8-1　信濃町の年齢別人口構成比の推移

区分 / 年次	構成比（%）			人口総数（人）
	0～14歳	15～64歳	65歳以上	
1980	21.2	65.9	12.9	11,857
1985	20.2	64.8	15.0	11,909
1990	17.5	63.6	18.9	11,552
1995	14.2	62.8	23.0	11,355
2000	12.3	60.1	27.5	10,391
2005	11.2	58.6	30.2	9,927
2010	10.8	55.8	33.4	9,238
2013	10.5	53.8	35.7	8,837
長野県（2013）	13.5	58.5	28.0	2,121,223

出所：信濃町町政要覧資料編（2007）「長野県2013年４月１日現在年齢別人口」総務省統計局「平成22年国勢調査年齢（３区分）別割合順位」。

表8-2　信濃町の高齢者世帯数

区分 / 年次	一般世帯数	うち高齢者がいる世帯	うち高齢者単独世帯
2000	3,218	1,095	235
2005	3,280	1,142	288
2010	3,239	2,056	353

出所：総務省統計局（2000・2005・2010）「国勢調査第15表」。

進学や就職、結婚などを機に、まちを出て行ってしまい、先祖から受け継いだ土地や家を守りながら暮らしているのは高齢者が中心である。若い世代の人口の減少とともに高齢化率が上昇していく。それは高齢者世帯の増加も意味している。二〇〇三・二〇〇五年の国勢調査時と比較して二〇一〇年には高齢者がいる世帯、高齢者単独世帯が急増していることがわかる（表8-1～2）。

（2）まちに暮らす高齢者

この信濃町には多くの集落が点在している。黒姫山麓には開拓地もあり、集落としてではなく各戸が点在しているような場所もある。

そこに暮らす高齢者の交通手段は、路線バスやタクシーが中心である。しかし、まちの中心部まで十数km離れている集落もあり、タクシーの利用が高齢者にとって大きな経済的負担になっている。

そして、まちの路線バスは二〇一二年四月から変更され、朝夕の通勤通学時間帯の二～三便のみの運行となり、日中は往復九便のデマンドタクシー（乗合タクシー）へと変更された（二〇一四年六月現在）。

デマンドタクシーならバス停まで行かずに自宅付近から乗車することができ、まちの病院や鉄道の駅、役場、金融機関、商店街などへ安価に行くことができる。利便性と効率性を実現し、交通は改善された印象を受けるのだが、乗車するためには予約センターへ電話をかけ「〇時の便を利用したい。」という旨を伝える必要があるため、これまでバス停へ行けば乗ることができた路線バスとは勝手が違ってしまい、乗ることができない高齢者が続出した。この事態には地域包括支援センターの職員も問い合わせがあるたびに高齢者のもとを尋ね、乗り方の説明をしたり、予約センターの電話番号を大きく紙に書いて壁に貼り付けてきたりした。

これらの対応で、問題なく利用できるようになった高齢者も多かったのだが、理解力が低下していたり、認知症を発症している高齢者などは、外出するために、①デマンドタクシーの時間を調べ、②予約センターへ電話をかけ行き先を伝えて予約をし、③発車時間が近づいたら、各戸を回ってくるタクシーが自分の家へ到着するであろう時刻を予測して準備する、という複数の手段を踏むことが難しく、電話をかけて名前を告げれば、すぐに自宅へ来てくれるタクシーを利用したり、外出頻度が減ってしまったり、という状況を招いている。

前述した雪も高齢者の外出を阻んでいる。家庭用小型除雪機を扱うには技術と体力が必要であることや除雪機自体が高額であることから、高齢者が使用するケースは少ない。一度に数十cm程も降り積もってしまう雪をスコップや雪かきで少しずつ片づけていく。それすら困難な高齢者は雪を少しずつ踏みしめることで固めて、自宅から幹線道路へ出るための道を作っていく。

ある冬の日。筆者は一人暮らしをする高齢女性の家を訪ねた。

幹線道路から五〇m程入った場所にあるその家へ向かうために、筆者は道路脇に車を停めた。私有道の入口付近まで来たが、道路が見当たらない。場所を間違えたのかと目印の無い雪の上を探すがわからない。どうやら数日前に降った大雪で完全に道路が埋もれてしまったようだった。筆者は訪問車に積んであったスコップを取り出し、道であろう場所の雪を掘り始めた。雪は筆者の腰あたりまで積もっている。降雪から数日経って固く重くなっている雪を、筆者は汗をかきながら掘り進め、ようやく女性の家に到着すると、慌てて声を掛けた。

何度か声を掛け、しばらくすると女性が出てきた。どうやら眠っていたようだった。訪問の約束をするために筆者から事前に電話をかけていたため、女性は除雪をしておこうと作業に取り掛かったのだが、少し作業をしたらとても疲れてしまったという。家の周りには除雪した形跡があった。女性はこれまでは雪が降ると自分で除雪をしていたが、この時点でどうにもできなくなってしまった。食料は冬場で外出が困難であるため多目に購入していたので大丈夫だったというが、この訪問がなければ、しばらく出かけることができなかったようである。

別の高齢者世帯では、家の周辺に降り積もり続ける雪を片づけることができず、茅葺屋根の軒下まで積もってしまっていた。雪の季節になり、家から外へ出るために玄関前の部分だけ少しずつ雪を除雪して出ていたようで、その出入口は雪が降り積もるうちに徐々に階段状になって軒下まで掘り上げられた状態になり、外側に続く小さな穴となってしまっていた。外から見ると、家屋の形をした大きな雪山の真ん中に、ほんの小さな穴が開いている状態である。雪の重みで家屋が倒壊する危険が考えられた。

一人暮らし高齢者の除雪を支援するために、信濃町では「高齢者軽度生活援助サービス」を実施している。高齢者軽度生活援助サービスとは、一人暮らしの高齢者が家屋や生活を維持するために安価な費用で屋根や家の周りの除雪、除草、家屋や建具などの軽微な修繕等の各種作業を請け負うサービスである。

除雪作業の現状としては、大雪が降った際などには、支援者も自宅の除雪作業をしなければ自宅から出られないため、すぐには作業へ向かうことができず、なおかつサービスを必要とする高齢者が多く、スピーディなサービスを提供することが困難な状況である。

雪の大変さは住民なら誰しもが実感していることである。「雪片づけができなくなったら、ここでは暮らせない」と話す高齢者も多い。

(3)〝地縁〟は生きているのか

長野県の田舎町――その言葉からは地域の強いつながりが想像できるのではないだろうか。

確かに、近所や集落で声を掛け合い、互いに支え合って暮らしている人たちは多い。しかし、定年退職後に豊かな自然に惹かれて都会から移り住む人、現役時代に別荘として使用していた建物を老後に住居と定めて暮らしはじめる人、若い頃から仕事で長野市などの都市部へ通い、朝早く家を出て深夜に帰宅する生活を定年まで続けたため、地域との関わりを持つことなく退職と同時に一気に社会とのつながりを失う人など、地域とのつながりが少ない人も多い。それらの人に異変があった時、近所の人がその異変に気づくのではなく、都会に住む友人から地域包括支援センターへ連絡が入り安否確認を依頼されるケースも多い。

また、地域とのつながりを持っている人であっても、高齢になっても支える側に立てる人は積極的に人と関わろうとするが、支援を必要としている人は「近所の人に迷惑を掛けるわけにはいかない」と関わりを減らしてしまう傾向もある。その他にも、若い人と高齢者が一緒に暮らしている家族であっても「おばあちゃんがボケたことを近所の人に知られるのが嫌だ」「近所の人に世話を焼かれるのが煩わしい」などと近所の人との関わりを減らしてしまうこともある。

筆者は、二〇一二年度に長野県社会福祉士会の「孤立死ゼロプロジェクト」に参加し、孤立死をなくすためにどうすれば良いのかを検討していた。そのプロジェクト会議の席上でも「信濃町くらいの規模のまちなら、つながりもあるし見守りも行き届くのではないか」というイメージを持っているメンバーが多かった。

しかし、長野県の田舎町にも都市部とは違った孤立の現状があり、孤独死の危険性があるのである。

2　まちのホームヘルパー

(1)　提供するものは介護サービスだけではない

半年近くもの間、雪に閉ざされる信濃町。

荒天で吹雪が続くと、風で吹き飛ばされた雪が道路の目印を覆い隠してしまい、周辺農地との境界がわからなくなってしまう。電信柱などを目印に走るが、誤って農地へ転落することもあり、非常に危険である。また、激しい吹雪が数m先の視界を奪ってしまうこともある。

そんな日でも、ホームヘルパーたちは訪問先の家を目指す。道なき道を進み、訪問先で待っている高齢者に明るい声を掛ける。雪に閉ざされた生活で気持ちが沈んでしまう高齢者も少なくないが、この明るい声が高齢者の気持ちを支えている部分は大きい。

信濃町の厳しい冬を乗り切るために、皆アイディアをめぐらせ生活している。外出することができる人は、雪が降る前に日持ちのする食材や乾物、日用品を持ち帰ることができる分だけ少しずつ買いに出かけて備蓄し、雪が降って外出できなくなったらそれを少しずつ消費しながら生活している。外出することができない人は、遠方に住む兄弟や知人に頼んで宅配便で食材や日用品を数カ月に一度ずつ定期的に送ってもらっている人もいる。

しかしながら、半年もの間、缶詰や乾物のみで生活することは難しい。ホームヘルパーに購入を依頼するわずかな生鮮食料品を何にしようかと楽しみに考える。その品物を依頼する理由を一つずつ説明しながら依頼する。その会話も、ホームヘルパーの声掛けを受けながら一緒に作る作りたての温かい食事も、高齢者の生活を支えるだけではなく、心をも温めているのである。

(2) 陸の孤島

「もう何日も外出していない。雪で滑って骨折でもしたら大変だ」。

比較的自由に外出することができる、まちの中心部に住む高齢者でさえも、アイスバーンでツルツルに凍結した道路を見て数十m先の友人宅を訪れることを控える。若い人たちも雪に追われる生活。朝起きて家を出るために除雪をし、仕事から帰宅をして家に入るために除雪をする。高齢者もそうだが、夏期に比べて地域や近所の人との関わりが減少してしまうのである。ましてや要介護状態にある高齢者は、通院に利用するタクシーに乗るために庭先へ出ることさえも、滑って転倒するのではないかという大きなリスクが生ずる。冬期間は外出の機会は大幅に減少し、「ホームヘルパーさんが来て、一週間ぶりに人と話をしたよ」という人も少なくない。近い親族がいない高齢者は、ホームヘルパーやケアマネジャーが訪問しなければ、ほとんど来訪者がいないという状況である。

当然、孤独死のリスクも高まる。どこへも出かけられない、誰も訪ねてこない生活。日頃から地域とのつながりがある人でさえもそのような状況に陥るのである。容易に外出できない状況では、たとえわずかに体調に異変を来しただけだとしても命取りとなる場合がある。

ある冬の日、県境の集落に一人で暮らす高齢女性の家を一人のホームヘルパーが訪ねた。

「こんにちは」。

玄関で明るい声を掛ける。家の奥からはテレビの音が聞こえるが、いつも玄関まで出て出迎えてくれるはずの女性は出てこない。テレビの音で聴こえなかったのかと、ホームヘルパーは何度か声を掛けたが、返事がない。「上がりますよ」と声を掛けながら家の中に入ってみると、居間で倒れている女性の姿があった。意識は無く、嘔吐や失禁も確認できた。すぐに救急車を要請し、近所の住民にも声を掛け応援を頼んだ。遠方に住む親族にも連絡した。

空き家が目立ち、高齢者ばかりが暮らす集落である。ホームヘルパーの声掛けで応援に来た高齢者が、「そういえば、もう何日も顔を合わせてなかったな」と呟いた。この場所でホームヘルパーが孤独死を防ぐ役割を担う力は大きい。毎日地域を回り、地域に顔を知られているホームヘルパーたち。自然と地域からの情報が集まるのである。「最近姿を見ない」「様子が変わった家がある」など、地域の住民からの情報がホームヘルパーの下へ入る。

また、前述のデマンドタクシーの利用についても、ホームヘルパーの声掛けや見守りにより予約や利用をすることができる高齢者は多い。

(3) 地域の見守り役

認知症の高齢者が家を出たまま戻らなくなったことがあった。家族が心当たりを探しても見つからない。その後も探し続けたが、見つからないまま夕暮れを迎えてしまった。警察に捜索願が出された。「特徴が似た人が田んぼへ向かって歩いていましたよ」。あるホームヘルパーが、訪問先への移動中にその高齢者を目撃していたのだった。警察や消防団が捜索し、その日の内に無事発見することができた。

信濃町は住宅街を外れると、農地や山林、河川が広がる地帯になる。農道には街灯も少なく、農地や山林に入ってしまえば街灯は皆無である。足を滑らせ低地にある農地や河川へ転落したり、山林に迷い込んでしまったりすれば、非常に危険な状態に陥り、発見も難しくなる。農業に従事している高齢者は多い。一人で農地へ向かって歩いている高齢者を見ても、通常なら「田んぼへ行くのだろう」と気にも留めずに見過ごしてしまうところだろう。

しかし、日頃から地域を回っているホームヘルパーだからこそ、何かおかしいと感じ、記憶に留めることができたのではないだろうか。

その後も訪問途中の見守りはもちろんだが、徘徊が疑われる高齢者へのさりげない声掛けも行っている。訪問する家の周囲の家々の様子にも気を配っていて、気になる家を見つけたら行政へ情報提供を行っている。

(4)「まだ、ここで暮らせるかな」

夫との思い出が詰まった家で一人暮らしをしている女性。自分で買物に出られなくても食材の配達サービスを利用し、自慢の料理を作っては近所に住む友人を招いてお茶会を開くのが楽しみだった。しかし、持病の腰痛が悪化し、歩行するのもやっとの状態になってしまった。何度か入院したが様子は変わらなかった。嫁いだ娘が車で一時間かけて通い、身の回りの世話をしていた。友人たちが訪れて賑やかだった家も静まり返っていた。

「一人では何もできなくなってしまったし、もうここでは暮らせない。娘にも申し訳ない。どこか施設に行くしかない」。明るかった女性は、すっかり塞ぎ込んでいた。そこで、ケアマネジャーはホームヘルパーの利用を勧めた。しかし、女性は「そんなわずかな時間だけで一人暮らしを続けられるとは思えない」と利用には否定的だった。この返事を受けて、次にケアマネジャーは、本人ができること、できないこと、娘の支援を受けられることなどを書き出し、ホームヘルパーの支援、他の介護サービスの利用なども組み合わせて提案した。娘にも促され、否定的だった女性も利用について合意した。

ホームヘルパーを利用しはじめて少しすると、女性に明るさが戻ってきた。ホームヘルパーには時間のかかる食材の下ごしらえを手伝ってもらい、自慢の味つけは自分で行っているという。再び友人も招いて、女性が横になっているベッドを囲んでお茶会を開いている。「まだ、ここで暮らせるかな」と笑顔の女性がつぶやいた。

(5) 愚痴をこぼしてもいいんだ

地域とのつながりがあるから、家庭内の不和や様子が変わってしまった家族のことを近所の人に知られたくない、知られたら何を言われるかわからない、そう考える介護者も少なくない。介護負担がどんどん増えていくのに、誰にも相談することができない。やがてそれはストレスとなり、するつもりはないのに虐待へとつながってしまうこともある。そういった状況になっている時には、ホームヘルパーが入ることにも抵抗を示す場合が多い。仮に受け入れたとしても、「ホームヘルパーさんの車が家の前に停まっていると近所の人に見られるから困る」と話す。ホームヘルパーたちは離れた場所へ車を停め、訪問する。

近所の人にも知られまいと一人で抱え込んでいた介護が、誰かに共感してもらえるだけで軽く感じられる。愚痴をこぼせる相手もいなかった。ホームヘルパーには愚痴をこぼしてもいいんだ。介護者がそう感じるだけで、虐待が収まる場合もある。

自営業を営む五〇代の男性。ここ数年は仕事の受注が減少している。仕事を求め、九〇歳になる母親を一人残して、数カ月単位で遠方へ出向き仕事をするという生活をしていた。母親は高齢ではあるが、気丈だ。自分の出かけたい場所で自由に出かけることもできる。しかし、ある日、男性の下に病院から連絡が入った。

「ここのところ、お母さまが夜中になると病院に来るんです。不安を感じているようで、その時はお話してタクシーを呼んで帰ってもらうのですが、同じようなことが何度か続いています。暗闇の中、泥だらけの姿でうずくまっていたこともあり、私たちも驚きました」。

男性は慌てて、数百km離れた仕事先から自宅へと車を走らせて帰宅した。半年ぶりに帰宅した自宅は、雑然としていて、腐敗した食料や汚れた衣類があちこちに散らかっていた。母親は以前から少し忘れっぽくなっていたが年齢のせいだと考えていた。しかし、ここ半年で認知症の症状が進んでいたようだった。男性は仕事を断り、自宅の掃除を始めた。元来几帳面な性格の男性は、母親の身の回りも常に清潔に整えた。

ある日、病院から地域包括支援センターに「虐待の可能性あり」との連絡が入った。その母親だった。「息子が〝死ね〟と言いながら包丁を突きつける。殺される」と病院に逃げてきていた。自宅を訪ね、息子との面談を行った。「自分がいない間に母が変わってしまって…遠方での仕事を断り、母の面倒をみることにした。きちんとしなければと思うが母親が言うことを聞かずに喧嘩になってしまう。怒っても仕方ないと思うが、強情にされると、つい大声で怒鳴ってしまうんだ……」。自宅は整然と片づけられており、男性の几帳面さが伺えた。実際には包丁をつきつけた事実は確認できず、母親の妄想である可能性があったが、男性の几帳面さがいずれ母親の認知症状を受け止めきれなくなる可能性が大きいと考えられた。

男性は自宅から通える範囲での仕事を見つけ、同時に母親は介護サービスの利用を開始した。訪問するようになったホームヘルパーは、母親のケアをするとともに時には息子の行き場のない気持ちを受け止めている。「夜中になると自宅を出て行ってしまう。どんなに言って聞かせてもダメだし、心配で眠れない」「食べ物を買っておくと一度に全部食べてしまう。普段からトイレの失敗もあるのにおなかをこわして大変だ」「薬を飲ませようとしても飲まない。それで喧嘩になってしまう」。ホームヘルパーは気持ちを受け止め、必要に応じて適切な機関などへつなぐ。

その後、「息子に殺される」と訴えていた母親は、笑顔で「自慢の息子だ」と話をするようになった。

3　代えがたい存在

ピンクのユニフォームがまぶしい、信濃町社会福祉協議会の訪問介護事業所。ここは信濃町唯一の訪問介護事業所である（二〇一三年現在）。

町外の訪問介護事業所を利用している人もいるが、社協のホームヘルパーは地域の人々から「町のホームヘルパーさん」と呼ばれ、親しまれている。かつては、「歩く戸籍係」というニックネームが付くほど、地域を知りつくしていたホームヘルパーもいた。ホームヘルパーの訪問を待つ高齢者は活き活きとしている。他者との交流を容易には持つことができない地域で、その訪問が生活の楽しみの一つになっているのである。

ホームヘルパーたちは仕事を行いながら、高齢者と会話をする。あのホームヘルパーさんは、○○の家のお嫁さん、このホームヘルパーさんは近所に住んでいる人……、自宅を訪問するホームヘルパーたちの情報を交えながら、訪問時の様子を話す高齢者。ホームヘルパーが身近で大切な存在になっていることが伺える。

ホームヘルパーたちは、その関わりの中で、高齢者自身さえも気づかないニーズにいち早く気づき、ケアマネジャーと連携してケアについて検討していく。冬期間の厳しい生活で苦労しても、住み慣れた家で、地域で、最期まで暮らしたいと願う気持ちを持っている人は多い。社会資源の少ない信濃町ではホームヘルパーの存在は大きく、他には代えがたい存在である。

参考文献

長野県社会福祉士会・長野県弁護士会孤立死ゼロプロジェクト（二〇一三）「〝孤立死〟ゼロプロジェクト報告書――孤立死を見逃さない地域を目指して！」。
日本社会福祉士会（二〇一一）「市町村・地域包括支援センター・都道府県のための養護者による高齢者虐待対応の手引き」。

第9章　退院調整
――病院と連携した取り組み

角川由香

1　退院調整の現状

（1）退院調整とは

近年、在院日数短縮化の流れや在宅療養移行の推進を受け、継続的な医療処置を有する患者、あるいはさまざまな介護ニーズを要する患者が、安心して病院から在宅に移行するための支援、そして移行後はその療養を安定継続させるための支援が重要視されている。

退院調整とは患者・家族が決定した療養方法を可能にするために、患者・家族の意思決定に基づき、具体的な社会資源につなげていくことである（宇都宮ほか 二〇一二）とされている。このほか、退院支援というキーワードも、ときに同義的な意味で用いられることがあるが、本章では「退院調整」という言葉を一貫して用いることとする。

図9-1　退院調整部門の設置状況

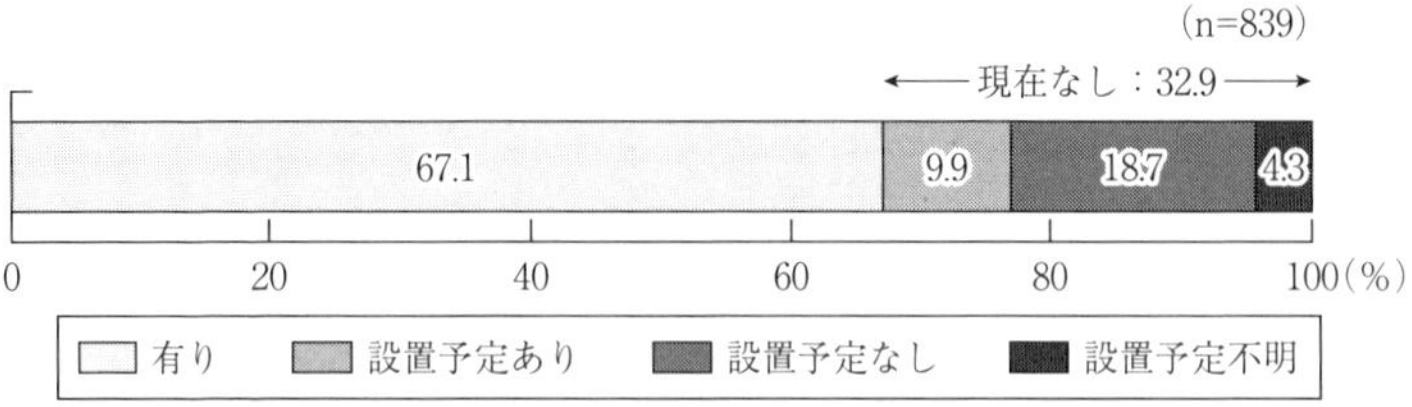

出所：日本訪問看護振興財団（2011）。

（2）退院調整部署の設置状況

退院調整の必要性が注目されるなか、全国一五〇床以上の一般病院に対し行われた調査結果によると、その六七・一%の病院にすでに退院調整を専門とする部署が設置されているそうだ（図9-1）。特に、急性期中心の病院や高次機能の医療機関において退院調整部門の設置率は高い傾向にあり、さらに、これら退院調整部署へ看護師を配置している病院は、八四・二%にのぼっている（日本訪問看護振興財団 二〇一一）。

筆者の所属する病院は病床数四五一床を有する急性期病院である。二〇〇八年度診療報酬改定において退院調整加算が新設されたことを契機に、看護師専従の退院調整部署である「看護相談室」が開設された。現在、四名の看護師が専従で配置されており、主として、医療ニーズの高い患者や介護体制の構築が必要な患者・家族に対する支援を実施している。「安心して病院から在宅へ移行するための支援」を主目的としており、本人・家族の「思い」を大切にした関わりをこころがけている。

年間約五〇〇ケースの支援を行うなかで、今回は筆者が考えるホームヘルプサービスとの協働について、私見を申し上げたいと思う。

(3) 看護師が退院調整を行うということ

前述したように、近年、退院調整を専門とする部署の設置率は急性期中心の病院や高次機能の医療機関において高いことが明らかになっている。その中で、特に急性期病院において看護師が退院調整に関わる必要性はどこにあるのか。その一つに、医療の高度化によりさまざまな医療処置や障害を有しながら、一方では在院日数の短縮化の流れもあり、患者が退院後も療養上の問題と共存していく必要性があることが挙げられる。退院調整は時に、「退院」が目的になりがちであるが、その本質は違う。個々の患者や家族のライフスタイルにあわせた画一的ではない支援、疾患や障害と折り合いをつけ、安定的に療養生活を送るための支援には、医療上の知識が必須であり、さらにいえば、「日々の生活」の中で「療養」をコーディネートしていく必要性が求められ、これらを包括的にコーディネートする力が退院調整にあたる看護師に求められているのだと考える。ただし、これは看護師だけで実践できるものではないことも強く伝えておきたい。院内外、多くの専門職種が協働して、はじめて、患者・家族の意思決定に基づく療養を実現できると考える。

2 「生活」の中で「療養」を考えるとは

(1) 治療の場から生活の場へ

読者の皆さんは、胃がんなどの疾患で腹腔鏡下手術を受けた場合、手術後、だいたい何日程度で退院となるか想像がつくだろうか。あるいは、同じ胃がんで開腹手術となった場合はどうだろうか。二〇一一年に厚生労働省が実施した「平成二三年患者調査」によると、それぞれの術後在院日数は平均九・四日、一五・二日との結果が出ている。さらに一般病床では、退院患者の約七割近くが一四日以内に退院を迎えている。このように短期化されている入院期間を経て病気が治り、前と同じ生活を送ることができたら、退院の心配など必要ないだろう。しかし、治療を継続しながら、自分自身が病気や障害と向き合い、生活の場に戻らなければならない現状がある。

では、病院という「治療の場」から、自宅（ここではあえて自宅と表現するが、現在は多様な療養場所がある）という「生活の場」に自分が、あるいは家族が移行する時、皆さんはどんな心配をもつだろうか。

「入院前と同じように自分のことは自分でできるか」「歩いてトイレに行けるか」「薬の管理はすべて自分で行えるか」「すぐに一人暮らしに戻っても大丈夫か」「今後の治療をどうしていこうか」「私一人で介護ができるだろうか」など、多くの不安があるだろう。この不安を可能な限り軽減し、かつ、病院という管理された治療の場から、自分自身の生活の場に戻っていく、このとき、疾患や障害とどう向き合っていくか、あるいは折り合いをつけながら共存していくかを探ることは、その後の療養の質に大きな影響を与える。自分自身がどう生きたいか、どこで過ごしたいかを叶えるため、そして、安全で安定的な療養生活を維持するための準備が必要になるのだ。

(2) 生活の安定が病状の安定にもつながる

安全で安定的な療養生活を維持できるよう準備をする必要がある、と書いたが、それには「生活の安定」が重要であるというのが、筆者の意見だ。「生活の安定」が「病気の安定」にもつながると考えている。もちろん、人は皆、最期を迎える。そのとき、そのときで「生活の安定」の意味するところは異なるが、日常生活を安定させることが、安定的な療養生活につながり、ひいては病気の安定にもつながる。これまで数多くの退院調整に関わったが、このような経験を得たことは一度や二度ではない。次項からは、具体的なケースについて述べていこう。なお、倫理的配慮として、本章で用いるケースは、個人を特定できないようすべて加工していることを付記する。

3　急性期病院の事例からみたホームヘルプサービスの意義

(1) 認知症

Aさん（七〇代後半・女性）は夫を早くに亡くし、それから二〇年近くの間、一人暮らしをしてきた人だった。数年前に消化器系の悪性腫瘍がみつかり手術を受けたが、その後は再発することなく、安定した生活を送ることができていた。そんなAさんが、夏の盛りに熱中症で入院となった。数カ月ぶりに実家を訪れたAさんの息子が、自宅で倒れていたAさんを発見し、救急搬送に至ったのだ。自宅で倒れていたAさんを見つけた時の驚きは、いかほどだっただろうと思う。しかし、息子によると、それよりも愕然としたのは自宅の様子が、以前と全く変わっていたことだったそうだ。「几帳面な母親だったんです。それなのに、部屋は足の踏み場もないほど荒れ、ゴミが散乱、封を開けていない洋服やカバンが山のように積まれていました。冷蔵庫には賞味期限の切れた食品がたくさんありました。病院からいただいていた薬も山のように残っています。自分では全く管理ができていなかったようです。思い起こせば、一年くらい前から物忘れがあることに気づいていたんです」と息子はショックを隠せない様子だった。認知症を呈していたAさんは、自宅に取り付けていたエアコンの操作方法を忘れてしまい、数日来の暑さを過ごしたことで体力的に弱り、食事準備や買い物もできなくなっていたらしい。その結果、食事はおろか水分さえも十分に摂取できていなかったようだ。入院加療後、症状はすみやかに改善し退院検討の段階となったAさんに対し、今後の療養体制構築を目的として、退院調整の運びとなった。

Aさんは、もともとの病気である消化器系の悪性腫瘍についてだけを見ると、安定した生活を送ることができていた人である。そして、今回の入院契機となった熱中症についても、加療により全身状態は速やかに改善している。病院としての治療は、これで一旦終了ともいえる。一方、入院中に受けた検査で、Aさんは中等度の認知症であると診断された。Aさんがこのまま退院したとして、安定的な療養生活を今後も送ることができるだろうか。答えは火を見るよりも明らかである。おそらく、また同様のエピソードを繰り返し再入院となってしまうだろう。

Aさんは、その後、介護保険を申請し、掃除や食事準備など生活介護を主目的としたホームヘルプサービスを導入した。他者との交流があまりなかったAさんが、徐々にホームヘルパーに心を開き、生活リズムを取り戻し、三食しっかりと摂取し、そのタイミングで服薬も忘れずにできるようになっていった。ホームヘルパーの介入により、日常生活を整えていく過程で、疾患の予防とともに、病状の安定も得られた典型的なケースだと思う。

厚生労働省研究班（代表者・朝田隆筑波大学教授）の調査によると、六五歳以上の高齢者のうち、認知症の割合は推計一五％にのぼり、認知症になる可能性がある軽度認知障害の高齢者を加えると、六五歳以上の四人に一人が認知症とその予備軍となる計算になるそうだ（「日本経済新聞」二〇一三年六月一日付朝刊）。Aさんのケースは、決して珍しいことではない。六五歳以上の四人に一人に起こりうること、なのかもしれない。認知症は特別な病気でも何でもなく、私たちみんなが自分の問題として考えていくべき問題なのだろう。

さらに国の施策に目を向けてみよう。二〇一二年九月に厚生労働省が発表した「認知症施策推進五か年計画（オレンジプラン）」では、地域での生活を支える医療サービスの構築や、地域での生活を支える介護サービスの構築が重点項目として挙げられている。ここに掲げられた医療サービスの中には、「退院に向けての診療計画作成」や「退院見込み者に必要となる介護サービスの整備検討」が具体的施策として挙げられている。このことからも、今後、医療と介護の連携をより一層進めていく必要性を読み取ることができる。

（2）悪性腫瘍ターミナル期

自分自身が治る見込みがなく死期が迫っていると告げられた場合、どこでどのように過したいか考えたことはあるだろうか。二〇〇八年に厚生労働省が実施した「平成二〇年終末期医療に関する調査」によると、国民の六〇％以上が「自宅で療養したい」と希望している。一方で、自宅で最期まで療養するには、家族の負担や急変時対応に大きな不安を抱えていることが明らかになっている（図9-2）。この不安を反映するように、厚生労働省「平成二四年人口動態統計（確定数）」によると実際の在宅看取り率は一二・八％にとどまっている。終末期医療に対する希望と実情に大きな乖離がある現状から、在宅医療体制や相談体制の一層の充実化など、さまざまな課題があると考える。しかし、本章ではあえて終末期医療における「介護ケア」という視点で書き進めていきたい。

終末期において、在宅療養を希望される人は少しずつではあるが、増えてきている。前述のとおり、終末期においては在宅での医療体制の構築が必須である。しかし、それと同じように、「生活」を支える支援が重要である。

Bさんは、長い間、悪性腫瘍の治療を継続してきた人だった。長年の治療経過の中で、ある日、呼吸困難感の憎悪、癌性疼痛の悪化、および食事摂取不良で入院に至った。入院加療を経て、疼痛コントロールは良好となり、食事も日によって摂取量に差はあるものの、一定程度の安定を得ることができた。一方、長年、悪性腫瘍と闘ってきたBさんは、全身のるいそうが著明であったほか、呼吸困難感の悪化も加わり、移動や移乗をはじめ、入浴や更衣、排泄といった日常生活動作全般にわたり介護

図 9 - 2　終末期医療に関する意識調査（2008年）

■終末期の療養場所に関する希望

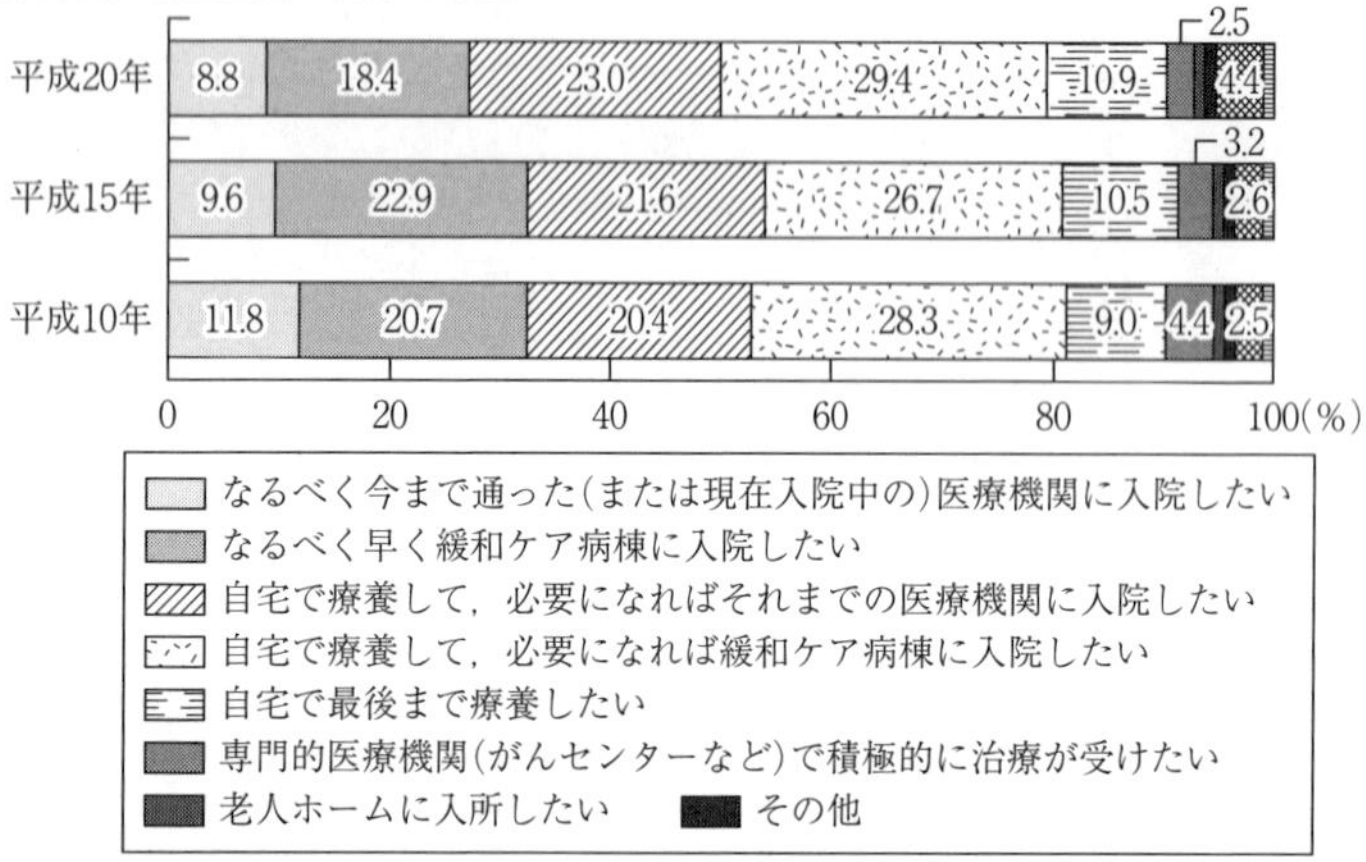

資料：厚生労働省「終末期医療に関する調査」(各年)。

■自宅で最期まで療養することが困難な理由（複数回答）

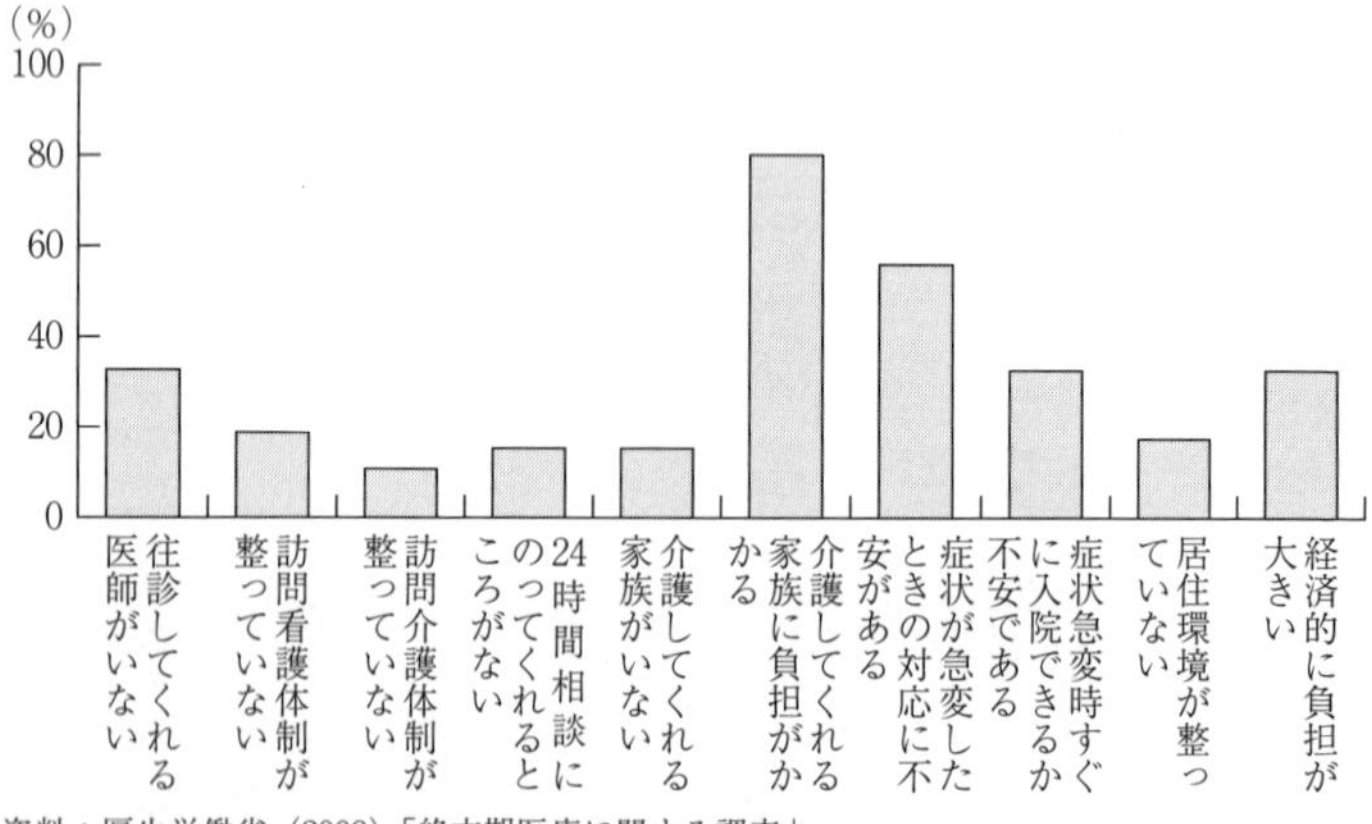

資料：厚生労働省（2008）「終末期医療に関する調査」。

出所：http://www.ho.chiba-u.ac.jp/hpas/sakoi.pdf（2013年 9 月30日アクセス）を一部修正。

を要する状況となった。今後の療養を検討するにあたり、Bさん、そして主介護者となる妻は「最期まで自宅で過ごしたい」という意思決定をした。Bさんに対して、在宅医療体制の構築を万全にしたことは言うまでもないが、主介護者となる妻の介護負担軽減を主目的に、ホームヘルプサービスの導入も図り自宅看取りまでも考慮した体制で在宅移行の運びとなった。

後日、自宅でお亡くなりになったBさんの妻から話を伺う機会があった。妻によると、往診医や訪問看護師に支えられたことはもちろんだが、毎日同じ時間に訪問し、朝の着替えや体拭きを行ってくれたホームヘルパーの支えが非常に大きかったそうだ。夫婦二人暮らしの療養生活の中、時に不安でお互いが行き詰まり、どちらが悪いわけでもないのにスムーズにいつもの会話ができないこともあったそうだ。それでも、毎日同じ時間になると顔なじみのホームヘルパーが自宅に来てくれ、たわいもない会話をしながら支援を行う中で、ホームヘルパーが帰る頃には、さっきまでの行き詰まった雰囲気もなくなり、その後も夫婦二人の大事な時間を過ごすことができたそうだ。ホームヘルパー導入の主目的は、もちろん利用者に対する身体介護であった。しかし、家庭という ある意味閉鎖された空間の中に、第三者が介護を目的に介入することで、体拭きや着替えといった具体的な支援行為以外にも、二人の生活を支える効果が得られていたのだろう。

(3) 神経難病

神経難病とは神経の病気の中で、はっきりした原因や治療法がないものといわれている（日本神経学会ホームページ)。一般の方に耳なじみがあるとすれば、パーキンソン病や筋萎縮性側索硬化症(ALS)、あるいは二〇〇五年に放映されたテレビドラマ「1リットルの涙」で沢尻エリカさんが演じた脊髄小脳変性症だろう。疾患ごとに差はあるものの、多くの場合、全身的に様々な症状を呈することが多い。さらに、これらは原因不明で治療法は未確立な場合が多く、経過が慢性で進行を示す疾患である。以上のことから、治療と療養生活を継続していくうえでは、医療上の問題だけでなく、介護負担の重さ、精神的な負担、経済的な負担など多くの課題があがってくる。

さらに、二四時間三六五日続く介護の中で、神経難病患者の在宅療養にあっては、悪性腫瘍ターミナルのケースと同様、医療体制の構築と同時に介護体制の構築が非常に重要である。神経難病患者を支える主介護者からは、「一日中、気が休まる時間がない」「精神的にもきついが、介護が重くなるにつれて自分自身の体の負担も大きい」など精神面・身体面での介護負担を訴える声が少なくない。

二〇一三年四月、これまであった難病患者等居宅生活支援事業が終了し、「障害者の日常生活及び社会生活を総合的に支援するための法律」(障害者総合支援法)(1)に基づく障害福祉サービス事業が開始されている。この事業は、神経難病はもちろんのこと、それ以外の難病や障害者にも対応したものである。

この事業の一環として「居宅において、入浴、排せつ及び食事等の介護、調理、洗濯及び掃除等の家事並びに生活等に関する相談及び助言、その他の生活全般にわたる援助を行う」居宅介護事業が挙げられている。神経難病に限ったことではないが、疾患や障害を抱えながら居宅で生活する利用者にとっては「生活の安定」が非常に重要である。筆者自身、退院調整業務を行うなかで「生活の安定」が「病状の安定」につながるケースを多く目の当たりにしてきた。その経験からも、介護保険制度や障害者総合支援法制度に基づくサービスが、利用者にとって使いやすく、かつ、よりよい療養生活の実現に向けた支援であることを望みたい。

(4) 精神疾患

続く下痢と血便で意識障害を呈し、救急搬送されたCさん。髪の毛や髭は伸び放題、着ていた衣服はかなり黒ずんでいた。Cさんの横には、八〇代後半とおぼしき年老いた両親が不安げに付き添っていた。

入院後の精査・加療の結果、消化器系の疾患がみつかり、今後は皮下埋め込み型ポートとよばれる中心静脈カテーテルから、高カロリー輸液という点滴を実施することになった。

退院を検討するにあたり、本人および両親と面談を実施し、入院前の生活状況について話を伺った。Cさんは学生時代に統合失調症との診断を受けたそうだ。そして、その数年後から、いわゆる「引きこもり」状態だった。両親は何度も通院を試みたが、Cさんの強い拒否があり、受診には至らなかった。特に入浴や更衣、洗面など全ての清潔行為に強い抵抗があり、ここ二〜三年は入浴どころか着替えも行わなかったという。ADL（日常生活動作全般）は自立していたため、これまでは、何とか日常生活を送ることができていたCさんだったが、退院後に継続する点滴実施において、その手技はもちろんのこと、皮下埋め込み型ポートの管理、感染予防が重要になってくる。Cさんは、物事の理解には問題がなかったため、点滴施行の手技自体は何なく習得することができた。年老いた両親も、できる限りの支援を行った。しかし、他者との交流、特に女性看護師に抵抗を示し、さらに清潔行為を極端に嫌がるCさんにとって、この感染予防対策が大きな課題となった。

結果から述べると、退院時、Cさんには男性ホームヘルパーの導入を試みた。退院前にカンファレンスを設け、まずは、Cさんとの関係性構築から開始し、退院後は徐々に身体介護に入ってもらった。常時の点滴が必要なCさんだが、今は訪問看護師とホームヘルパーの連携によって、週に三回の入浴支援を実施することができている。もちろん、退院後も感染を起こすことなく安定した療養生活を送っている。さらに、Cさんはホームヘルパーの関わりによって、今では自宅周辺を散歩するなど活動範囲も増えてきたようだ。外来に訪れるCさんの表情は、入院中とは比較にならないほど明るい。人は病気や、治療のためだけに生活しているのではない。人との関わりがあって、日常生活を送る中で、治療管理がスムーズに行われ、ひいては病状の安定にもつながることをCさんから、学ぶことができた。

(5) 老老介護

二〇一二年一〇月一日現在、六五歳以上の高齢者人口は、過去最高の三〇七九万人（前年二九七五万人）となり、高齢化率も二四・一%となった（総務省「人口推計」（各年一〇月一日現在））。また、高齢者のいる世帯は全体の四割を占め、「単独」「夫婦のみ」世帯が過半数となっている（図9-3）。このような高齢化の進展、そして高齢世帯の現状を反映し、最近では介護をする側、される側双方が高齢者、あるいはお互いがお互いを介護しながら支えているケース、つまり老老介護が非常に多くなっている。夫婦ともに介護保険制度上の要介護者あるいは要支援者であるケースも珍しくない。

　これまで、何とか夫婦支え合って生活してきたが、どちらか一方の入院や疾患・障害をきっかけに、そのバランスが崩れることで療養生活が立ち行かなくなるケースも見受けられる。Dさん夫婦が、まさしくその典型であった。Dさん夫婦は、双方ともに若干の認知力低下があったが、身体的な問題はなく、お互いが苦手な部分をお互いに補う格好で生活してきた。そんなDさんが、ある日、脳血管疾患で入院となった。幸いにも命に別状はなく、右足に軽い麻痺が残ったが何とか自立歩行は可能であった。その他の心配されていた後遺症もほとんど残らなかった。しかし、入院をきっかけに認知症の悪化がみられ、日常生活全般に介助を要する状況となった。Dさんの妻にとっても、それは同様で、夫の突然の入院によるストレス、そして夫のいない生活に対する不安から、認知

図9-3　世帯構造別にみた65歳以上の者のいる世帯数の構成割合（2012年）

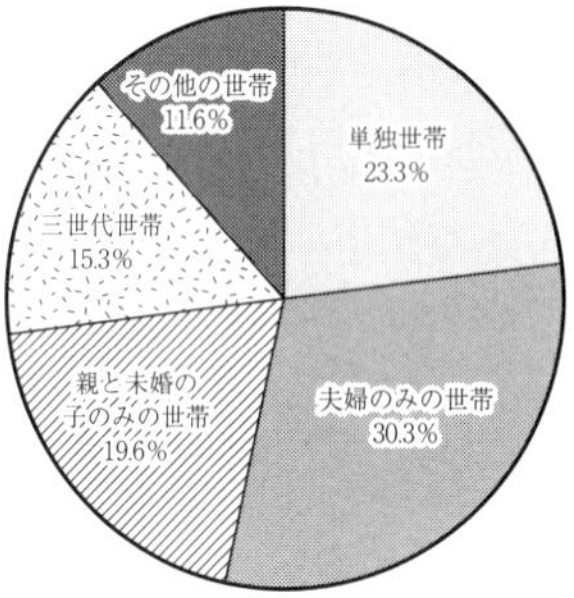

注：（1）福島県を除いたものである。
　　（2）「親と未婚の子のみの世帯」とは，「夫婦と未婚の子のみの世帯」「ひとり親と未婚の子のみの世帯」をいう。
出所：厚生労働省「平成24年国民生活基礎調査」。

症の急激な悪化がみられ、自宅での独居生活が成り立たなくなった。

急性期治療を終えたDさんの退院にあたり、Dさんだけでなく夫婦揃っての生活調整が必要になったのだ。Dさん夫婦がこれからも、安定した自宅生活を送るために介護保険制度を利用したさまざまなサービス導入が検討され、最終的には小規模多機能型居宅介護を利用することになった。退院後は、通所サービスを中心にしながらもDさん夫婦の希望に応じて、随時訪問介護を受けることで、安定した生活を送ることができている。

住み慣れた自分の家を拠点にしながら、住み慣れた地域での生活が継続できることは、環境変化に弱いとされている認知症高齢者にとって非常に効果的なサービスである。さらに、通所でも居宅でも、Dさん夫婦をよく知った職員が対応しているため、病状の小さな変化にも気づくことができ、何か気になることがあった場合には、今でもDさん夫婦の了解のもと病院に相談が入る。病院と地域スタッフ、そして利用者が医療の継続だけでなく生活の安定を目標に、それぞれの役割を果たすことができたケースだろう。

4　地域における多職種連携の重要性

私たち看護師は、保健師助産師看護師法という法律に基づき、仕事をしている。この法律において「看護師」とは、厚生労働大臣の免許を受けて、傷病者若しくはじょく婦に対する療養上の世話又は診療の補助を行うことを業とする者と定義されている。一般の方からみて、病院の看護師が行っている業務のイメージというと、血圧測定や体温測定、そして注射や点滴の実施、患者さんの食事や排泄の介助…といったあたりだろうか。もちろん、それも私たち看護師の大切な業務だが、看護師は患者を「病気を抱えた○○さん」として捉えるのではなく、その人全体を包括的に捉えることが求められる。つまり、病気や治療、それに伴う障害が本人の生活に今後どのように影響しているのか、そして退院後においてその影響はどのように変化していくのかをある程度予測して、医療や介護などの支援体制を組むことが求められる。

さまざまな考えがあると思うが、筆者はこれが、広い意味での療養上の世話だと考えている。医療だけでできることには限界がある。なぜなら、皆さんは「病気を抱えた○○さん」ではなく「日常生活を送っている○○さん」だからだ。医療と介護が、連携体制を組んでいかないと、療養を継続する患者自身を包括的に支援することはできないだろう。

毎日訪問しているホームヘルパーからの相談で、疾患を早期に発見し、悪化を未然に防ぐことができたケースがあった。買い物と食事準備、そして掃除を主目的に、毎日、訪問していたホームヘルパーから訪問看護師に相談が入り、外来受診時に対応したケースであった。Eさんは泌尿器科系の疾患で、膀胱留置カテーテルを留置していた。ホームヘルパーの仕事は、前述のとおり生活介護が目的であったが、連日訪問する中で、「蓄尿袋の中にたまった尿が、普段よりもかなり汚れており、さらに尿を破棄した直後のトイレからかなりの異臭がする」ことに気づいたそうだ。訪問看護師との連携のもと、翌日、急遽受診となり、軽い膀胱炎と診断されたこのケースは、抗生剤を数日分処方され、かつ、十分な飲水を指示されたのみで、通常どおりの生活に戻ることができた。もし、このホームヘルパーが普段のEさんを知らなかったら、この気づきはなかっただろう。膀胱炎も悪化すれば入院を免れない。高齢者の入院は、入院原因となった疾患だけにとどまらないことも多い。このケースでは、ホームヘルパーの気づきを訪問看護師が医療的視点で捉え、異常をキャッチした上で外来受診につなげ、その受診結果を再度、病院側から地域関係職種に伝えることで、疾患の早期発見、悪化予防につながったものである。

疾患や障害を抱えながら日常生活を送る患者・家族への支援で最も大切なことは、患者・家族が今の病状を理解し、今後病状管理を自分の力で行い、安全で安心な生活ができるようにすることである、とされている（宇都宮ほか 二〇一二）。筆者もこの考えに同感である。一方、患者・家族の力のみで療養生活を送ることには限界があるかもしれない。それぞれの力量を適正に評価し、不足する部分に対する支援を、医療と介護双方が同等の立場から、かつ、それぞれの専門的視点から、行っていくことが重要である。しかし、とかく聞こえてくるのが医療と介護の連携不足である。二〇一三年六月の厚生労働省社会保障審議会（第四五回介護保険部会）の資料（「認知症施策関係」）の中にも、認知症関連施策の現状として、現場において医療・介護従事者の連携がとれていないケースがある、と指摘されている。現場では少しずつ、医療と介護の連携体制が充実している印象がある。一方、すべてのケースに対応できていないのも事実である。筆者は、今後も退院調整部門の現場から医療と介護の連携がより一層進んでいくよう、微力ながら一つひとつのケースに丁寧に対応していきたい。

注

（1）なお、同制度に基づく障害福祉サービスの中には、介護保険と重複するサービスがあり、その場合は原則として介護保険が優先される（平成二五年四月一日施行）。

参考文献

宇都宮宏子ほか（二〇一二）『退院支援・退院調整ステップアップQ＆A――実践者からの知恵とコツ』日本看護協会出版会。

内閣府『平成二五年版　高齢社会白書』

日本神経学会ホームページ（二〇一三年九月七日アクセス）。

日本訪問看護振興財団（二〇一一）社団法人日本看護協会委託事業「平成二二年度退院調整看護師に関する実態調査報告書」。

福島道子・河野順子（二〇〇九）『入院時から始める退院支援・調整』日総研出版。

松下正明ほか（二〇〇八）『チームで行う退院支援――入院時から在宅までの医療・ケア連携ガイド』中央法規出版。

第Ⅳ部　介護の社会化と生活援助

第10章　介護予防としての生活援助
――重度化予防の観点から

山際　淳

二〇一五年介護保険制度改正により、予防給付の訪問介護と通所介護については、介護保険制度の給付から市区町村が実施する地域支援事業へ移行することとなった。

「予防給付」の制度変更は利用者や家族、ホームヘルパーにどのような影響を与えるのか。そして、利用者の自立を支え、重度化防止に役立つ介護予防訪問介護サービスとはどのようなサービスが求められているのかを考えたい。また、認知症については、国は認知症施策推進五か年計画（オレンジプラン）を公表するなど、今後の介護施策の柱の一つとして位置づけているが、認知症の人の実情を踏まえ専門職によるサービスを柱とした方策やサービスとする必要がある。全国の生活協同組合（以下、生協）が実施した介護予防訪問介護サービス実態調査、認知症の方の実態調査も紹介しながら、考えていきたい。

1　予防訪問介護（予防給付）のサービス内容の実態

日本生活協同組合連合会（以下、日本生協連）では、二〇一三年五～六月に介護事業を実施する全国八つの生協の協力を得て、予防訪問介護（予防給付）のサービス内容の実態調査を実施した。各事業所のサービス提供責任者にアンケートを配布し、利用者二五九一人分のアンケートを回収した。以下は、その調査を基にまとめたものである。

（1）八〇代・一人暮らしが多く「自立支援型サービス」が七〇％以上

図10－1　介護予防調査・利用者の年齢

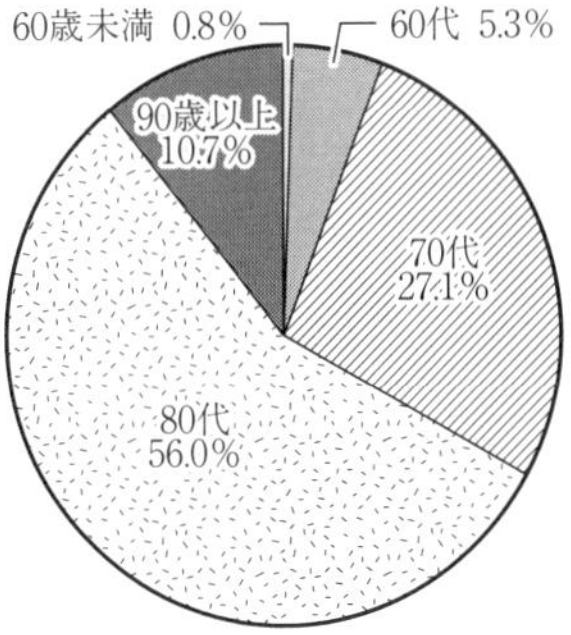

出所：日本生活協同組合連合会資料。

サービス利用者の年齢は八〇代が最も多く（全体の五六％）、八〇代以上が全体の三分の二（六七％）を占める結果となった（図10－1参照）。世帯構成では、一人暮らしが六四％と非常に高い比率となり、高齢者夫婦のみの世帯を合わせた割合は、約八四％となった（図10－2参照）。これらの結果から、家庭内での介護力はあまり望めず、公的サービスを利用することで、利用者の生活が維持されていることが想像できる結果となった。

図10－2　介護予防調査・利用者世帯構成

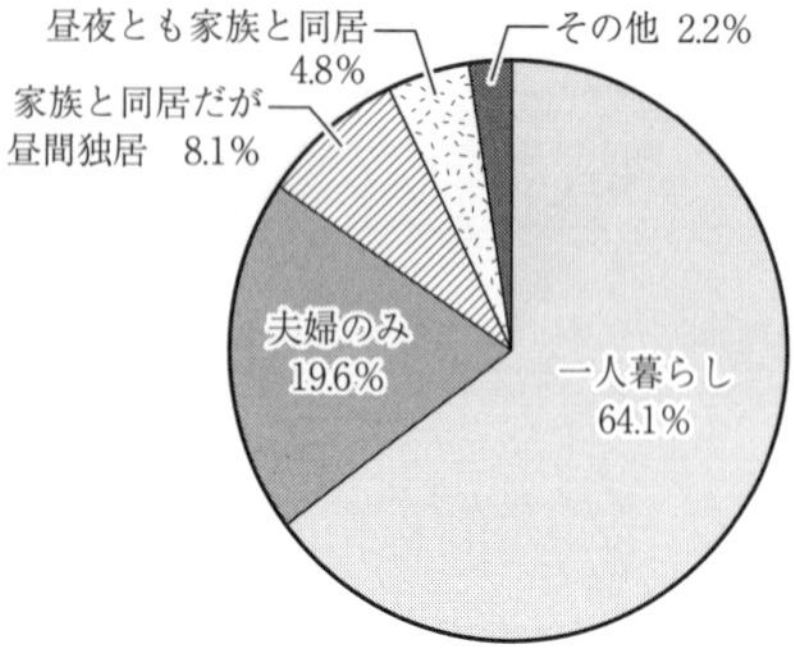

出所：図10-1と同じ。

図10－3　介護予防調査・サービス提供内容

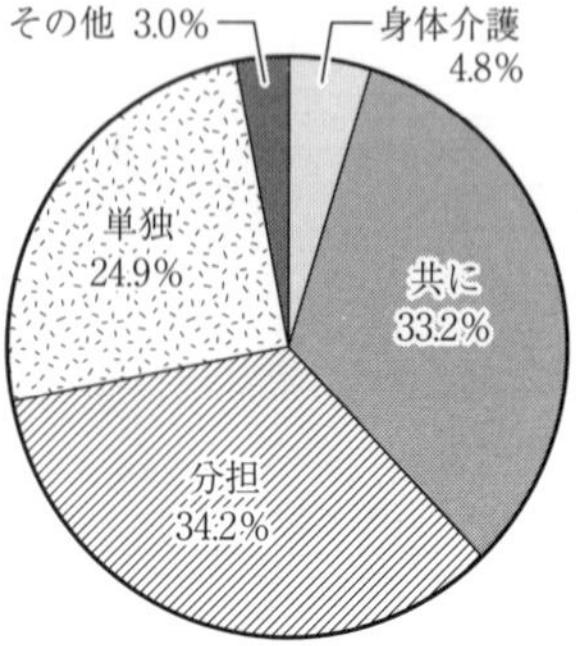

出所：図10-1と同じ。

介護予防訪問介護サービスは、訪問介護サービスのように「身体介護」「生活援助」「身体・生活」などの区分のないサービスである。「平成二二年度財務省予算執行調査」によると、「生活援助」が全体の九三％を占め、その内掃除が六四％と非常に高い割合となっているという。こうした調査結果を踏まえ、「生活援助」は公的サービスでなくとも代替可能であり、「生活援助」サービスは利用者の残存能力の発揮を妨げ、廃用症候群を招き、利用者の状態悪化をすすめているのではないかとの批判にもつながっていた。しかし、実際のサービス実態はどうなのか。

今回の調査結果からは、サービス行為としては、掃除や調理などのいわゆる「生活援助」サービスが多いものの、そのサービス提供実態は、「ホームヘルパーが利用者と共に作業を行う」あるいは「利用者とホームヘルパーが分担して作業を行う」という内容が全体の約七〇％を占めていたことがわかった（図10-3参照）。

このことは、実際のサービス提供（少なくとも生協のサービスでは）は、利用者の残存能力を活かし、利用者とコミュニケーションを取り、見守りながら提供する「自立支援型サービス」が多くを占めていることを示している。介護保険の理念である「自立支援」が適切に実施されている結果ともいえる。

また、「ホームヘルパーが単独で生活援助サービスを実施する」割合が約二五％あったが、その理由を聞いたところ、「身体状況に関わる疾患のため」が六四％、「メンタルや認知症に関する疾患のため」が五％強となった。これらは、要介護認定そのものが妥当であったのかを検証する必要があり、また、さまざまな疾患によって利用者が活動できない状態への「生活援助単独型サービス」については、その必要性について配慮が行なわれる必要があるだろう。

（2）「自立支援型サービス」は利用者状態の改善・維持に役立つ

二〇一〇年時点で要支援１・２の状態にあり、その後、生協の予防訪問介護サービスまたは訪問介護サービスを受けた九七三人の利用者の三年間（二〇一〇〜二〇一三年）の介護度の変化を調査した。その結果、「自立支援型サービス」を受けていた利用者は、三年後に介護度が改善した割合が一〇％を超え、維持と合わせて六〇％を超える結果となった（図10-4参照）。

つまり、サービス行為としては「生活援助」の内容であっても、「ホームヘルパーが利用者と共に作業を行う」あるいは「利用者とホームヘルパーが分担して作業を行う」などの「自立支援型サービス」は、利用者の介護度の「改善・維持」に効果があるといえる。

図10－4　自立支援型サービスに関する介護予防調査――３年後の介護度変化

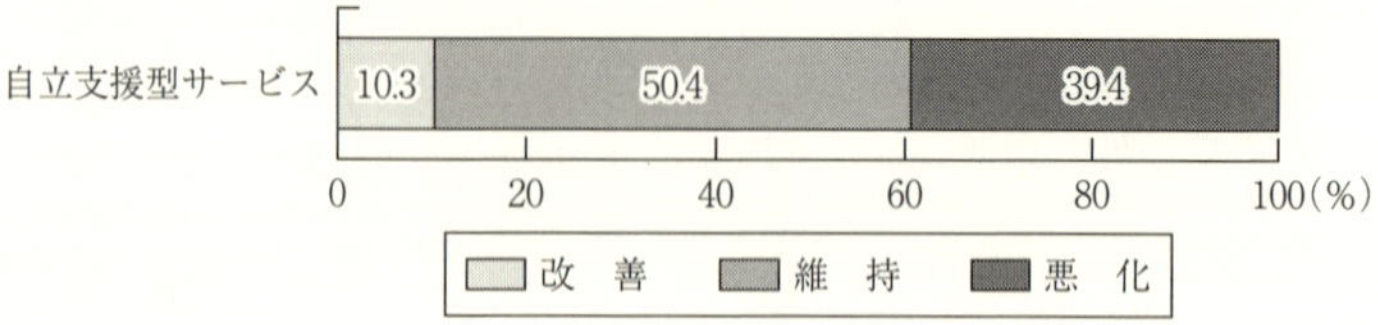

出所：図10-1と同じ。

図10－5　１年後の介護度変化（全国対比）

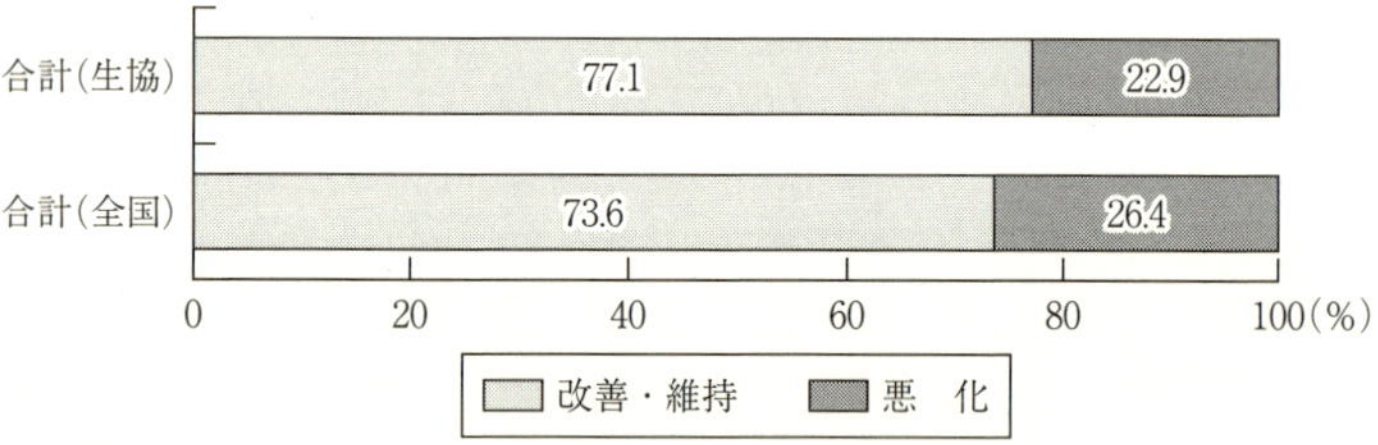

出所：図10-1と同じ。

全国データ（厚生労働省データ）では、個人別に介護度変化を追うことはできないが、全国の要支援者が一年後に要介護度がどのように変化したかを見ることはできる。その全国データと今回の生協の調査データを比較すると、「改善・維持」の比率が、全国データ（七四％）を生協データ（七七％）が上回る結果となった（図10-5参照）。

要介護度だけでは、利用者の状態を判断することはできないが、一つの指標としてみることは可能だろう。

山田アイさん（仮名・要支援1・七八歳）一人暮らしをしていたが、七年前に洗濯物を干す際に転倒し入院、約一カ月後退院し、自宅に戻ったが、家事や外出を一人で行うことに不安があった。自宅にこもり、不眠が続く中で、うつ病の症状がでてきた。不安感・孤立感が強く、訪問介護事務所には、たびたび電話が入る状況にあった。アイさんの利用開始時の要介護度は要支援2、その後要介護1となり、週四回ホームヘルパーが訪問を行っていた。サービス内容は、「食事づくり支援」「買い物同行」「掃除支援など環境整備」などである。

サービス開始当初は、入院や転倒が続き、心身状態が不安定な状態が続いており、家族は施設への入所も考えていたが、本人は「住み慣れたご自宅で暮らしたい」との希望をもっており、在宅生活を継続することとなった。ホームヘルパー訪問時、食事づくりは下ごしらえはアイさんが行い、火を使う仕上げをホームヘルパーが行うことで、食べたいものを作って摂ることができるようになった。アイさんは、一人での買い物は不安だったがホームヘルパーが同行することで、重いものも安心して購入できるようになった。家事では、身体的に負担のかかる掃除機がけはホームヘルパーが行うが、アイさんは床を柄つきのモップで拭くことができるので、掃除の時は一緒に作業をすることで不安解消につながってきた。

こうした介護予防訪問介護サービスを利用する中で、アイさんの精神状態は徐々に安定するようになり、体力的にも自信がつくようになってきた。要介護度も要介護1⇒要支援2⇒要支援1と改善してきており、今では家族との旅行や一人での外出もできるようになってきた。介護予防訪問介護サービスは、こうした利用者の心身状態を総合的に見極め、家庭環境や社会的環境も含めた複合的要因へのアプローチを通じて、状態悪化防止につなげることが可能となるのである。

図10－6　利用者調査・維持改善比率

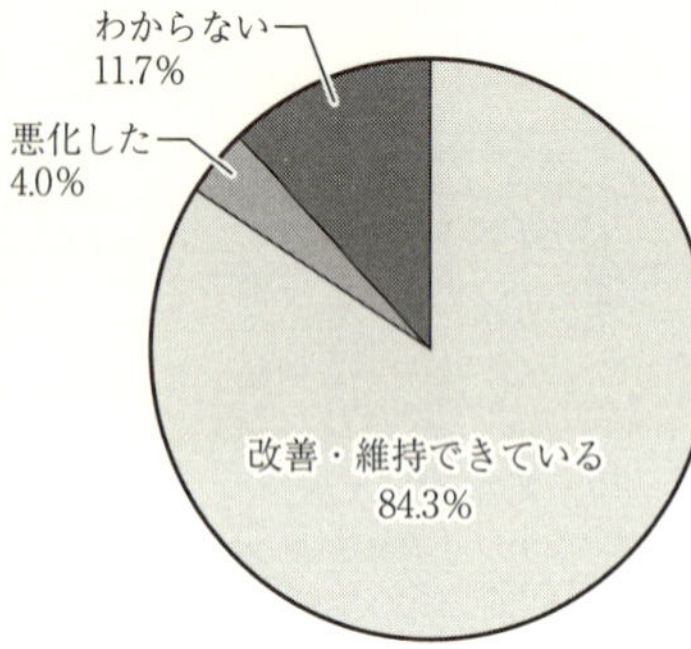

出所：図10-1と同じ。

(3) 利用者・家族も「改善・維持」効果を実感

生協の予防訪問介護サービス実態調査は、二〇一三年以前に二〇一一年にも実施している。二〇一一年度調査では、利用者・家族から利用者の状態の変化について、アンケート調査を行っている。回答した利用者・家族の約八四％の方が、利用者の心身状態が「改善・維持できている」と回答している（図10-6参照）。利用者・家族からは「一人暮らしでも在宅生活を頑張れる」「レベル低下がゆっくりと感じる」「家族の負担が減り安心できる」「生活に活力が生まれた」「会話することで精神的に楽になった」「夫婦二人の生活が可能と感じる」などの声が多数寄せられている。

佐藤正子さん（仮名・要支援2・八四歳）は、一人暮らしをしている。数年前に脳梗塞を患い、軽度の認知症と診断されている。買い物や通院、公共料金の振り込みなど自力で行うことができるが、筋力の低下があり、最近転倒してしまった。物忘れがすすんできており、薬の飲み忘れや室温調整が困難になってきており、一人で食事を作ることは困難で、室内も散らかっている状態だ。正子さん本人は、サービス利用前は、まだまだ自分で生活できると他人の訪問を拒否していたが、火の始末やゴミの処理などに不安が出始めていた。一昨年の夏、熱中症で自宅で倒れていたところを発見され、大事には至らなかったが、それ以降、予防訪問介護サービスを利用しはじめた。

図10－7　改善・維持した内容

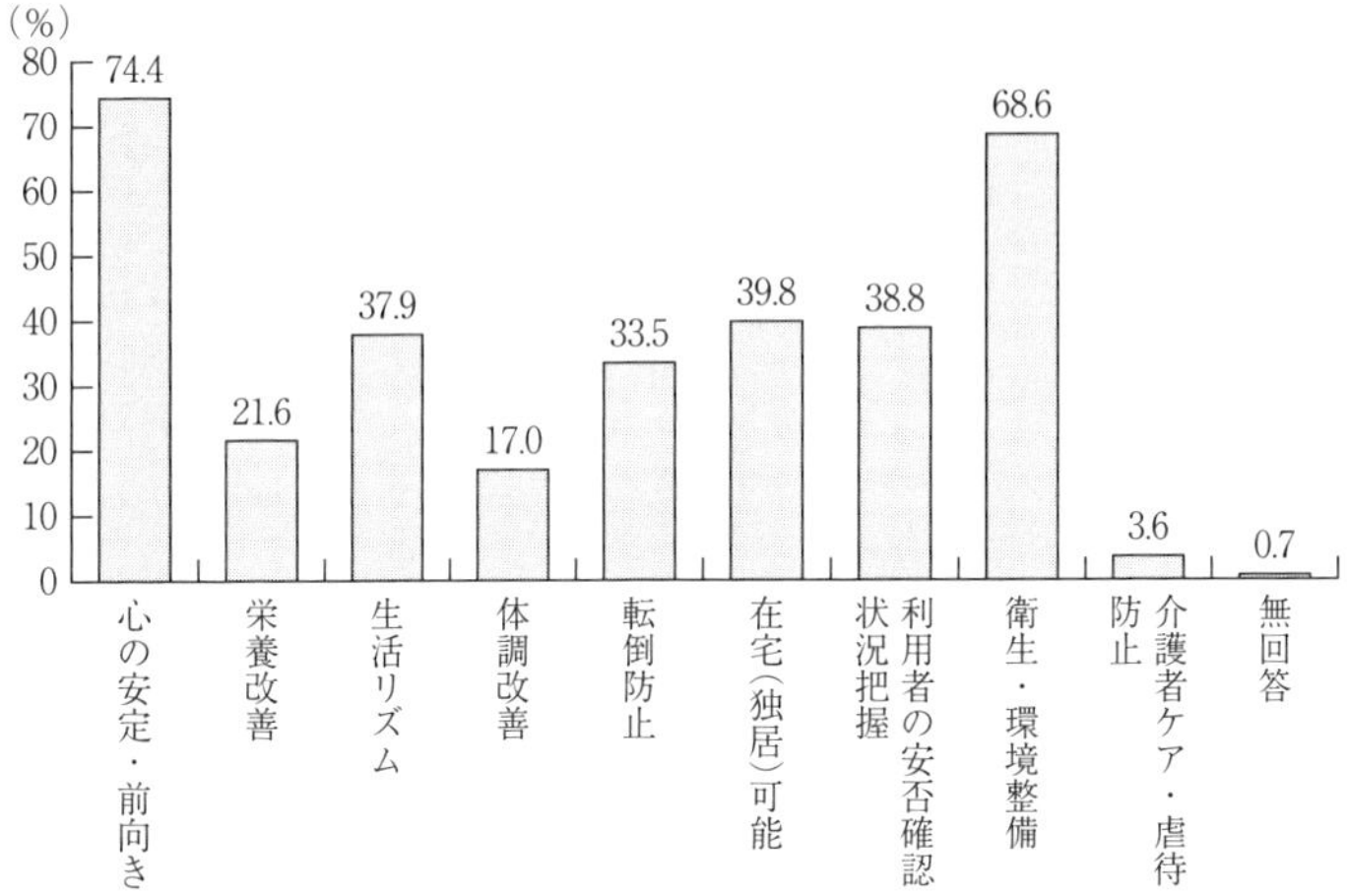

出所：図10－1と同じ。

娘さんが週に一回訪問しているが、ホームヘルパーが週二回（火・金）訪問し、「食事づくり支援」「掃除支援などの環境整備」「室温調整支援」「薬の飲み忘れ、医療機関の定期受診を忘れないよう確認・援助」「地域行事・レクリエーションへの参加促し」などを行っている。ホームヘルパーが入ることにより、ゴミ出しでは、ゴミの日を正子さんとヘルパーが一緒に書き出し、正子さん本人が出すことができるようになった。今までは、食事づくりもできていなかったが、正子さんとホームヘルパーが一緒に食材の点検や献立相談・調理を行うことで、バランスのとれた食事も摂れるようになった。

また、掃除など環境整備を正子さんと確認しながら行うことで、室内での転倒防止にもつながっている。医療機関の定期受診や室温調整、バランスのよい食事は、体調を整え、体力維持につながっている。介護予防訪問介護サービスは、週二回だけだが、正子さんはホームヘルパーの訪問を楽しみに待つようになった。認知症の症状により認知機能が低下してきているが、今後も「自分でできることは今まで通り行い、現在の地域で暮らし続けて生きたい」と楽しく生活をされている。

(4)「心の安定・前向き」と「衛生・環境整備」

利用者・家族が実感する「改善・維持」の具体的な回答（複数回答）では、「心の安定・前向き」と「衛生・環境整備」が共に約七〇％となり、次いで、「在宅（独居）可能」「利用者の安否確認状況把握」「生活リズム」「転倒防止」などがそれぞれ三〇～四〇％という結果となった（図10-7参照）。

適切な介護予防訪問介護サービスが実施されることが、利用者の生活意欲の引き出しにつながり、一人暮らしでも「在宅生活」が可能となる状況を作り出している。

2　認知症利用者の自立度と生活支援の実態

日本医療福祉生活協同組合連合会（以下、医療福祉生協連）では、二〇一二年一〇月に認知症の生活支援実態調査を行った。加盟している全国一一一医療生協のうち、居宅介護支援事業所と地域包括支援センターがある一〇四医療生協（北海道、秋田県、千葉県、山梨県、奈良県、熊本県を除く四一都府県）の居宅介護支援事業三二六カ所と地域包括支援センター一八カ所に調査協力を依頼した。その結果、一〇一医療生協の居宅介護支援事業所二九六事業所から回答を得た。

(1) 要介護者の四人に三人が認知症

今回協力が得られた事業所二九六カ所の利用者数は計二万九九四五人であった。これらの利用者数の内、四人に三人（約七五％）が、認知症の症状を持っていることがわかった。最も多かったのが、自立度ⅡaとⅡbで三〇％、Ⅰが二一％、ⅢaとⅢbで一八％であった（図10-8参照、Ⅰ・Ⅱa・Ⅱb・Ⅲa・Ⅲb・Ⅳ・Mについては表10-1参照）。

要介護認定を受けた人の多くが認知症の症状をもっていることが改めて確認できる結果となった。

図10－8　要介護者の認知症自立度別割合（2万9945人）

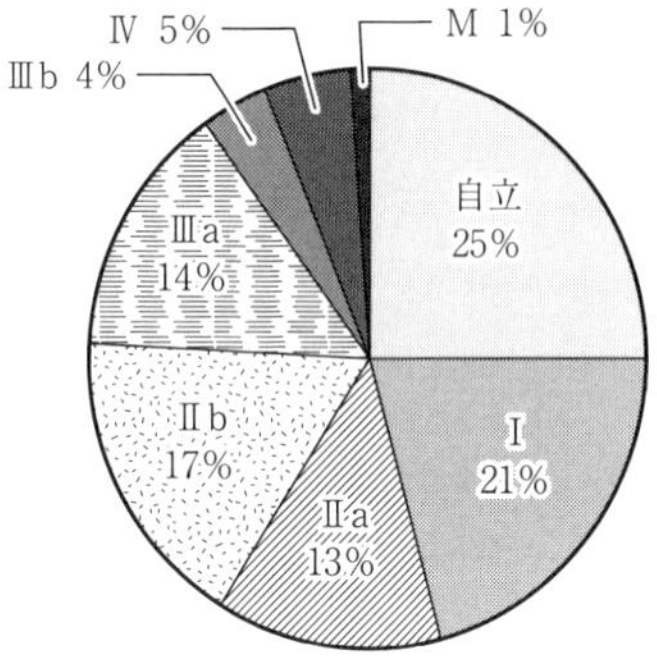

出所：日本医療福祉生活協同組合連合会認知症調査資料。

(2) 軽度でも認知症による日常生活困難を抱えている

次に、調査対象となった事業所内で抽出率四分の一のランダムサンプリングを行い、サンプリングにより調査対象となった計五六二七名の利用者情報（認知症自立度Ⅰ以上の利用者）について、担当ケアマネジャーにアンケート調査への協力を依頼した。その結果、四六五七名分の個票を回収した（回収率八二・八％）それらの利用者の要介護度と認知症自立度との関係は図10-9のとおり

表10－1　認知症自立度

ランク	状　態　像	具体的状況
Ⅰ	何らかの認知症を有するが，日常生活は家庭内及び社会的にほぼ自立している	
Ⅱa	家庭外で，日常生活に支障を来たすような症状・行動や意思疎通の困難さが見られても，誰かが注意していれば自立できる	たびたび道に迷うとか，買い物や事務，金銭管理などがそれまでできたことにミスが目立つ等
Ⅱb	家庭内でも上記Ⅱaの状態が見られる	服薬管理ができない，電話の応答や訪問者との応答など一人で留守番ができない等
Ⅲa	日中を中心として，日常生活に支障を来たすような症状・行動や意思疎通の困難さが時々見られ，介護を必要とする	着替え，食事・排泄が上手にできない
Ⅲb	夜間を中心として日常生活に支障を来たすような症状・行動や意思疎通の困難さが時々見られ，介護を必要とする	やたらに物を口にいれる，物を拾い集める，徘徊，失禁，大声・奇声，火の不始末，不潔行為，性的異常行為等
Ⅳ	日常生活に支障を来たすような症状・行動や意思疎通の困難さが頻繁に見られ，常に介護を必要とする	
M	著しい精神症状や問題行動或いは重篤な身体疾患（意思疎通が全くできない寝たきり状態）が見られ，専門医療を必要とする	せん妄，妄想，興奮，自傷・他害等の精神

注：調査結果からは，ⅢaとⅢbを境にして在宅生活者が大きく減る。
出所：平成18年1月19日「老老第119001号老健局老人保健課長通知」。

である。要支援の人の中にも、自立支援度Ⅱ以上の人がおり、要介護1の人の中には、自立支援度Ⅱ以上の人が非常に多いことがわかる。いわゆる軽度者の中に、認知症の症状により、日常生活に困難を抱えている人が多いことがわかる。

図10－9　要介護度と認知症自立度

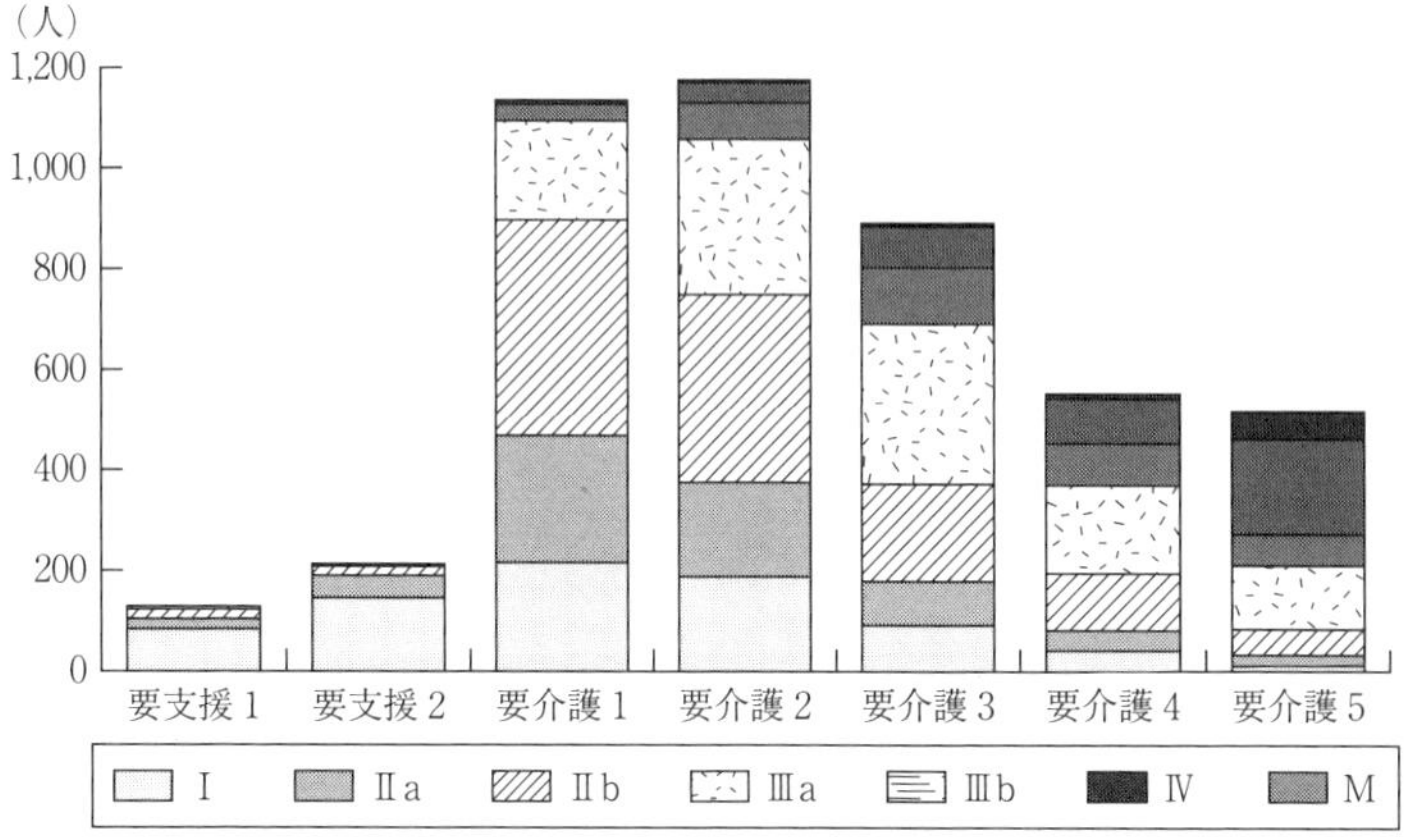

注：Ⅰ～Mの区別については表10－1参照。
出所：図10-8と同じ。

図10－10　認知症診断に関する主介護者の認知症の理解

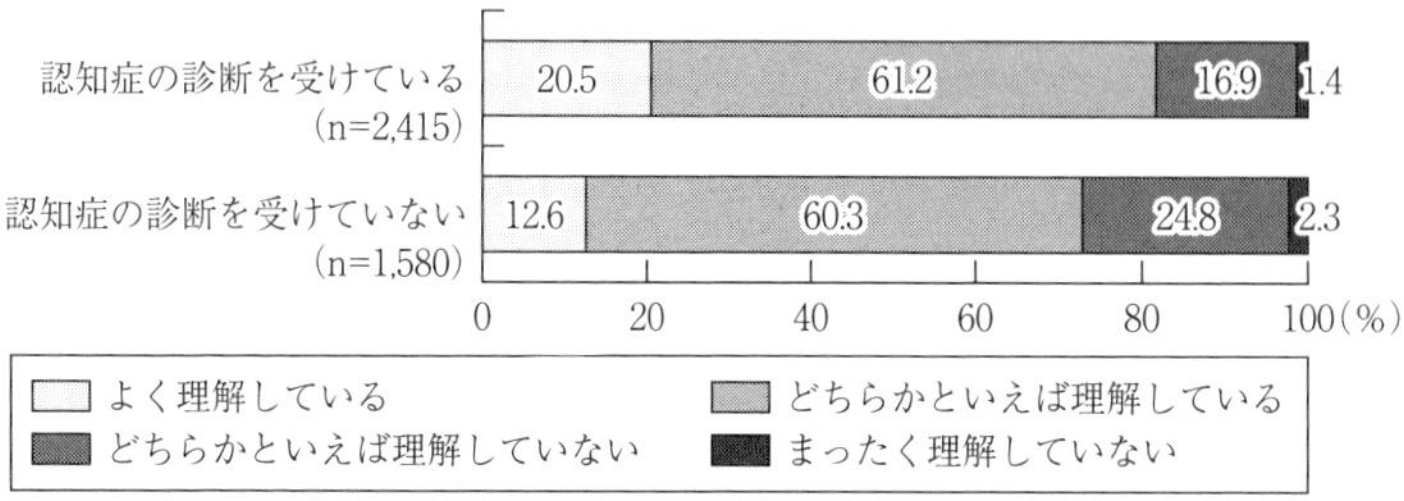

出所：図10-8と同じ。

図10－11　情報共有

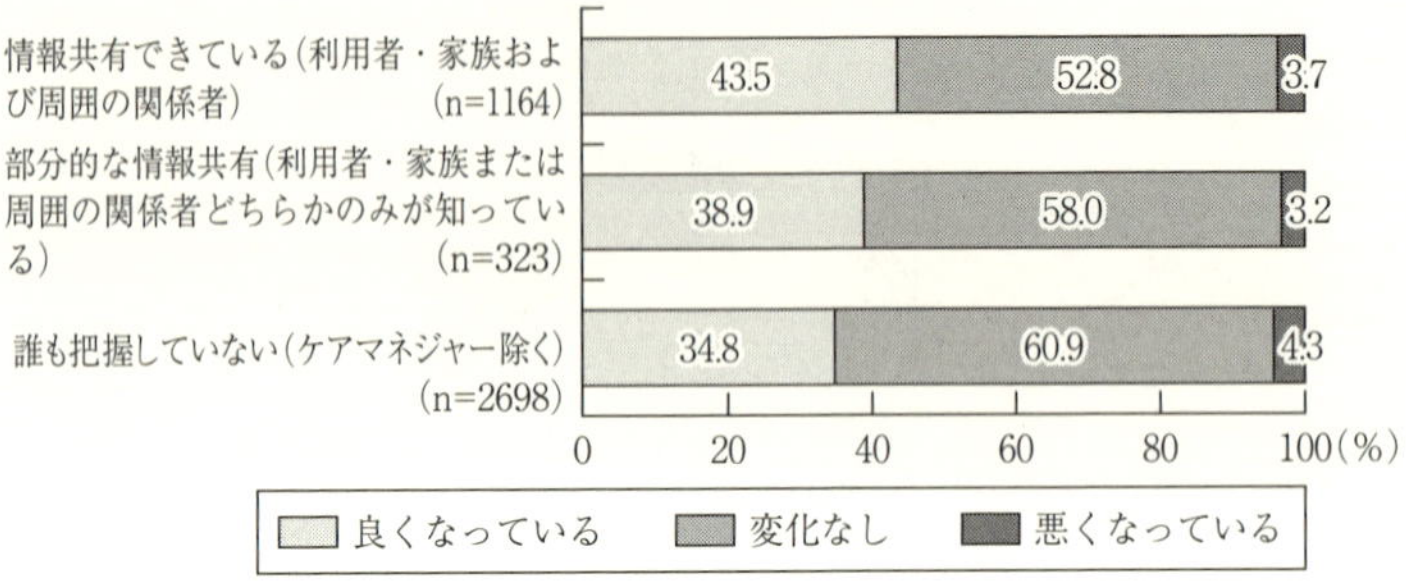

出所：図10-8と同じ。

(3) 認知症と診断を受けている利用者は約六〇%

認知症自立度Ⅰ以上四六五七人のうち、医師の診断を受けているかどうかわかった人は三九九五人（不明六六二人）。このうち、認知症の診断を医師から受けている人は二四一五人（約六〇%）にとどまった（図10-10参照）。言い換えれば、認知症の症状をもっていても、約四〇%は診断を受けていないのだ。その一方、認知症の診断を受けている人は、主介護者の認知症に対する理解も高いという関連がある。

(4) 認知症の情報共有は主介護者の対応を変える

医師の診断を受けた人の中でも原因疾患の確定診断を受けているのは約一六〇〇人（約三五%）であった。認知症の原因疾患が「何であるか」について、利用者・家族ならびに周囲の関係者（医療・介護サービスの提供者や介護協力者）の間で情報共有できているケースでは、主介護者の認知症者（利用者）への接し方が良くなっている（図10-11参照）。当然のことであるが、こうした情報共有は認知症の人への適切な対応をすすめ、家族

図10－12　IADL自立者の割合

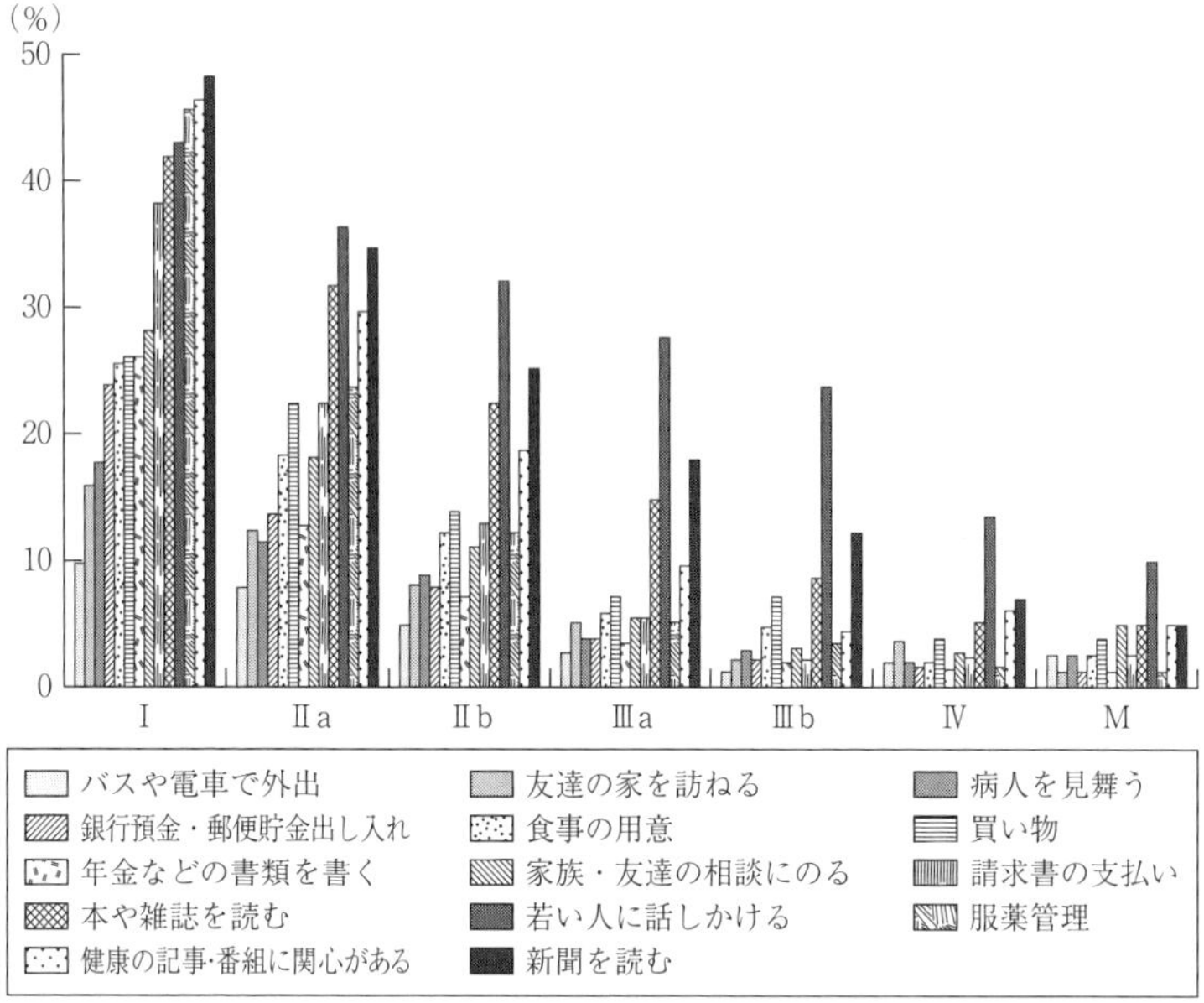

注：Ⅰ～Mの区別については表10－1参照。
出所：図10－8と同じ。

の主介護者を支えることにつながる。

（5）認知症自立度とIADL

調査結果では、認知症自立度が重くなるに従って、IADL（手段的日常生活動作）自立者の割合も少なくなった。認知症自立度Ⅰでは、すべての項目で半数以上の方が「自立していない」という結果となった（図10-12参照）。

特に「服薬管理」では、認知症自立度が重くなるほど、できる割合が他の項目より急激に減る結果となった。合併症で入院

図10－13　ADL 自立者の割合

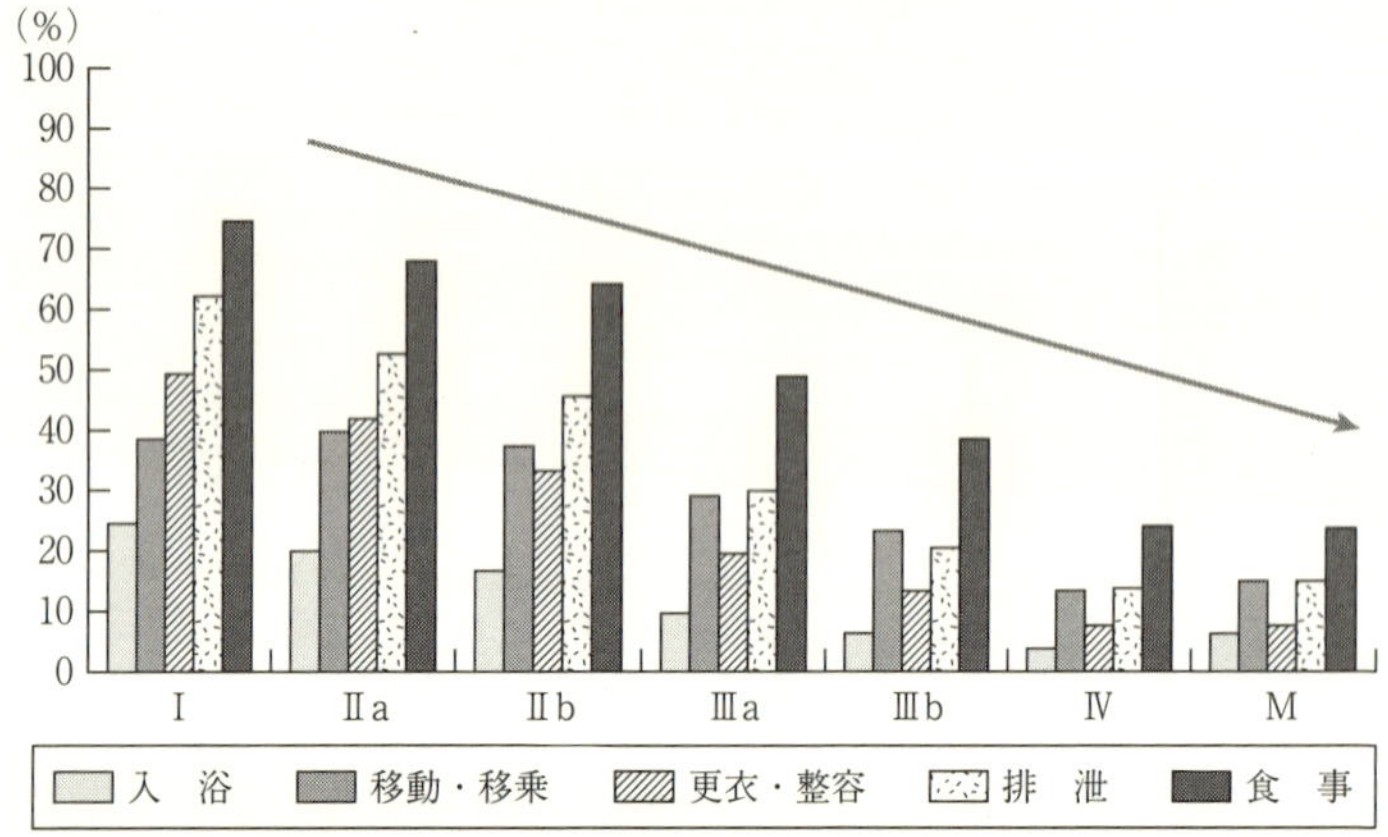

注：Ⅰ～Mの区別については表10－1参照。
出所：図10－8と同じ。

となり在宅生活が破綻することを防ぐためにも「服薬管理」は非常に重要である。要介護度が軽くても、認知症自立度が重いと「服薬管理」、買い物や電化製品の取り扱いなど生活機能障害が進行していくので、支援なしでの在宅生活の継続は困難となっていくことが改めて明らかとなった。

(6) 認知症自立度とADL

認知症自立度が重くなるに従って当然であるが、ADL（日常生活動作）自立者の割合も少なくなっていく。「入浴」「移動・移乗」「更衣・整容」は、認知症自立度Ⅰで半数以上が「自立していない」結果となった。「排泄」は認知症自立度Ⅱb、「食事」は認知症自立度Ⅲaで半数以上が「自立していない」状態となる。「食事」「排泄」ができなくなると生活のすべてに介助が必要な状態となる（図10-13参照）。

（7）認知症の約四〇％超が一人暮らしか高齢者夫婦のみ

認知症の要支援、要介護者で独居生活者が約二一％（一〇二八人／四六五七人）、夫婦のみ世帯が約二〇％（九四五人／四六五七人）となった。要介護者を支える家族機能が脆弱化している中で、予防給付を含めた介護保険サービスが在宅生活を支えているのが実態である。

3　要支援者に対する介護予防訪問介護サービス

前述したように、二〇一五年に実施される介護保険制度改正では、要支援者に対する介護予防訪問介護サービスの訪問介護・通所介護については、市区町村が実施する地域支援事業へ移行する。しかし、現在の市区町村で、この事業を適切に実施できるところはどれだけあるのだろうか。現状のままでは、介護保険料を支払い、要介護認定で要支援の認定は受けたものの、必要な介護サービスが受けられないことも懸念される状況にある。

地域支援事業について、①必要なサービスを受けることができる適切な内容とすること、②事業主体者となる市区町村の力量強化・支援体制を強化すること、③混乱を生まない移行計画を立てること、などが必要である。以下、この三点をふまえ、筆者の考える改革案を提示する。

(1) 全国共通の基準の必要性

専門的ケアが必要なサービスについては地域支援事業に移行したとしても、そのサービス水準を維持するために、全国共通の基準を設定すべきである。要支援者の中には、認知症の人や心身状態が不安定な人などが約半数含まれており、そうした利用者の状態像や家庭環境、地域社会との関わり状況などを、複合的・総合的な視点でアセスメントし、継続的支援を行う専門的ケアが必要となる。

そのためにも、地域支援事業に移行した後、専門的ケアを必要とするサービスについては、全国共通の基準が必要であると考える。全国どの地域にいても、利用者が一定レベルのサービスが受けられるよう、要介護認定の活用（要支援1・2判定の継続）、アセスメント・ケアプラン作成→介護サービス計画→サービス実施→モニタリングまでの一連のＰＤＣＡについて、継続的に実施することが必要である。そのため、これらの計画作成や実施にあたって、必要な人員基準やしくみについては、市区町村まかせにせず、全国共通の基準を国が設定すべきである。また、その際に以下の①、②も考慮する必要がある。

① 利用者の残存機能を活かす目的に沿った介護予防サービスが必要

要支援者に対する介護予防訪問介護サービスは、「できることは本人が行う」という残存機能を活かしながら、本人の意欲を引き出し、自立を支援する目的をもった介護サービスである。この目的を達成するためのサービスを提供することで、利用者の状態悪化を防止・抑制し、利用者のＱＯＬを維持・高めることが可能となる。

要支援という軽度の人へのサービスは、サービス行為としてはいわゆる生活援助にあたる食事づくりや掃除などが多くなるのは当然である。問題は、利用者の状態像を見ながら本人の意欲の引き出しや残存能力を活かすサービスとなっているかどうかが問題なのである。地域支援事業に移行した場合でも、こうした本来の目的に沿ったサービスの実施が求められているといえよう。

また、認知症自立度Ⅱａ・ｂ（表10-1参照）以上については、要介護認定において、要介護１以上になる傾向だが、実際には要支援１・２の利用者の中にも、七〜八％の割合で認知症自立度Ⅱ以上の利用者が存在している。また、自立度Ⅰも含めれば約半数の人が認知症である。軽度の認知症の利用者へのサービス提供は、認知症の利用者の生活を支えるとともに、介護専門職が継続的に対応することで、状態変化への迅速な対応が可能となる。地域支援事業においても、専門的力量をもったホームヘルパーがサービスに入ることで、認知症の早期診断、確定診断へのつなぎ役をはたす必要がある。

②　介護保険財政への効果

介護予防訪問介護サービスについては、全国共通の基準に基づく目的に沿った自立支援型のサービス提供が行われることにより、利用者の重度化防止・抑制が可能となり、財政抑制効果にもつながる。現在の予防給付受給者は約一五〇万人で介護保険受給者の二三％強を占めているが、費用額は介護保険全体のわずか五・五％にすぎない。

多くの要介護の利用者は、加齢とともに徐々に状態像が悪化してきている。要支援者に対する介護予防訪問介護サービスを適切に行い、利用者の重度化防止・抑制することで、要介護となる利用者を抑え、その状態悪化スピードを遅らせることで、介護保険財政の増加を防ぐことも可能となる。

(2) 市区町村の力量強化・支援の必要性

① 大きい市区町村間の地域間格差

二〇一二年の制度改正により、介護予防・日常生活支援総合事業を展開することが可能となった。しかし、実際にこの事業を展開する市区町村区は、二〇一四年度までの計画でも一三二市町村と全国の市区町村区のごく一部にとどまっている。現状では、介護予防（予防給付）を含めた地域支援事業を展開できる力量を持った市区町村は限られており、その力量格差は大きい。このような状況で、要支援者に対する介護予防訪問介護サービスについて、地域支援事業への移行を急げば、支援を必要とする人が、サービスを受けられない状況が生み出されることが危惧される。

また、市区町村が地域支援事業を展開するにあたっては、主体的力量を高めることが必要である。事業として組み立てるための手法やポイントを知ることなしに事業化はできない。そのため、市区町村の担当職員教育や専門力量の確保などが必要であり、国や都道府県の支援・施策づくりも含めた対応が求められている。

② 多様な組織の参加とコーディネート力が重要

地域支援事業では、ＮＰＯ、協同組合、社会福祉協議会、民間企業など多種多様な組織が事業参加できるような事業のしくみづくりが必要である。合わせて、インフォーマルサービスを含めた難易度の高いコーディネート機能が必要であり、サービスを適切に提供できるようにすることが大切である。

(3) 混乱を生まない丁寧な移行が必要

地域支援事業への移行にあたっては、市区町村のしくみづくりや主体的な力量を向上させながら、丁寧に移行をすすめるべきである。特に、契約等の利用手続き、報酬設定、限度額管理などのあり方など、経過措置期間においてどのようなプロセスで移行するのかが極めて重要となることから、十分な検討が必要である。

4　地域で支える体制づくりの構築

今後、一人暮らし高齢者、高齢者夫婦のみ世帯の増加、認知症高齢者の急増、医療的ケアを必要とする人の増加などを踏まえ、高齢者の在宅生活を支えるための地域づくりが求められている。それぞれの地域の実情に合った地域包括ケアシステムの構築、それぞれの地域特性を活かしたしくみづくりが求められている。地域包括ケアシステムを絵に描いた餅にしないように、生活支援サービスを全国各地に広げるための財政支援やしくみづくりが必要である。

あわせて、医療と介護の連携がこのしくみづくりの鍵を握るが、医療と介護の違いを前提に、医療側に過度に引きずられないしくみとすることが必要である。介護は利用者の生活そのものを支えており、複合的な要因に対する総合的アプローチが必要となっており、こうした介護の特性にあったしくみの構築が求められている。

(1) 生活支援サービスの拡充

生活支援サービス（見守り・配食・外出支援・家事サービスなど）は、一部の地域を除き、多くの地域で不足している。また、サービスが存在していても、有効に組み合わせができていない状況もある。全国のすべての地域で生活支援サービスを充実させるため、生活支援サービスの全国的な実態調査を行うとともに、多様な組織による、生活支援サービスを生み出していくことが求められている。

(2) 多様な団体の参加とコーディネート機能の確立

ボランティア団体、ＮＰＯ、協同組合、社会福祉協議会、民間企業など多様な組織が生活支援サービスを展開できるよう財政措置含めた施策の拡充が必要である。また、多様なサービスを組み合わせ適切に提供できるコーディネート機能も必要となる。

地域住民やボランティアの力による「支え合い」「助け合い」精神で展開される地域社会におけるインフォーマルサービスと、「介護保険事業」などのフォーマルサービスとの一層の連携が必要で、そのための措置（たとえば、身近な生活圏域における「住民福祉活動の拠点の整備」「ボランティア活動や生活支援サービスを調整するコーディネーターの配置」「住民やボランティアも参加する地域ケア会議の開催」「運営の弾力化」など）を講じる必要がある。

(3) 元気な高齢者の参加の場づくり

高齢者が増加することは、介護を必要とする高齢者が増加するだけでなく、元気な高齢者も増えていく。こうした元気高齢者が支えられる側から支える側に回り、その人自身の生きがいや働き甲斐という自己実現を行ないながら、地域づくりに貢献していくことが求められている。このことは同時に、介護予防にもつながる重要な内容となる。

第11章　二四時間型訪問介護サービス
――社会福祉協議会による取り組みから

安部　徹

1　地域包括ケアシステムと二四時間型訪問介護サービス

地域包括ケアシステムとは、ニーズに応じた住宅が提供されることを前提に、生活上の安全・安心・健康を確保するために、医療や介護のみならず福祉サービスを含めたさまざまな生活支援サービスが、概ね三〇分以内の日常生活圏域（中学校区を基本とする）において、適切に提供できるような地域での体制と定義されている（「地域包括ケア研究会報告書」より）。

二〇一二年、地域包括ケアシステムの実現と持続可能な介護保険制度の構築を制度改正の基本として介護保険制度が改正され、定期巡回随時対応型訪問介護看護（以下、二四時間型訪問介護）が始まった。この二四時間型訪問介護は、地域密着型サービスの一つに位置づけられ、日中・夜間を通じて、訪問介護と訪問看護を一体的、またはそれぞれが密接に連携しながら、ホームヘルパーや看護師が短時間・複数回の巡回型の訪問サービスを提供し、二四時間何かあればいつでも駆けつけるサービスである。要介護者が重度化しても可能な限り住み慣れた家で暮らし続けられるように、日常生活圏域で医療、介護、予防、住まい、生活支援サービスを包括的に提供する「地域包括ケアシステム」を支えるサービスの一つとして期待されている。以下、筆者が支援活動を行う札幌市の事例を基に、このサービスについて検討する。

2　サービス実施に向けた関係機関の統合と連携体制の構築

(1) 関係機関の統合

筆者らが所属していた旧札幌市在宅福祉サービス協会は、二〇一三年四月に社会福祉法人札幌市社会福祉協議会と統合し、すべての事業を社会福祉法人札幌市社会福祉協議会に継承した。これまで独立した法人であった札幌市の福祉三団体（社会福祉法人札幌市社会福祉協議会・財団法人札幌市在宅福祉サービス協会・社会福祉法人札幌市福祉事業団）が、市民一人ひとりの暮らしを尊重する福祉社会の実現を目指すことを再編統合のコンセプトとし、社会福祉協議会を存続団体として二〇一三年四月に札幌市在宅福祉サービス協会と札幌市社会福祉協議会と統合、翌二〇一四年四月札幌市福祉事業団と統合した。各団体が実施している地域福祉推進事業・在宅福祉推進事業・福祉施設関連事業を、総合的かつ有機的に提供できる体制を整備し、介護保険事業や多様な福祉サービスとの融合を図り、在宅生活を支援する体制整備をすすめるとともに、地域住民やボランティアなどと協働して、一人ひとりの生活課題に対応した福祉サービスを提供している。

札幌市社会福祉協議会介護事業部（旧・財団法人札幌市在宅福祉サービス協会）では、札幌市内全域で、訪問介護事業所八カ所（すべて特定事業所加算Ⅱを算定、利用者数約三三〇〇人／月）、居宅介護支援事業所九カ所（特定事業所加算Ⅰ・一カ所、特定事業所加算Ⅱ　八カ所、利用者数、約三〇〇〇人／月〔二〇一三年三月実績〕）、訪問看護ステーション一カ所を展開しており今回のテーマである二四時間型訪問介護の「あんしん24」を札幌市内四カ所で展開している（あんしん24中央・あんしん24北・あんしん24東・あんしん24西）。

⑵　二四時間対応型訪問介護サービスの開設

二〇一二年四月、二四時間型訪問介護「あんしん24」を事業開始した。札幌市内全域で介護保険事業を展開している筆者らは、札幌市の福祉サービスの充実と福祉の先導役の立場から、札幌市内全域でこの事業を積極的に展開していく方針であった。また、この事業は、一圏域に一事業所の指定となり、他の事業所が後から参入できない早い者勝ち的な要素もあったため、市内全域で訪問介護事業を展開している筆者らとしては、市内全域で指定を受けられるかどうかは今後の事業展開にも大きな影響を与える事も予測されたため、当初、札幌市内全域での事業展開を検討していた。しかし、制度の詳細が国から示されたのは四月を迎える直前であり、収支計画・事業計画がなかなか立てられない状況にもあり、開設地域、二四時間のスタッフ体制、オペレーションセンターの設置条件等保険者である札幌市と協議を重ね、二〇一二年四月は札幌市内四カ所で事業を展開することとなった。

介護保険事業計画に沿って、計画的に設置を図っていく必要があることから、保険者によっては公募制をとるところもある。札幌市は公募制をとらず、四月スタートの段階で、札幌市内七カ所の事業所が指定を受け、そのうち筆者らの所属する法人が四カ所を占めることとなった。

(3) 医療との連携

現在の所、二四時間型訪問介護については二つの類型が、厚生労働省によって定義されている。一つの事業所で訪問介護と訪問看護のサービスを一体的に提供する「一体型事業所」と、地域の訪問看護事業所と連携してサービス提供する「連携型事業所」である。筆者らはこの事業に参入するために二〇一二年四月に訪問看護事業所を自ら立ち上げたが、地域の訪問看護事業所を利用している利用者が多く、この事業を展開していくうえで地域の訪問看護事業所との連携は必要不可欠と判断し、「連携型事業所」として事業を開始した。

医療と連携を図り、介護・看護サービスが一体的に提供されることで、住み慣れた地域・在宅で安心した生活を送ることができるのは、まさに理想でありこの制度の要ともいえる。しかし、この制度で一番苦労したのが訪問看護事業所との連携である。

二四時間型訪問介護を利用する場合は出来高払いの訪問看護サービスを併用できない。二四時間型訪問介護を利用しかつ訪問看護を利用する場合は否応なしに訪問看護の報酬は包括払いになってしまう。この包括払いの報酬では、週一回の訪問看護の利用であれば何とか訪問看護事業所として採算はとれるが、週二回以上または緊急時訪問看護加算を算定し頻回に連絡が入り訪問しなければならない場合などについては全く採算がとれない。医療依存度が高い利用者、要介護度が高い利用者であれば、必然と訪問看護の必要性が高くなるが、二四時間型訪問介護と連携を図ってもらえる訪問看護事業所は少なく、訪問看護事業所としては採算性の面からも積極的に連携を図りたい事業ではない。

さらに連携型事業所の二四時間型訪問介護は、連携する訪問看護事業所と契約を取り交わし、①利用者に対するアセスメント、②随時対応サービスの提供にあたっての連絡体制の確保、③介護・医療連携推進会議への参加、④その他必要な指導及び助言、について必要な協力を得ることとされており、連携を図る訪問看護事業所にかかる負担は大きくなる。また、訪問看護事業所に支払われる委託料に関しても法人との委託契約によるもので料金設定は法人の判断に任されている（全国の訪問看護ステーションとの委託料に関して調査はしてはいないが、この報酬体系から推測する限り高い金額は設定できないであろう）。

事業開始当初、「今までホームヘルパーさんに一日複数回（三回程度）来てもらっており限度額を超えていた。限度額を気にしないでホームヘルパーさんに来てもらうことができるので、このサービスを利用したい」と言う利用者がいたが、訪問介護の他にも訪問看護を週二回利用しており、訪問看護事業所から「二四時間型訪問介護でホームヘルパーさんを利用したら、訪問看護は週二回行けない。

二四時間型訪問介護のホームヘルパーさんと今までの訪問看護とどっちを選択するの？」といった冗談のような状況もあった。

訪問看護の包括払いの問題、介護報酬の単価設定、委託契約による訪問看護事業所に課せられる役割・委託料等を整理しなければこの事業はうまくいかないと考える。

幸いにも筆者らが開設した訪問看護事業所が、訪問看護を利用しない利用者への看護職員による定期的なアセスメント（必須）、介護・医療連携推進会議への参加、依頼を受けてもらいにくい採算の合わない複数回の訪問看護の利用を希望する利用者への訪問看護の提供を行っており、利用者のニーズに沿ったサービス提供、地域の訪問看護事業所との関係を良好に保ちながら、連携が難しい訪問看護との問題を何とかクリアしこの事業を実施してきている。しかし人員体制・収支の状況を考えると、このまま二四時間型訪問介護と積極的に連携を図りつつ当法人の訪問看護事業を展開していくことは難しくなってきている。

(4) 利用者にとっては喜ばれるサービス

二四時間型訪問介護は、定額の料金で身体介護サービスを中心とした一日複数回の訪問介護サービスを受けることができる。今まで限度額を気にしながら訪問介護の利用回数を考えていた人、限度額を超えて高い料金を払っても複数回訪問介護サービスを利用していた人にはとても使いやすい安心したサービスである。実際ケアマネジャーからの声として「複数回の訪問介護を組み入れると限度額を超えてしまっていたが、定額制だから限度額を気にしなくてもサービスを組むことができて良かった」との声が多く聞かれる。

「あんしん24」では、緊急時のコールを受ける手段としてテレビ電話を活用している。何かあればテレビ電話の画面にタッチすれば、オペレーションセンターにつながる。オペレーターの顔が見え、コールに答えてくれるだけで安心ができる。実際、利用者からの声として、「いつでもつながる安心感がありとても良い」「不安な時電話したらオペレーターの顔が見えて安心した」という声をいただいている。このサービスの利用当初は頻回にコールを押し随時訪問を繰り返していた不安感の強い利用者が、コールでつながる安心感と、ホームヘルパーさんに来てほしい時はコールを押したら直ぐ来てくれることがわかり精神的にも安定し、数カ月後にはコールをほとんど押さなくなった事例や、要介護1の男性で認知症を発症し生活のリズムが乱れ、昼夜逆転のあった利用者が、一日三回定期的にホームヘルパーが訪問することで、生活リズムが整い昼夜逆転が解消した事例もある。この事例は生活リズムが整ったことで、複数回、短時間サービスの二四時間型訪問介護を導入した目的は達成され、プランの見直しを行い、自立支援の活動に焦点を当てた滞在型の家事支援、身体介護サービスに戻してサービス提供を行いＱＯＬの向上をさらに図ることができた。以下、この事業を利用し、自宅での生活の継続に成功した事例を二例紹介する。

3　事例からみる二四時間型訪問介護の効果

(1) 介護保険サービスの制約が原因となった事例

① サービス導入前

市内に住む佐藤一郎（仮名・八七歳・要介護1）さんは、猫三匹と暮らす猫の世話が生きがいの一人暮らしである。娘が二人いるが、次女は遠方におり日常の支援は受けられず、近隣に住む長女の方が食事の準備、買い物、通院の際の介助などの支援をしている。長女自身も働いているため頻繁に様子を見に行ったりすることは難しい状況であった。レビー小体型認知症を発症してからは怒りやすくなり、長女に対する物とられ妄想などもみられ、長女も対応に苦慮するようになっていた。また、昼夜逆転しており生活のリズムも崩れ、猫の餌は用意するが、自分の食事を忘れることもしばしばあった。

訪問介護が週三回入り、食事の下準備、室内の掃除・環境整備（表11-1参照）を行っていたが、電子レンジの使用方法もわからなくなり、作り置きしたものを温めて食べたりすることができなくなっていた。また、自分の食事を猫にあげ自分は何も食べない日も多くなっていた。

ペットの世話、後始末は介護保険サービスでは不適切であるため、有償サービスを定期的に利用している（ペットを飼っている人は増えており、ペットが原因で室内環境、衛生状態改善などの必要がある場合、介護保険サービスの訪問介護では制約が多く大きな課題である）。

表11－1　佐藤一郎（仮名）さんの週間スケジュール

導入前

	月曜日	火曜日	水曜日	木曜日	金曜日	土曜日	日曜日
15：30〜17：00	訪問介護（生活援助）						
16：00〜17：00				訪問看護			
16：00〜17：30			訪問介護（生活援助）			訪問介護生活援助	

導入後

	月曜日	火曜日	水曜日	木曜日	金曜日	土曜日	日曜日
11：00〜11：30				有償ボランティアによるペットの世話，後始末			
16：00〜16：30			訪問看護				
16：00〜17：00	定期巡回訪問介護（食事の準備，促し）	定期巡回訪問介護（食事の準備，促し）	定期巡回訪問介護（食事の準備，促し）	定期巡回訪問介護（食事の準備，促し）	定期巡回訪問介護（食事の準備，促し）	定期巡回訪問介護（食事の準備，促し）	定期巡回訪問介護（食事の準備，促し）
22：00〜22：20	定期巡回訪問介護(就寝準備)	定期巡回訪問介護(就寝準備)	定期巡回訪問介護(就寝準備)	定期巡回訪問介護(就寝準備)	定期巡回訪問介護(就寝準備)	定期巡回訪問介護(就寝準備)	定期巡回訪問介護(就寝準備)

出所：札幌市社会福祉協議会資料を基に作成。

②　導入後とその後

本人が希望する生活を優先して考えていきたいとサービス担当者会議で合意を得てサービス導入を行った。生活リズムの把握、食事がしっかりとれ、服薬もしっかりできるようにと、一日三回二四時間型訪問介護）の訪問介護と、週一回の訪問看護を導入した。

ホームヘルパーが食事を温め、セッティングし「食べましょう」と声かけを直接することで、しっかりと食事を摂る事ができるようになった。長女に対しても日々の様子をホームヘルパー、ケアマネジャーが伝えることで安心してもらうことができた。

二四時間型訪問介護では、テレビ電話を設置し、随時コールの対応をしている。一郎さんがどこまでこの制度、テレビ電話の意味を理解していたかは定かではないが、ホームヘルパーが訪問した際ホームヘルパーとの会話の中でテレビ電話を指さし、「これがあるからいつでも来てくれるし大丈夫だ」と機嫌よく話していたことがあった。安心感を持ってもらえた事は一つの成果であったが、テレビ電話設置後、二週間もしないうちにテレビ電話が見当たらなくなった。一郎さんに確認してもわからず、数日後見つかったが、猫の餌と一緒に餌の保管場所に片づけられていた。その後、再設置したが一郎さんがテレビ電話を使用する事は一度もなかった。

二四時間型訪問介護の利用で、一日の生活の様子もみえてきて、食事・服薬もしっかりでき、当初目標としてきた生活リズムの確立はある程度達成された。一方テレビ電話の利用が難しく（随時コールの理解が困難）、短時間の訪問、複数のスタッフが関わる事でストレスも強くなり、混乱も強くみられるようになってきたため、一郎さんの自尊心を尊重し、今できること、やりたいことをゆっくりでも自力でできるように「自立支援」につながるケアを再度検討し滞在型の訪問介護の利用に再度移行した事例である。

(2) 緊急入院が原因となった事例

鈴木さくら（仮名・七七歳・要介護2）さんは、低血糖で緊急入院し退院に合わせ病院から二四時間型訪問介護を紹介された。

薬の飲み忘れ、インシュリンの管理ができなくなり、食事がきちんと摂れておらず栄養状態も悪くなっていた。これまでと同じ状況で自宅に退院する事は、低血糖を再び起こす危険が高いと医師から伝えられていた。当初さくらさんの家族はサービス付き高齢者向け住宅への住み替えも考えていたが、できる限り生活の場所を変えないで夫婦二人でこれまで過ごしてきた家で生活してほしいという気持ちもあり、病院の医療ソーシャルワーカーからこの二四時間型訪問介護サービスを勧められ利用に至った。入院前は他の訪問介護事業所を利用していたが、そこでは二四時間型訪問介護を行っていなかったため、「あんしん24中央」に事業所を変更しサービスを開始した。

入院前は、夫が主に薬の確認、食事の促しなど身の回りの事を行ってきたが、夫の言うことはなかなか聞いてもらえず、夫のストレスも強くなっていた。夫の負担を軽減する事も含め、朝は夫が朝食の準備と薬の声かけを行い、昼、ホームヘルパーが血糖値を測定し（今回の退院でインシュリンが中止になったが、一日一回血糖値の測定を指示されている）、昼食の配膳と服薬の確認・後片づけを行い、夕方、ホームヘルパーが夕食の配膳と服薬の確認・後片づけを行う事とした（表11-2参照）。

退院時は痩せてふらつきもあり、夫と二人ではなかなか食事も進まなかったが、ホームヘルパーが食事の準備、声かけを行い、そばに夫以外のホームヘルパーがいることで会話もはずみ、食事をしっかり摂る事ができるようになり体重も戻り、服薬をしっかりする事で動作・状態も安定、血糖値も安定した。以前は夜更かしもあり生活リズムが乱れていたが、今は生活リズムも改善、意欲の向上もみられ、週一回リハビリ目的でデイサービスに通い始めるようになった。

看護師は週一回定期的に訪問し、血糖値の管理、服薬管理、状態の観察を行っており、状態の変化にもいち早く対応する事ができ、ホームヘルパーと連携を随時図る事でホームヘルパーも状態の変化があれば看護師にすぐ報告・相談できる体制だ。

家族、看護師、ホームヘルパーが連携しながら、状態の変化を常時確認しながら、関わる者が同じ目標に向かい、医療との連携がしっかりと図れ、統一した関わりをすることで状態も安定し本人・家族の不安も軽減され、サービス付き高齢者向け住宅に移り住まなくても住み慣れた自宅で生活する事ができている事例である。

表11－2　鈴木さくら（仮名）さんの週間スケジュール

	月曜日	火曜日	水曜日	木曜日	金曜日	土曜日	日曜日
7：00〜8：00	夫が食事の準備 服薬確認	夫が食事の準備 服薬確認	夫が食事の準備 服薬確認	夫が食事の準備 服薬確認	夫が食事の準備 服薬確認	夫が食事の準備 服薬確認	夫が食事の準備 服薬確認
9：00〜11：00	有償ボランティア 家事支援（共有部分の掃除）						
9：30〜10：30			訪問看護（血糖値管理・服薬管理・状態観察）				
11：30〜11：50	定期巡回訪問介護（血糖値測定・配膳服薬の声かけ・後片づけ）	定期巡回訪問介護（血糖値測定・配膳服薬の声かけ・後片づけ）	定期巡回訪問介護（血糖値測定・配膳服薬の声かけ・後片づけ）	定期巡回訪問介護（血糖値測定・配膳服薬の声かけ・後片づけ）	定期巡回訪問介護（血糖値測定・配膳服薬の声かけ・後片づけ）	定期巡回訪問介護（血糖値測定・配膳服薬の声かけ・後片づけ）	定期巡回訪問介護（血糖値測定・配膳服薬の声かけ・後片づけ）
13：30〜14：30				定期巡回訪問介護（入浴）			
13：30〜16：30			通所介護（リハビリ）				
17：00〜17：20	定期巡回訪問介護（配膳・服薬の声かけ後片づけ）	定期巡回訪問介護（配膳・服薬の声かけ後片づけ）	定期巡回訪問介護（配膳・服薬の声かけ後片づけ）	定期巡回訪問介護（配膳・服薬の声かけ後片づけ）	定期巡回訪問介護（配膳・服薬の声かけ後片づけ）	定期巡回訪問介護（配膳・服薬の声かけ後片づけ）	定期巡回訪問介護（配膳・服薬の声かけ後片づけ）

注：昼食・夕食は配食サービスを利用。
出所：表11-1と同じ。

4　二四時間型訪問介護の問題点

前述のように、二四時間型訪問介護の実施による効果は確認できるものの問題点がない訳ではない。以下では、この点について取り上げる。

(1) 事業所にとっては採算の見通しがたたないサービス

二四時間型訪問介護は定額報酬であるため、利用者数をある程度確保できれば固定収入となり採算がとれる事業となる。また介護度によって報酬単価が異なるため、介護度が高ければ高いほど収入は増える。

サービス付き高齢者向け住宅であれば、入居定員を確保することで居住費の収入が見込まれ、さらに二四時間型訪問介護を組み合わせる事で一定の介護保険収入を確保できる。同一建物内であるため、限られた人員配置で対応が可能である。しかし、サービス付き高齢者向け住宅ではない一般の住宅の場合、コールが重なった場合の対応方法を検討し、すぐに駆けつけられるスタッフ体制を二四時間とらなければならない。定期巡回訪問のスタッフ体制と予測のつかない随時コールへの対応と、利用者を待たすことなく派遣できるスタッフ体制の構築が課題となる。また、テレビ電話などの機器にかかる費用、頻回に呼ばれることで移動に要するコスト、人件費コストがかさむことにもなる。

(2) 移動の問題

地域包括ケアシステムは、「概ね三〇分以内の日常生活圏内において、医療・介護のみならず、福祉・生活支援サービスが一定的・連続的かつ適切に相談・利用できる提供体制」を掲げている。利用者の家を施設の居室、道路を廊下にみたてており、家にいながら施設のように二四時間三六五日サービスが受けられるとしている。「あんしん24」の夏期間の移動に要する平均時間は一七分程度であるが、冬期間の移動で道路事情が悪い時などの場合だと最長で五〇分もかかる日もあった。

夏期間はかろうじて三〇分以内を実現できているが、冬期間はそうはいかない。施設の廊下はきれいに掃除され、すべてが居室につながっており居室までの移動には支障はきたさない。しかし一般の道路は違う。信号があり、交通渋滞がある。札幌市は雪が降り、冬期間は車の雪を降ろし、駐車場の除雪など出発までに時間を要する。定期巡回訪問であれば決まった時間の訪問のため、ある程度時間にゆとりを持ち訪問することは可能であるが、随時訪問であれば呼ばれたらすぐに向かわなければならなく時間との勝負である。積雪のある冬期間はコールで呼ばれた際に自宅に到着するまでの時間が予測できず、三〇分以内の訪問は日によっては不可能な状況もあり得る。すぐに来てもらいたいのに、そんなに待たされてはたまったものではない。「トイレに行きたいから来てほしい」「転んで動けなくなったから助けてほしい」などの理由でコールを押しているのに、三〇分以上も待っていられるだろうか?

日中は公共交通機関を利用して利用者宅へ訪問しているホームヘルパーもいるが、夜間、公共交通機関は動いていない。車での移動が必須である（夏であればバイク、自転車の利用も想定できるが、札幌市の場合冬期間は無理である）。また、車を運転できる職員ばかりとは限らない。場合によってはタクシーによる移動も想定しなければならない。車での移動の場合も駐車スペースの問題も大きい。有料駐車場があれば駐車は可能であるが、駐車料金がかかる。警察に駐車許可証を申請しても、駐車許可の基準も厳しく、時間・回数の変更や随時の訪問が多くなれば許可の変更手続きに手間を要するし警察の理解もなかなか得られない。地域事情によっても移動に関する問題は様々である。

サービス付き高齢者向け住宅ではない一般の住宅の場合、移動にかかるコスト、時間などは二四時間型訪問介護には大きな壁である。その点、サービス付き高齢者向け住宅に併設されているのであれば、このような移動に関する問題は生じない。

(3) ケアマネジャーとの連携

二四時間型訪問介護の普及については、介護保険制度の要であるケアマネジャーが重要な役割を担っている。ケアマネジャーの制度に対する理解やアセスメント、マネジメント能力のさらなる向上が求められる。「あんしん24」事業を開始し一年が過ぎたが、利用に関しての問い合わせ、利用者の紹介はごく一部のケアマネジャーからしかない。

実際にこのサービスを利用しているケアマネジャーからは複数の利用者の紹介がある。しかし多くのケアマネジャーは、まだまだこのサービスに対する理解の不足、特徴・効果などのイメージができないのが現状であり、実際に利用したことがないケアマネジャーはサービスの利用には慎重なのであろう。

これまで「軽微な変更」に該当しないサービスの回数、時間変更などは、ケアプラン作成にあたっての一連の業務（サービス担当者会議の開催やケアプランの交付など）を行う必要があった。しかしこの二四時間型訪問介護は、当該居宅サービス計画に位置づけられた定期巡回・随時対応サービスが提供される日時などについては、当該居宅サービス計画の内容及び利用者の心身の状況を踏まえ計画作成責任者が決定することができる。そのため、制度の骨格が示された当初はケアマネジャー軽視の声もあった。しかし、当事業所で定期的に開催している医療・連携推進会議でケアマネジャーの意見を聞くと、ケアマネジャーは細かなサービス調整を仕事とするのではなく、ソーシャルワークに力を入れるべきであり、ケアマネジャー本来の姿との見方もあった。

ケアマネジャーの質の高いケアマネジメントが利用者に提供されることは必要不可欠であり、ケアマネジャーの資質向上と今後のあり方に関する検討会における議論の中間的な整理もされているが、地域包括ケアシステムにおけるケアマネジャーの役割は重要である。

（4）夜間対応型訪問介護事業との関係性

二〇〇六年四月に地域密着型サービスとして夜間対応型訪問介護事業が開始された。筆者らも札幌市内全域で夜間対応型訪問介護を実施している。二四時間型訪問介護と同様、定期的な巡回によるサービスと通報による随時対応のサービスがあり、利用者は「ケアコール端末」で二四時間オペレーションセンターに連絡が取れるようになっている。二四時間型訪問介護との違いは、文字通り看護の視点・サービスがあるか無いかと、日中の定期巡回訪問が複数回で位置づけられているかどうかである（当法人では、夜間対応型訪問介護は「ケアコール端末」、二四時間型訪問介護は「テレビ電話」を使用）。

夜間対応型訪問介護事業を開始して四～五年は、制度が浸透していないことや、夜間の訪問に抵抗がある利用者・家族がまだまだ多く利用者はなかなか増えなかった。しかし、この二四時間型訪問介護がスタートしたことで、二四時間利用できるサービスの選択肢が増え、夜間対応型訪問介護が見直される機会となり利用者が増えた。「二四時間型訪問介護」ではなく、「夜間対応型訪問介護」を選択される理由として、夜間、「ケアコール端末」や「テレビ電話」でオペレーターと連絡がとれることはどちらのサービスも変わりはない。制度を利用する一番の目的である〝安心感〟はどちらのサービスも得られる。しかし、「何かあった時に不安なので二四時間のサービスを利用したい。「ケアコール端末」を設置して何かあった時に来てくれれば良い。定期的にホームヘルパーに来てもらわなくてもまだ大丈夫」との声が多く、必ずしも定期的に一日複数回の訪問介護の利用を必要としていないのが「二四時間型訪問介護」ではなく、「夜間対応型訪問介護」を選択する理由である。

二〇〇六年の夜間対応型訪問介護事業が開始された時よりも、今は在宅重視の風潮が強くなっており、二四時間在宅にいながらサービスを受けられる環境が徐々に根づいてきている。しかし二四時間型訪問介護の「あんしん24」の利用者数も、一年間の実績で四カ所合わせても二〇名に満たない状況である。この制度が夜間対応型訪問介護事業と同様、制度として理解・浸透していくにはしばらく時間がかかるのであろう。二〇二五年に向けての基盤整備とすると丁度良い推移なのかもしれない。

制度の構築に向けて「夜間対応型訪問介護」と「二四時間型訪問介護」の二つの事業のあり方の整理も必要となるであろう。

(5) 利用回数に左右されない包括・定額報酬

二四時間型訪問介護は、要介護者のニーズに適応したものであり、時間・回数の制限がなく必要なサービスを、必要なタイミングでサービスを受けることができる使い勝手の良いサービスである。訪問介護と訪問看護が一体的にまたは密に連携を図りながらサービス提供を行い、看護職による定期的なアセスメント訪問も位置づけられているので、利用者・家族にとっても安心が得られるサービスである。このサービスが適切に提供された場合、在宅生活の限界点を引き上げることにもつながるであろう。しかし、この事業の抱えるマイナス面を考えると舵取りは難しい。

一つは、サービスの利用が一日一回でも三回でも利用料金は変わらないという利用回数に左右されない包括・定額報酬であり、利用回数増がストレートに経費・人件費等のコストの増加につながる事から、事業者によるサービス提供控えが懸念される。過少なサービス提供・抑制に対するペナルティ、あるいは一定程度のサービス提供回数の目安は、サービスの質の確保や保険給付の適正化を図る視点からも必要になってくるものと考えられる。場合によっては、必要なサービスでさえ提供控えされる事も懸念される。事業所としてもモラルが問われるサービスである。ただ、介護保険施設に入所している利用者の場合を考えると、介護度によって利用料金は違うがサービスの必要性、利用回数はばらばらであり、受けるサービスの利用回数によって金額が変わるものではなく、人によって利用回数に違いがあるのは当然であり、一定の目安は必要なのかもしれないが、在宅のサービスだけ一律にサービス回数の目安を示されるのもおかしな話ではある。

一方、滞在型の訪問介護は併用できず、サービス内容・訪問回数・活動時間に制限がないことから、身体介護に限らず、家事を含め日常生活全般を支援していく必要がある。二四時間型訪問介護の基本方針は、「要介護状態となった場合においても、その利用者が尊厳を保持し、可能な限りその居宅において、その有する能力に応じ自立した日常生活を営むことができるよう、定期的な巡回又は随時通報によりその者の居宅を訪問し、入浴、排せつ、食事等の介護、日常生活上の緊急時の対応、その他安心してその居宅において生活を送ることができるようにするための援助を行い、その療養生活を支援し、心身の機能の維持回復を目指すものであること」とされており、「その他安心してその居宅において生活を送ることができるようにするための援助」を行うためには、これまで家事支援で担ってきた買物・掃除なども同時に提供しなければ日常生活が成り立たなくなる。利用者も定額制なのだから、何回でも、何時間利用しても料金が変わらないため、「何でもしてほしい」「何回でも来てほしい」という声が出てくる。ケアマネジャーの適切なアセスメントによるケアプランの内容が重要なのは言うまでもないが、事業所としてこの問題に対応するには、二四時間型訪問介護の中ですべて行うか、家事支援を中心に行うインフォーマルなサービスを導入して行うかのどちらかの方法を選択しなければならない。

5　地域の特性をふまえた地域包括ケアシステムの構築

サービス付き高齢者向け住宅と一般の住宅とでは、根本的にこの制度の考え方を変えていく必要がある。厚生労働省の狙いは、サービス付き高齢者向け住宅に医療・介護サービスを組み合わせ、医療が必要になっても、要介護度が高くなっても、住み慣れた地域・在宅で生活できる環境づくりにある。国土交通省と厚生労働省の共管の制度として高齢者の居住の安定確保に関する法律が改正され「サービス付高齢者住宅制度」が創設、サービス付き高齢者向け住宅と二四時間型訪問介護を組み合わせた仕組みの普及促進が図られている。サービス付き高齢者向け住宅のように高齢者に適した住宅が整備され、住み慣れた地域で安心して暮らすことができる地域包括ケアシステムが構築され、二四時間型訪問介護をうまく活用すれば限りなく在宅生活の限界点を引き上げることができるであろう。

ただ、本当に住み慣れた地域で、サービス付き高齢者向け住宅に住み替えることなく今まで暮らしてきた自分の家で一生涯を送りたいと願った時に、今の形の二四時間型訪問介護でどこまで在宅生活の限界点を引き上げることができるのであろうか。

事業所としてもサービス付き高齢者向け住宅と一体的に二四時間型訪問介護を展開していくのか、

一般の住宅・地域で展開していくのかで、サービスの効率性、収益等事業運営面すべての面で大きく違ってくる。サービス付き高齢者向け住宅で一体的に二四時間型訪問介護を展開していない筆者らとしては、交通事情、降雪地域、人口が密集していない地域などで活動しているため、地域性・移動の問題があり、このサービスのあり方、仕組みに限界を感じている。二四時間型訪問介護がサービス付き高齢者向け住宅ではない一般の住宅でも十分に機能が発揮でき、地域に根づく良いサービスとなるかどうかは、地域事情をしっかり捉え、柔軟なサービス体制が確保でき、サービス付き高齢者向け住宅と一般の住宅との違いを明確にしたサービス設計が必要である。そして何よりも、保険者が計画的に事業計画・展開を図っていく事が大切であり、成功のカギは、保険者とサービス事業者・地域が一体的に地域包括ケアシステムに取り組めるかにかかっている。

先駆的に地域包括ケアをモデル的に取り組んでいる市区町村もある一方、私見によると、「あんしん24中央」が事業を行っている札幌市中央区は札幌市都心部でマンションが多く高齢化も進んでいるにもかかわらず、まだまだ対応が不十分であるといえる。高齢者が現在の住居を住み替えないで、そこに居住しつつ二四時間複合的にサービスが受けられるようにしていく体制が、ようやく整えられつつあるのが現状である。今後さらに、この体制の確立を進めていくためにも住民・管理組合・町内会が、地域が積極的に保険者と意見交換をし、サービス（事業所）を呼び込む・サービスを生み出していく取り組みが必要であると考える。

今、グルメ（食）・ソング（歌）・キャラクター・アイドルなどのさまざまな分野で〝ご当地〟ブームであるが、福祉の分野でも地域オリジナルの地域で育て発信していける、いわば「ご当地包括ケアシステム」を構築できるかどうかにかかっているのではないだろうか。

参考文献

「定期巡回・随時対応サービスの概要」厚生労働省ホームページ（二〇一三年九月三〇日アクセス）。

三菱ＵＦＪリサーチ＆コンサルティング（二〇一三）「持続可能な介護保険制度及び地域包括ケアシステムのあり方に関する調査研究事業報告書――〈地域包括ケア研究会〉地域包括ケアシステムの構築における今後の検討のための論点」平成二四年度厚生労働省老人保健事業推進費等補助会（老人保健増進等事業令）。

社保審介護給付費分科会（二〇一一）第七六回資料１「高齢者の住まいについて」。

第12章　介護保険外サービスとの差別化

前田和世

1　消費者の心理

一般に、ホームヘルパーによるサービスは、介護保険制度が利用できるため一割負担で済むと考えられている。そのため、モラルハザードといわれる問題点が指摘される。「掃除」「買い物」など、本当に介護保険制度を利用するサービスなのか？「家政婦代行」的に利用されていないか？　高齢者は、安く利用できるからホームヘルパーを利用しているのであって、保険が効かなければ利用しなくなるといった議論も少なくないであろう。

一方、介護保険制度は、自費によるサービスとの組み合わせも可能となっており、「混合介護」といわれるように、保険内サービスと保険外サービスの組み合わせも可能である。たとえば、通院介助は保険内サービスにして、院内の介助は自費によるサービスも可能なのである。その意味では、実はホームヘルパーによるサービスは、必ずしも介護保険内とは限らない。

表12－1　介護保険制度で利用できるサービス

◎地域密着型サービス ○定期巡回・随時対応型訪問介護看護 ○夜間対応型訪問介護 ○認知症対応型通所介護 ○小規模多機能型居宅介護 ○認知症対応型共同生活介護（グループホーム） ○地域密着型特定施設入居者生活介護 ○地域密着型介護老人福祉施設入所者生活介護 ○複合型サービス	◎居宅サービス 【訪問サービス】 ○訪問介護（ホームヘルプサービス） ○訪問入浴介護 ○訪問看護 ○訪問リハビリテーション ○居宅療養管理指導 【通所サービス】 ○通所介護（デイサービス） ○通所リハビリテーション 【短期入所サービス】 ○短期入所生活介護（ショートステイ） ○短期入所療養介護 ○特定施設入居者生活介護 ○特定福祉用具販売 ○福祉用具貸与 ◎居宅介護支援 ◎施設サービス ○介護老人福祉施設 ○介護老人保健施設 ○介護療養型医療施設	介護給付を行うサービス
◎地域密着型介護予防サービス ○介護予防認知症対応型通所介護 ○介護予防小規模多機能型居宅介護 ○介護予防認知症対応型共同生活介護（グループホーム） ◎介護予防支援	◎介護予防サービス 【訪問サービス】 ○介護予防訪問介護（ホームヘルプサービス） ○介護予防訪問入浴介護 ○介護予防訪問看護 ○介護予防訪問リハビリテーション ○介護予防居宅療養管理指導 【通所サービス】 ○介護予防通所介護（デイサービス） ○介護予防通所リハビリテーション 【短期入所サービス】 ○介護予防短期入所生活介護（ショートステイ） ○介護予防短期入所療養介護 ○介護予防特定施設入居者生活介護 ○特定介護予防福祉用具販売 ○介護予防福祉用具貸与	予防給付を行うサービス
市町村が指定・監督を行うサービス	都道府県・政令市・中核市が指定・監督を行うサービス	

出所：「介護保険制度の概要　1．介護保険とは」（厚生労働省ホームページ，2013年８月20日アクセス）。

(1) 利用者は消費者

一般に商業界では「消費者はわがままだ」と言われている。自らが稼いだお金を使って物やサービスを購入するのだからそれは当然のことなのだが、介護業界の人間にとってはその認識が低い。特に介護保険が適用されるサービスについては、利用料の九割を国が負担してくれることもあり、消費者・供給者ともに「自らお金を出してサービスを買う」というより、国の福祉制度を利用しているという考え方が一般的であるように思う。

一方で、消費者の選択により自ら一割の負担金を支払って、サービスを買っているという認識が高まりつつあることも事実である。現に、「サービスがよくないから」という理由でサービス事業者や担当者を変更希望する利用者が昔に比べて増えてきているように思う。「介護サービス＝サービス業」という考え方に基づき、介護サービス自体の質はもとより、接客・接遇の良し悪し、説明責任、法令遵守など、サービスを購入する消費者として当然に求めるものが介護サービス事業者に求められることが多くなってきている。

支援者としては、それらの消費者心理を理解し、利用者が満足できるサービスの提供を行っていくことが求められており、従来のように「介護する人が来てくれる」というだけのサービスでは生き残っていけなくなってきている。「利用者」ではなく「お客様」という認識をもって、介護サービスを買っていただく努力をしていかなければならなくなっている。

(2) 全額自費サービスの重要性

介護保険を利用している人にとって、全額自費によるサービスには二種類ある。一つは、介護保険適用範囲内のサービスであっても支給限度額をオーバーしてしまった場合である。特に、要介護3以上のいわゆる重介護が必要な人にとって、現状の支給限度額では十分なサービスが受けられない場合も多くある。たとえば、排泄に介助が必要な場合、排泄の都度ホームヘルパーなどによる介護サービスを利用すると、最低でも一回一七〇単位のサービスを使う必要がある。少なくとも一日七～八回程度の排泄が必要だと仮定した場合、一七〇単位×七回×三〇日＝三万六八九〇単位である。

介護保険制度では、早朝や夜間は別途加算が付くため、実際にはそれ以上の単位数が必要となる。これは、要介護5の人ですら容易に支給限度額をオーバーする単位である。一人暮らし高齢者、高齢世帯など、家族による支援が見込めない場合、排泄の介助だけでも支給限度額だけでは足りないのである。その場合、利用回数を減らすなどの検討が行われることが多いが、利用者の選択により全額自費でのサービスを利用することもできる。これは、生活援助のサービスについても同様で、毎日掃除をしたい、買い物をしたい、洗濯をしたいなど、利用者によってさまざまなニーズがあるが、介護保険で一般的に認められる掃除、買い物、洗濯などはせいぜい週に二～三回程度である。どうしても毎日掃除、買い物、洗濯のサービスを利用したい場合には、全額自己負担のサービスを織り交ぜながらニーズを満たしていく。

もう一つの自費サービスは、介護保険にとらわれない自由契約のサービスである。これは、そもそも内容が介護保険適用範囲外のサービスであり、たとえば配食サービスなどが代表的なものである。また、病院内での介助などは医療保険との重複支給が認められていないため、ホームヘルパーによるサービスであっても全額自己負担となる。もちろんこれらの自費サービスについては、利用者の選択により自由に事業者を選び契約、利用することができる。もちろん、自己負担額が大きいため、利用できるがどうかは、利用者および家族などの経済的な事情が大きく関係してくるのだが、高齢者が自立した、自身が望む生活を送るために、これら自費サービスが重要な役割を果たすことが多い。

(3) 自費サービスの役割

それでは、自費サービスは、高齢者の生活にどのようなメリットを生み出すのか。住み慣れた自宅で心身ともに健康的に楽しく生活していくためには、自身の望む充実した日々を送ることが必要である。介護保険サービスは、生活を成り立たせるために必要不可欠なサービスではあっても、十分なサービスとはいえない場合もある。特に生活援助については、将来的に給付削減の対象となる可能性を秘めていることもあり、今後高齢者の生活を快適に保っていくには自費サービスが欠かせなくなってくると思われる。

たとえば、家族のために家中の掃除を日課としていた主婦が、高齢になっても家族のために家中を掃除したいと思った場合、現在の介護保険では同居家族のための家事は認められていない。そのような場合、自費サービスを利用して心置きなく家族のために家の掃除を依頼することができる。また、一般の家庭で年中行事として行うような、大掃除、おせち料理づくりなども介護保険では日常生活の範囲を超えるとされているため、自費サービスとして利用することとなる。他の例としては、病院内でのサービスが上げられる。病院では医療保険利用中となるため、介護保険との併用ができない。院内での介助や入院中の洗濯などは自費でのサービスを利用する必要がある。

人は、育った環境、地域、時代によって、さまざまな価値観を持っている。自費サービスにはそれらの欲求を満たす役割がある。介護保険ではまかなえないがどうしても譲れない欲求を満たすために、自身の選択により自由に利用することができるのが自費サービスなのである。それは、個人の生活の質を高めて生きがいを持たせたり、いつまでも元気でいたいという意欲を引き出すためにも必要なサービスである。自費サービスの中には、話し相手など目には見えないサービスを提供するものも多くあり、一人暮らしの高齢者や大切な人を失った喪失感を埋めるために大きな意義を持つものもある。そのようなサービスも含めて、高齢者の生活を支えるための自費サービスの役割は大きく、これからさらに期待されるところである。

2　支援者の役割

自費サービスを利用するには当然お金がかかるため、経済事情も大きく関わってくるのだが、それは一般の商業界では当然のことであると割り切る必要もあると考える。前述したが、モノやサービスの質とその対価としての支払のバランスは、利用（購入）する本人が決めることであり、他人が口を出す部分ではないのである。

それらを踏まえて、周囲の支援者は高齢者に対してどのような支援をしていくべきか。家族やケアマネジャーをはじめ、高齢者の周囲には多くの支援者がいるが、それらの人間は「支援」をする人であり、主役にはなりえない。あくまで高齢者自身が主役であり、本人の意向、希望をかなえることが支援者の役割である。そう考えると、支援者は高齢者自身が自分の生活の質を向上させるための選択をすることができるように、情報の提供をしていくことが最も重要な役割であるといえる。「お金がかかるから提案しない」「サービスは介護保険の中でおさめるために本人に我慢してもらう」といった考え方は間違っていると筆者は考えている。

最終的に選択するかしないかにかかわらず、利用できるサービスや本人の希望をかなえるに値するサービスについては、提案すべきであり、情報提供を行っていくべきであると考えている。

（1）介護保険適用サービス

日本の介護保険法において、以下の目的が定義されている。

この法律は、加齢に伴って生ずる心身の変化に起因する疾病等により要介護状態となり、入浴、排せつ、食事等の介護、機能訓練並びに看護及び療養上の管理その他の医療を要する者等について、これらの者がその有する能力に応じ自立した日常生活を営むことができるよう、必要な保健医療サービス及び福祉サービスに係る給付を行うため、国民の共同連帯の理念に基づき介護保険制度を設け、その行う保険給付等に関して必要な事項を定め、もって国民の保健医療の向上及び福祉の増進を図ることを目的とする。

この目的の意図するところは、国民全員の負担によって高齢者の生活に必要な最低限のサービスを公平に提供するということで、あくまで日常生活に不可欠な支援を行うということである。しかし、消費者である利用者の中には、介護保険サービスの内容だけではこれまで続けてきた自身の生活を維持できない人も多くいると思われる。掃除を毎日二時間行ってきた人もいれば、毎日何品ものおかずを作って食べてきた人もいるのである。しかし、毎日掃除を二時間行うことや、調理に何時間もかけることは一般的ではないと判断されることが多い。利用者の要望を満たすために、介護保険でのサービスだけでは十分でないことも多いのである。前述のように、現在の日本では、公的介護保険により高齢者の自立した生活を支える制度が整備されているが、その中でまかなえるサービスとそうでないサービスがある。

第四章でも触れられているが、現在多くの人が利用している在宅サービスの「訪問介護サービス」として介護保険が利用できる家事援助の範囲や項目は、表12-2に示すとおりである。これら、介護保険サービスは、公的制度であり、日常生活に不可欠な介護（家事的な援助を含む）を提供することが

表12－2　訪問介護におけるサービス行為ごとの区分等について

2　家事援助 家事援助とは，身体介護以外の訪問介護であって，掃除，洗濯，調理などの日常生活の援助（そのために必要な一連の行為を含む）であり，利用者が単身，家族が障害・疾病などのため，本人や家族が家事を行うことが困難な場合に行われるものをいう。（家事援助は，本人の代行的なサービスとして位置づけることができ，仮に，介護等を要する状態が解消されたとしたならば，本人が自身で行うことが基本となる行為であるということができる。） ※　次のような行為は家事援助の内容に含まれないものであるので留意すること。 　⑴　商品の販売・農作業等生業の援助的な行為 　⑵　直接，本人の日常生活の援助に属しないと判断される行為 2－0　サービス準備等 サービス準備は，家事援助サービスを提供する際の事前準備等として行う行為であり，状況に応じて以下のようなサービスを行うものである。 　2－0－1　健康チェック 　　利用者の安否確認，顔色等のチェック 　2－0－2　環境整備 　　換気，室温・日あたりの調整等 　2－0－3　相談援助，情報収集・提供 　2－0－4　サービスの提供後の記録等 2－1　掃除 　　○居室内やトイレ，卓上等の清掃　○ゴミ出し　○準備・後片づけ 2－2　洗濯 　　○洗濯機または手洗いによる洗濯　○洗濯物の乾燥（物干し）　○洗濯物の取り入れと収納　○アイロンがけ 2－3　ベッドメイク 　　○利用者不在のベッドでのシーツ交換，布団カバーの交換等 2－4　衣類の整理・被服の補修 　　○衣類の整理（夏・冬物等の入れ替え等）　○被服の補修（ボタン付け，破れの補修等） 2－5　一般的な調理，配下膳 　　○配膳，後片づけのみ　○一般的な調理 2－6　買い物・薬の受け取り 　　○日常品等の買い物（内容の確認，品物・釣り銭の確認を含む）　○薬の受け取り

出所：老計第10号（平成12年３月17日）。

目的であるため、一般的に日常生活に必要がないと判断されるサービスについては介護保険適用のサービスとして利用することはできない。そのため、介護保険適用とならないサービスを利用したい場合には、自己負担によるサービスを利用するかどうかを利用者自身が選択、決定することとなる。

(2) 介護保険適用外サービス

では、介護保険適用外となるサービスについて、消費者である利用者はどんなサービスを利用できるのだろうか。その前に、そもそも「介護保険適用外サービス」とは何か？　を考えてみたい。

高齢者に限らず、私たちは日常生活を行う上で、さまざまなモノ・サービスを利用している。利用に当たっては、衣食住をはじめ、趣味・趣向など、充実した生活を送るために、自ら選択した「欲しいモノ」「使いたいサービス」に対して多くは対価を支払い「購入」しているのである。そこには、個々人の価値観が大きく関係しており、購入するかどうかは個人の判断により決定される。要するに、私たちが日常的に行なっている買い物と同じ考え方である。

見方を変えると、一人の高齢者を支援していくにあたり必要となるモノやサービスの中の一部が介護保険を利用したサービスとして一割負担で購入することができるということであり、その他の必要なモノやサービスは本人または家族の判断によりそれぞれの予算に合わせて購入されているにすぎないということである。支援者は、つい高齢者向けのサービスは介護保険が中心と考えがちである。確かに多くの要介護高齢者は介護保険を利用しているが、実は、高齢者をとりまくモノやサービスの大部分は「介護保険適用外サービス」であり、個人が自由に選択し、購入するべきものであるといえる。

(3)「サービス」という言葉の認識

介護従事者の多くは、利用者に対して提供されている身体介護や生活援助などの支援を「介護サービス」や単に「サービス」と呼んでいることが少なくない。果たして、ここで使用されている「サービス」という呼称は、実態に沿っているのだろうか？『大辞泉』によるとサービス（service）は、次のように定義されている。

一、人のために力を尽くすこと。奉仕。「休日は家族に―する」
二、商売で、客をもてなすこと。また、顧客のためになされる種々の奉仕。「―のよい店」「アフター―」
三、商売で、値引きしたり、おまけをつけたりすること。「買ってくだされば―しますよ」
四、運輸・通信・商業など、物質的財貨を生産する過程以外で機能する労働。用役。役務。

一般的に、介護サービスに携わっていない人たちからすると、前述の内容を「サービス」と認識しているのではないだろうか。そう考えると、介護現場で使われている「サービス」という言葉と、消費者である利用者や家族が認識している「サービス」という言葉には少しズレがあるように思う。本来「サービス」という言葉には商売という概念の中で「消費者⇕供給者」という関係が発生する。しかし介護サービスにおいては、介護保険制度導入より前の「措置制度」の概念である「行政の決定により施されるサービス」という認識が根強く残っているように思う。介護保険制度が始まって、すでに一〇年以上が経過し、消費者が自ら買いたい（使いたい）サービスを選択することが一般的になってきつつある今、本来の意味である「サービス」を我々介護事業者が提供することが求められている。

(4) 利用者による選択

では、利用者の要望するサービスが介護保険適用外となってしまった場合、その人はどのように生活を維持していけばいいのだろうか。お客様自身が我慢をしなければならないのか、通常介護保険適用のサービスとして提供できないサービスを介護事業者が行わざるを得ないのか、多くの人が悩んでいる問題かもしれない。しかし、「サービスを買う」という概念を思い出すと、この問題を解決することができる。

そのために、まず考えていただきたいことがある。私たちが日常生活を営む中で、次のようなことはないだろうか。

・歯医者に行き「保険がきく銀のかぶせものと、保険はきかないが白くて見た目に目立たないセラミックのかぶせものどちらがいいですか？」と聞かれ、目立たないセラミックを選択しようと思ったが、自己負担が大きいので、結局保険のきく銀のかぶせものにした。
・休みの日にバーゲンに行った。とても気に入ったシャツがあり購入したかったが、所持金（または買い物の予算）が不足していたためあきらめた。
・髪を切りに行こうと思い美容室を選ぶ際に、安いがあまり上手ではない店と高いが腕もよく接客も素晴らしい店のどちらか迷い、結果高い方の店を選択した。

これらの事例は、どんな人にでも日常的に起こることである。私たちは、その都度予算と質のバランスを考えながら自ら選択して物やサービスを購入しているのである。

介護サービスも同様で、利用者の望む生活像を成り立たせるために介護保険サービスだけでは不足する場合、利用者自身がどうするかを選択、決定していく必要がある。また、介護サービスの充実により、その選択肢が広がりつつある。

3　公的サービスと私的サービス

介護保険制度は公的サービスと私的サービスの組み合わせを許している制度であり、生活を支えるシステムとしては、必ずしも間違いではない。しかし、どうしても利用者（消費者）の心理から考えると、類似したサービスであれば、自己負担が安いサービスを利用したがる。しかも、それが負担能力のある中高所得高齢者であっても，「保険が使えるなら，保険料も払っているのだから利用しよう」という心境になることは自然かもしれない。

しかも，家政婦が担う家事援助と，ホムヘルパーが担う生活援助の違いを，利用者（高齢者）が，理解することは難しい。しかも，ボランティアによるインフォーマルサービスも含めれば，高齢者の生活を支えるためのサービスには様々な種類が存在する。その中で，「これは介護保険が適用されるサービス」「これは介護保険が適用されないサービス」と明確に区分することは高齢者でなくても難しい。

その意味では，これらの差異をサービス提供責任者やケアマネジャーが的確に利用者に説明し，保険内サービスと保険外サービスの組み合わせを説明できる技能・能力を備える必要がある。

また，介護保険内サービスによるホームヘルパー利用を促進することは重要であるが，それらを運用・提供していく技能に課題がある場合が多いのが現状だともいえる。これらの問題を解決しなければ，利用者は安易に安いサービスを使い続けることになり，モラルハザードは解消されないのではないだろうか。

第13章　生活援助は自立生活の生命線
――現場の声から

植本眞砂子

1　親の介護を担って

筆者の母親は、一九二六年生まれ（八八歳）である。八年前に股関節の手術をして、人工股関節を入れている。手術後退院までにケアマネジャーと相談をし、介護保険を利用して上がり框、廊下やトイレに手すりの設置工事をした。退院後は、「要支援２」の介護認定を受け、週に二回デイケアサービスに通い施設内の小さなプールで水中ウォーキングもしていた。当時東京に単身赴任していた筆者は、介護保険を活用しての母親の状況に安堵したものである。

そして、今では、デイサービスセンターの古参の利用者となっている。日常生活は、自分である程度はできるが、「手押し車」が無いと歩けない（二〜三ｍは杖でも歩ける）。掃除・食事づくりの生活援助サービスを受けていたが、当該自治体の認定が厳しくなったのか、さほど状態が変わっていないのに「要支援１」に変更された。母親は担当医に訴えて、意見書（診断書）を再度書いていただき、再認定（区分変更申請）を受けて「要支援2」のままになった。その後、同居している妹（遠方に通勤しているため七時前に家を出て、夜一〇時ごろに帰宅する毎日で、母親は日中一人暮らし）が多忙となり、サービス内容（ケアプラン）が変更された。また、二〇一一年に腰椎の圧迫骨折で三カ月身動きできない状態であった際には、毎日昼食は宅配サービスを利用した。

今は、介護保険のデイケアサービスと、訪問介護サービスを利用し、掃除などの身の周りの支援、併せて通院介助においては介護保険サービスと自費サービスを併用して生活している。なお、デイサービスの利用の際は、母親自らが仲間である認知症高齢者の食事介助などの、お世話を生き甲斐にしている。しかし、母親は、デイサービスの介護職員が頻繁にやめていくのは、仕事がきついのに給料が安いからと、労働実態に思いを寄せている。また、訪問介護に来るホームヘルパーとの会話も然り、生活援助サービスを受けている母親は、介護保険サービスがなければ、在宅での生活はできないという。そのため、筆者は、これらサービスによって母親の心身の「老化」を防いでいると実感している。

2 「介護保険制度の〝生活援助〟に関するアンケート調査」の実施

(1) 調査の目的

「生活援助を受けています。このサービスが無くなったら大変なことになります。重度化防止のために、今あるサービスの継続をお願いします」などといった切実な声や介護保険制度への要望・提案を前にして、筆者らは問題意識を抱いている。特に、二〇一二年四月の介護報酬改正によって大幅にサービス時間の抑制がなされており、今後もさらなるサービスカットが予測される。そのため、筆者が所属する「高齢社会をよくする女性の会・大阪」[1]では、創立二〇周年を期に二〇一三年五月〜七月にアンケート調査を実施した。その内容は「介護保険制度の〝生活援助〟に関するアンケート調査」で、四〇五一人に手渡しや郵送で配布し二二三二人から回答を得た（回収率五五％）。また、自由筆記欄にも多くの意見が寄せられた。

（2）調査実行委員会の発足

そもそも、介護保険における主に要介護者を対象とした「生活援助サービス」は、制度発足当初は「家事援助」と称され、利用者個々人の状態に合わせて生活支援を行う専門職であるにもかかわらず、主婦労働（アンペイドワーク）的業務であると評価されてきた。そのため、身体介護と介護報酬の面で約二倍の差が設けられた。しかし、介護労働者の声や筆者たちのような利用者サイドの影響もあり、制度発足時の家事援助から生活援助となり、多少、その差は縮小されたが、依然として格差は持続されている。生活援助サービスの軽視といった声が根強く、結果的にホームヘルパーの労働価値を正当に評価しないという見方に繋がっている。

これまで介護報酬改定に関する厚生労働省の審議会などでは、介護者への生活援助サービスの縮小や介護保険からの除外などが審議された。そして、生活援助サービスは、二〇〇六年の報酬改定でサービス時間が二時間から一時間半に縮小し、二〇一二年の見直しでは四五分もしくは七〇分にさらに縮小された。特に、生活援助サービスは、要支援、要介護1・2の利用者が中心であり、見直し議論は軽度者へのサービス提供を削減していく方向になっている。このような状況を受けて、生活援助サービスが介護保険導入からどのような役割を果たしてきたのか？　生活援助サービスの介護保険内の位置づけは、高齢者が、人間としての尊厳を保たれるサービスなのか？　それを支える介護従事者の実態はどうか？　という視点で、「生活援助」を中心にアンケート調査を実施することになった。

筆者らはこのようなアンケート調査によって、介護の受け手、担い手双方の利用実態と要望などを明らかにすることができる。特に、生活援助サービスを専門性の薄いものとして評価されてきたことに対し、高齢者の尊厳を守る支援であることを明確にできるのではないかと考えた。これまでも当会は一〇年前に「ホームヘルプサービス利用者調査」「ホームヘルパー就労実態調査」といった利用者と介護従事者への調査を行っており、社会状況や介護現場の実態とその問題点を把握し政策提言に結び付けてきた。そして今回も、介護労働への評価を上げ、介護保険サービスへの信頼度を上げていくことに資するのではないかと考え、アンケート調査実行委員会を発足させた。

なお、調査にあたっては「大阪市市民活動推進助成事業等補助金（大阪市男女共同参画施策推進基金助成事業）」を受けることができ、調査費用の一部をまかなうことができた。

(3) 調査票について

当事者の声をよりきめ細かく集約する必要があるということになり、①利用者（要介護認定者〔介護保険の要支援や要介護などの認定を受けている人〕）、②介護経験者（介護を経験している人・したことのある人：介護保険制度導入以前を含む）、③介護保険被保険者（四〇歳以上の介護保険被保険者で介護した、介護された経験のない人）の三つの対象に分ける事とした。そして、④介護従事者（介護保険制度のもとで働いている介護サービス従事者）の計四つの対象分野で調査とすることとした。

なお、一五〇人の会員の協力とともに「認知症の人と家族の会」「介護者家族の会」や労働組合の「退職者会」「市民生協」、「地域包括支援センター」「介護施設」「介護事業所」などに郵送・訪問配布し協力をいただいた。

調査時期は、二〇一三年五月〜七月にかけてであり、①要介護認定者用七八三枚、②介護経験者用七六〇枚、③介護保険被保険者用一二六一枚、④介護従事者用一二四七枚、合計四〇五一枚配布。そして、回収枚数は、①要介護認定者用三四七枚、②介護経験者用三九一枚、③介護保険被保険者用八四六枚、④介護従事者用六四八枚、合計二二三二枚で、回収率は既述のように五五％だった。

(4) 回答者の内訳

回答者で五〇代が一五・九％と最も多く、次いで六五〜六九歳が一四・六％、四〇代・六〇〜六四歳・七〇〜七四歳がほぼ同数（一二・五％）、次いで八〇代が一一・八％、九〇歳以上の六六人と合わせると八〇代以上が一四・八％なり、五〇代に次ぐ層となる。

この調査の特徴として、通常は年齢の設問は八〇代以上というくくりが多いが、④介護従事者以外は、九〇代以上を設けた。結果、七五～七九歳一八二人、八〇代二六三人、九〇歳以上六六人と「後期高齢者」が二三・〇％となり、「高齢社会」の当事者を映し出す回答数となった（日本の二〇一二年人口推計では六五歳以上二四・一％、七五歳以上一一・九％）。なお、性別は、女性が七四・七％と圧倒的だった。具体的な項目では、①要介護認定者（三四七人）の六割が八〇歳以上で、一六％が九〇歳以上だった。男女比は、男性三二：女性六七。「一人暮らし」が四七・六％で、「配偶者」と住んでいる人は三一・七％であり、八割が一人暮らしまたは夫婦二人世帯であった。回答者の介護認定度合は、軽度者が多く、その九割が介護保険サービスを利用している。利用しているサービスは、訪問介護、通所介護、福祉用具利用の順であった。

②介護経験者（三九一人）は、五〇代から七四歳までに集中しているが、八〇代も約一割おり、女性が約八割だった。介護対象者は、圧倒的に父母が多く五割、次いで義父・母親、配偶者で、その内同居が六割を占める。在宅介護経験期間は五・七年で、七六％が介護保険サービスを利用している。

③介護保険被保険者（八四六人）では、四〇代から八〇代まで、ほぼまんべんなく分布しており、七割が女性だった。六四・五％が配偶者と同居しており、三〇・六％が単身の子どもと同居で、一人暮らしが一九・一％と続く（複数選択のため一〇〇％を超える）。働いている人と働いていない人は半々で、働いている人の内、正規と非正規が半々であった。

④介護従事者（六四八人）については、四〇代、五〇代、六〇代がほぼ同数で各々二一～二五％、次いで三〇代が多く一六・二％だった。また八三％が女性だった。職種はホームヘルパー、介護職員（入所施設など）、ケアマネジャー、サービス提供責任者、介護職員（通所施設など）と続く。介護従事経験は、一〇年～一五年が三三％で平均年数は八・七年で、四五％が正規職員で、非正規（パート）が二一％、登録ヘルパーが二〇・二％であった。

3　アンケート結果の概要

生活援助については、四つの対象者すべてに同じ設問を実施し、意見に差があるかどうかを分析した。その結果は、以下の通りである。

(1) 介護度によらないサービスの提供を求める

「介護保険料を支払っているので、介護度の重い・軽いを問わず、必要なサービスは提供されるのがよい」という意見は、「そう思う」が六八・三％、「そう思わない」は一〇・二％、「どちらとも言えない」が一五・七％となり、介護保険サービスへの期待がうかがえる。

調査対象者ごとにみると、「そう思う」と答えた人が①要介護認定者と②介護経験者が共に七〇％を超え、③介護保険被保険者六九％、④介護従事者は六一％であった（図13-1）。

図13－1　介護保険料を支払っているので，介護度の重い軽いを問わず必要なサービスは提供されるのが良い。

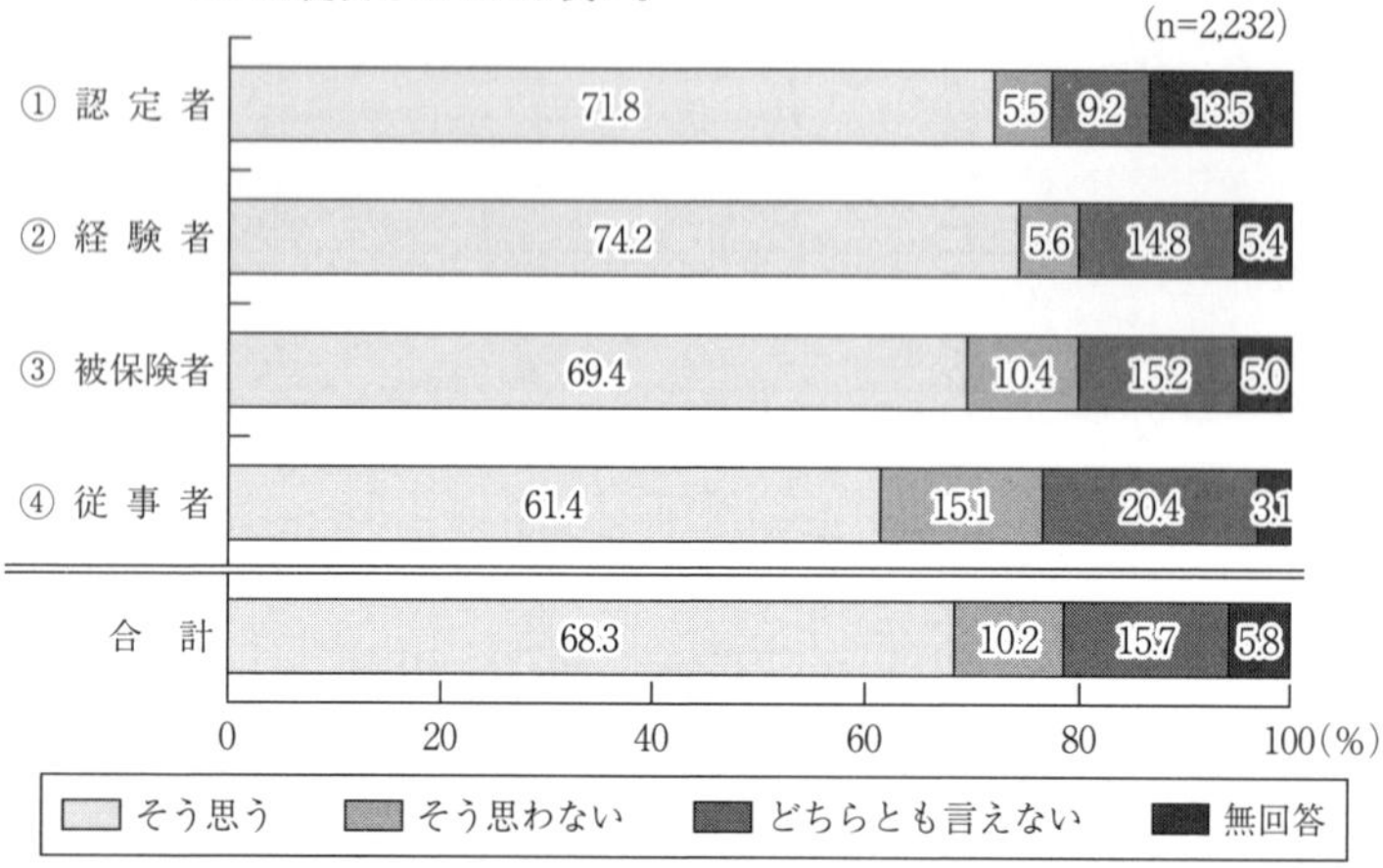

出所：高齢社会をよくする女性の会・大阪（2014）。

図13－2　生活援助は要介護状態の重度化を防ぎ，日常生活の継続が可能になっている人が多いから介護保険で供給するのがよい。

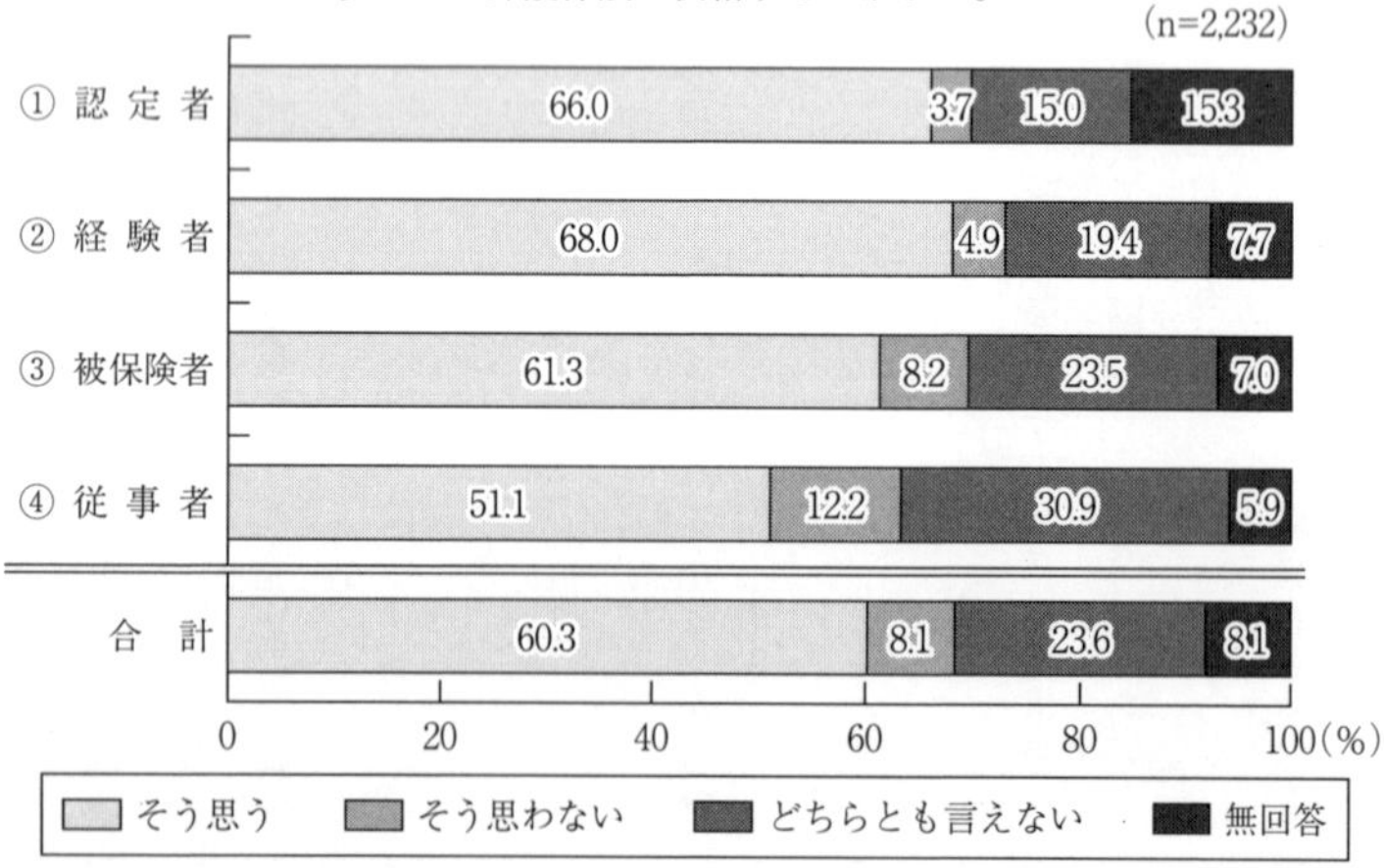

出所：図13-1と同じ。

（2）生活援助サービスは介護保険で

「生活援助は要介護状態の重度化を防ぎ、日常生活の継続が可能になっている人が多いから介護保険で供給するのがよい」に対しては、「そう思う」が六〇・三％、「そう思わない」が八・一％、「どちらとも言えない」が二三・六％と介護保険への期待が高いものの、どちらとも言えないが約四分の一あった。

調査対象者ごとにみると、「そう思う」が調査対象①～④とも六〇％台で最も多く、②介護経験者が六八％で最大であった。ただし、④介護従事者の三割は「どちらとも言えない」としており、介護経験者との意識の差がうかがえる（図13-2）。

（3）訪問介護サービスは、身体介護と生活援助の一体化で

「訪問介護サービスは、身体介護と生活援助を一体として考える方がよい」においては、「そう思う」が四九・〇％と約半数で、「そう思わない」が二〇・一％、「どちらとも言えない」が二三・四％となっている。

調査対象者ごとにみると、②介護経験者（六四％）、③介護保険被保険者（五五％）、①要介護認定者（四二％）、④介護従事者（三六％）と差がある。特に、④介護従事者については、「そう思う」が一番多いものの、「そう思わない」（三〇％）、「どちらとも言えない」（二九％）と拮抗している（図13-3）。

図13-3　訪問介護のサービスは，身体介護と生活援助を一体として考える方がよい。

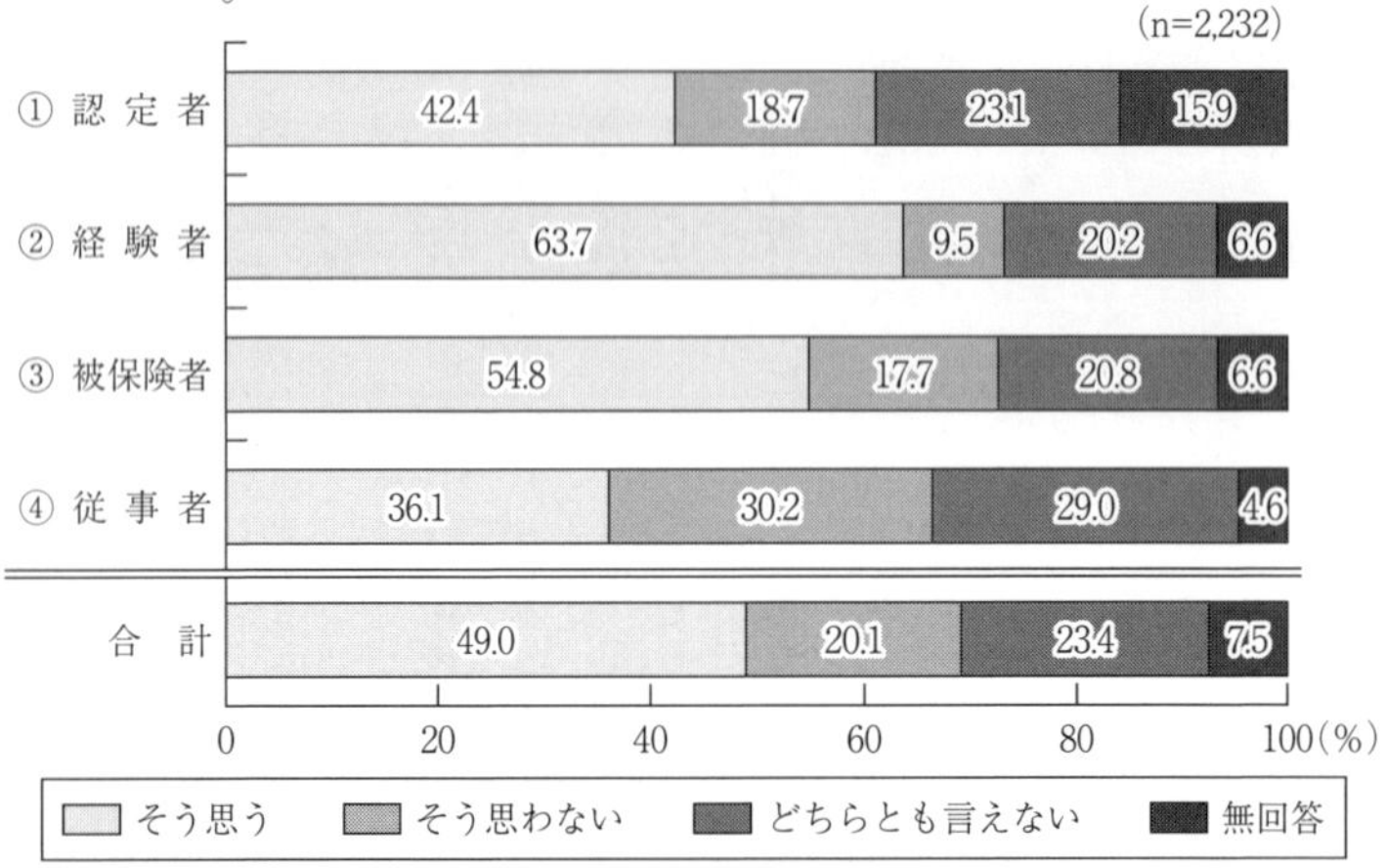

出所：図13-1と同じ。

図13-4　軽度者への生活援助は介護保険ではなく，市町村独自のサービスを利用するのがよい。

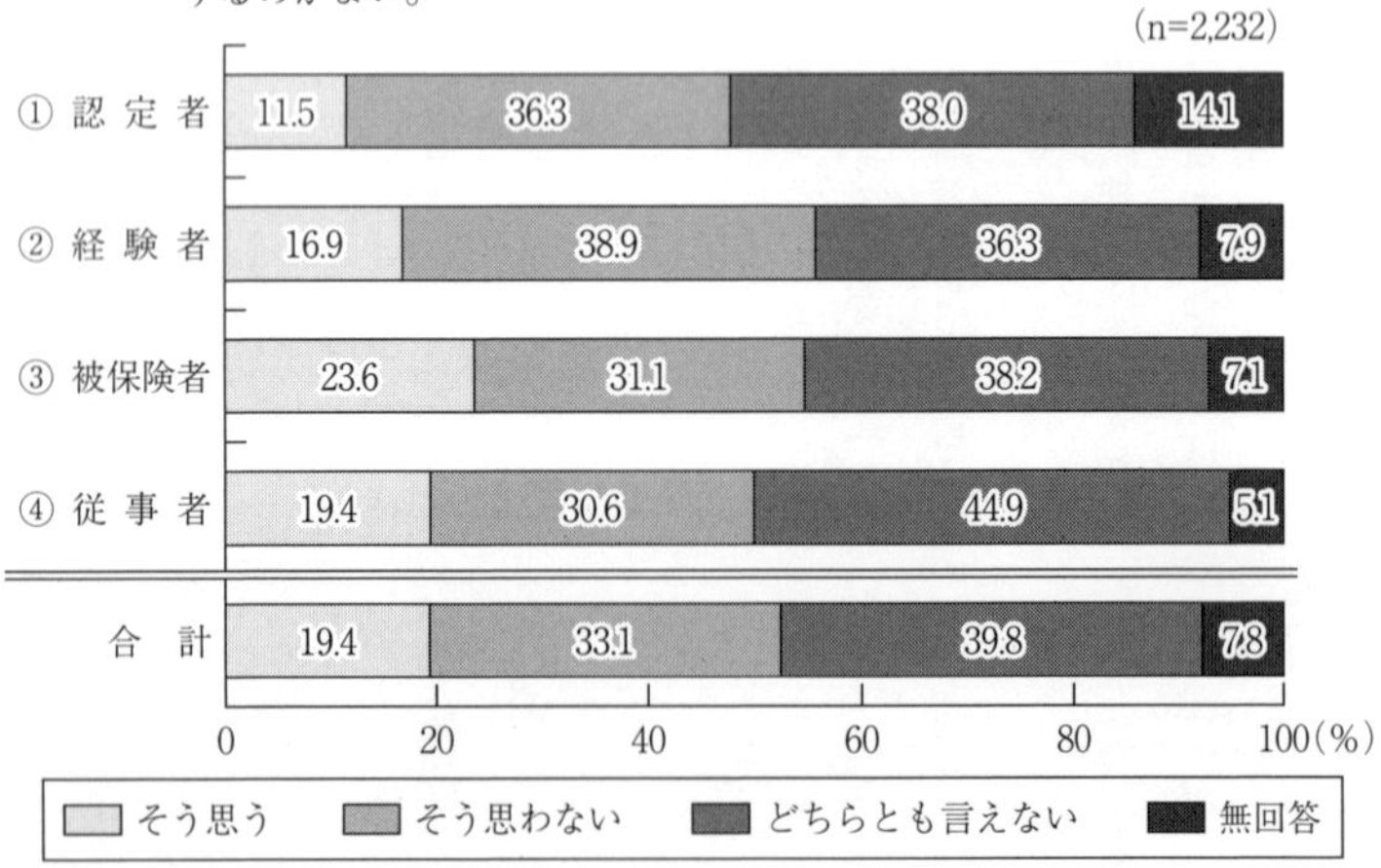

出所：図13-1と同じ。

(4) 軽度者の市町村独自のサービス利用は

「軽度者への生活援助は介護保険ではなく、市町村独自のサービスを利用するのがよい」に対しては、「どちらとも言えない」が三九・八％と最も多く、次いで「そう思わない」三三・一％、「そう思う」一九・四％となっており、今回の介護保険見直しのテーマへの「戸惑い」がうかがえる。

調査対象者ごとでは、①要介護認定者は「どちらとも言えない」が最も多いが、「そう思わない」と拮抗しており、②介護経験者は「そう思わない」が最も多かったが「どちらともいえない」と拮抗している。③介護保険被保険者は「どちらとも言えない」が四割近く、「そう思わない」が三割。④介護従事者は「どちらとも言えない」が四五％を占めており、今回の改正についても複雑な心境がうかがえる。

なお、「そう思わない」は、②介護経験者三九％、①要介護認定者三六％、③介護保険被保険者、④介護従事者の順で、介護に身近な人ほど市町村サービスへの移管は否定的であることがうかがえる（図13-4）。

(5) 民間サービスや地域の助け合いシステムの利用は

「軽度者への生活援助は介護保険ではなく、民間サービスや地域の助け合いシステムを利用するのがよい」に対しては、「そう思わない」が三九・三％と最も多いが、「どちらとも言えない」も三五・八％となっている。一方「そう思う」は一九・四％であった。

図13－5　軽度者への生活援助は介護保険ではなく，民間サービスや地域の助け合いシステムを利用するのがよい。

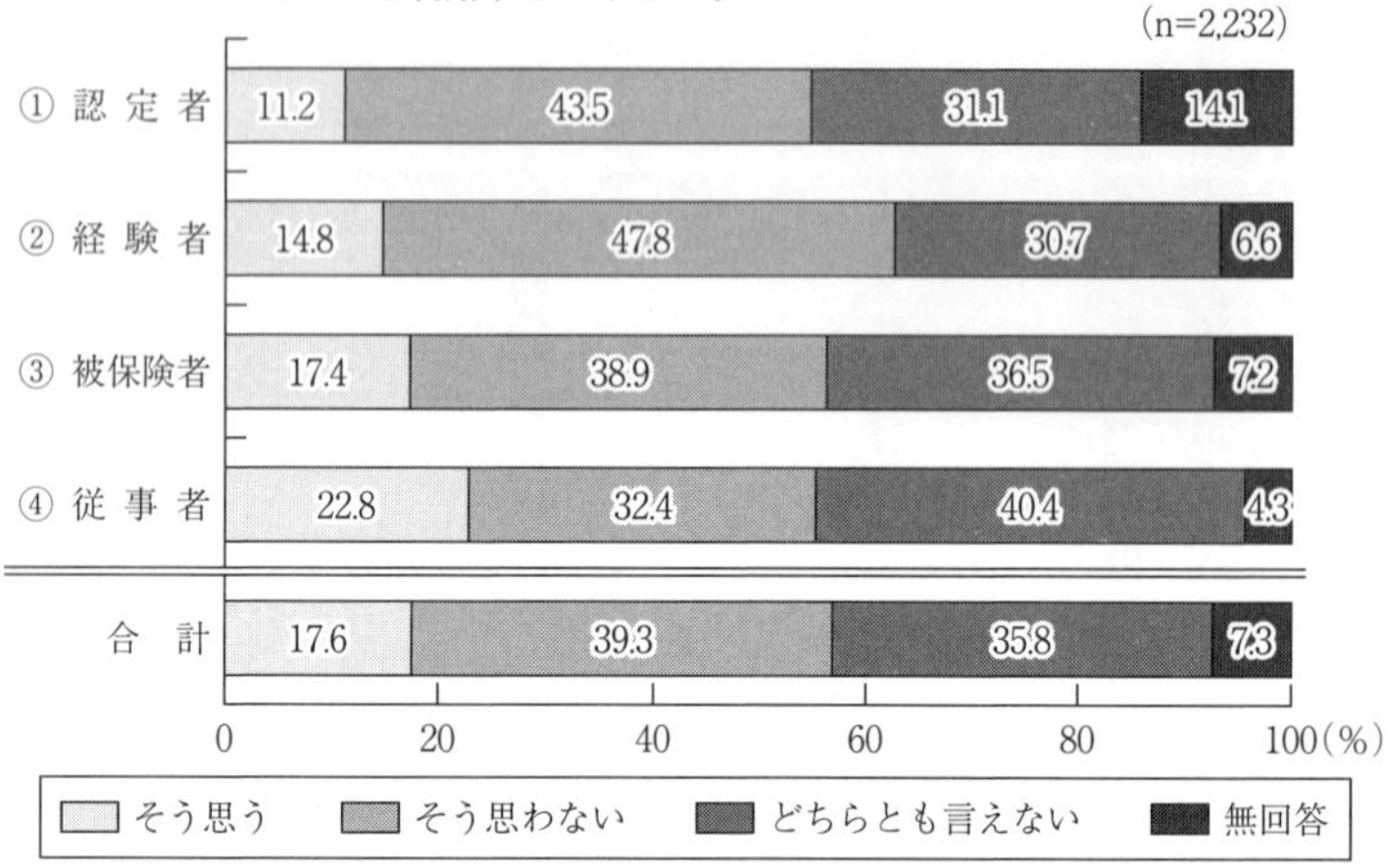

出所：図13-1と同じ。

図13－6　介護保険の中での生活援助の部分を友人・知人，近隣，ボランティアなどの善意に頼るのはおかしい。

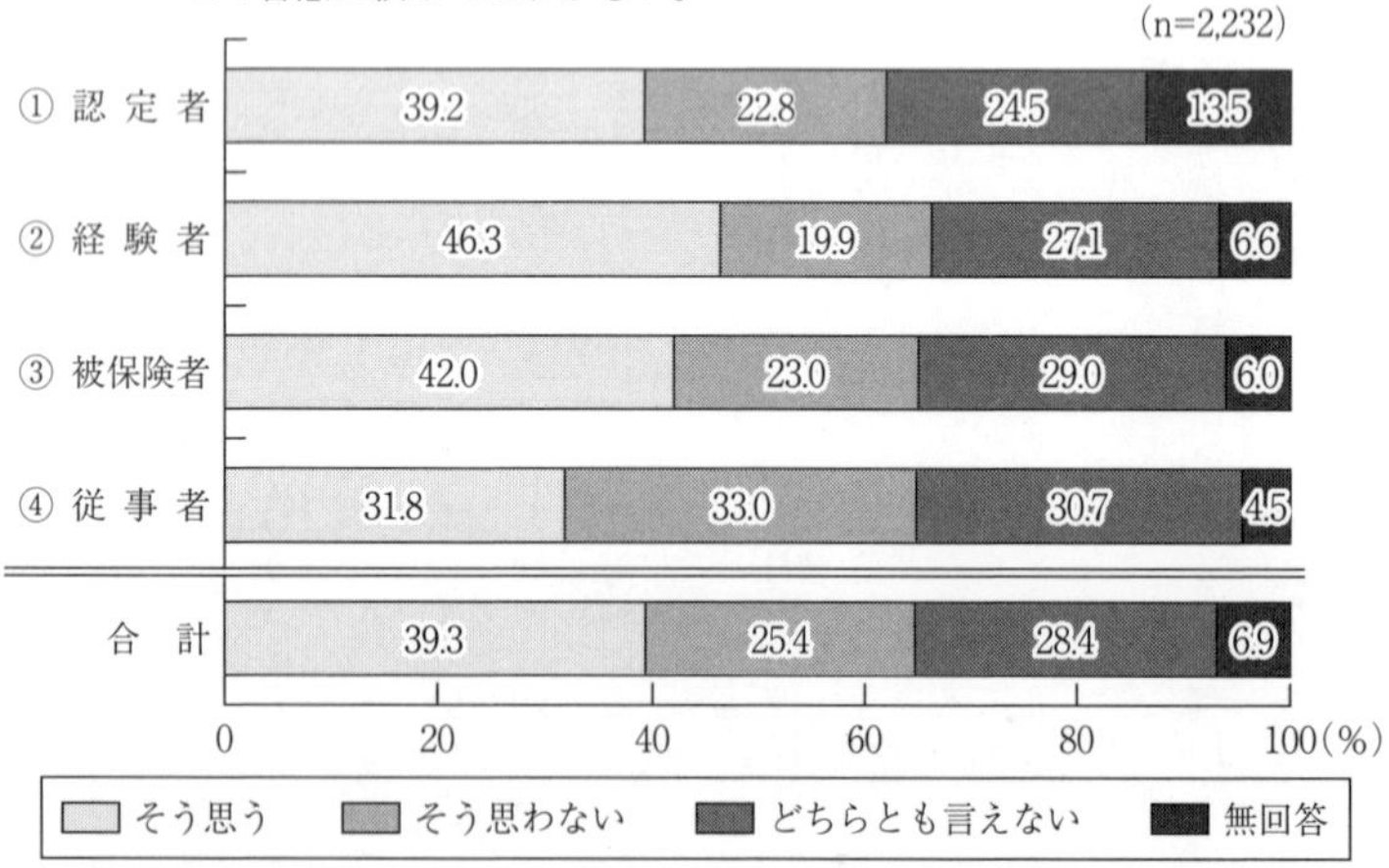

出所：図13-1と同じ。

調査対象者では、①要介護認定者と②介護経験者の介護当事者は半数近くが「そう思わない」と否定的であるが、③介護保険被保険者は「どちらとも言えない」が四割近く、「そう思わない」が四割、④介護従事者は「どちらとも言えない」が半数近くあり、この質問項目でも複雑な心境がうかがえる（図13-5）。

（6）友人・知人・近隣、ボランティアの善意による援助は

「介護保険の中で生活援助の部分を友人・知人・近隣、ボランティアなどの善意に頼るのはおかしい」に対しては、「そう思う」が三九・三％、「そう思わない」が二五・四％、「どちらとも言えない」が二八・四％となっている。

調査対象者では、①要介護認定者、②介護経験者、③介護保険被保険者は「そう思う」が四割前後と多いが、④介護従事者は「そう思う」「そう思わない」「どちらとも言えない」が拮抗している（図13-6）。

4　要介護認定者の「生活援助サービス」の利用状況

要介護認定者（三四七人）のうち「生活援助サービス」利用者は二〇八人で利用している具体的なケアは、「掃除」が一九一件と圧倒的であった。次いで「買物の依頼」「ゴミ出し」「調理の依頼」「べ

図13－7　介護認定者における生活援助の利用状況（複数回答）

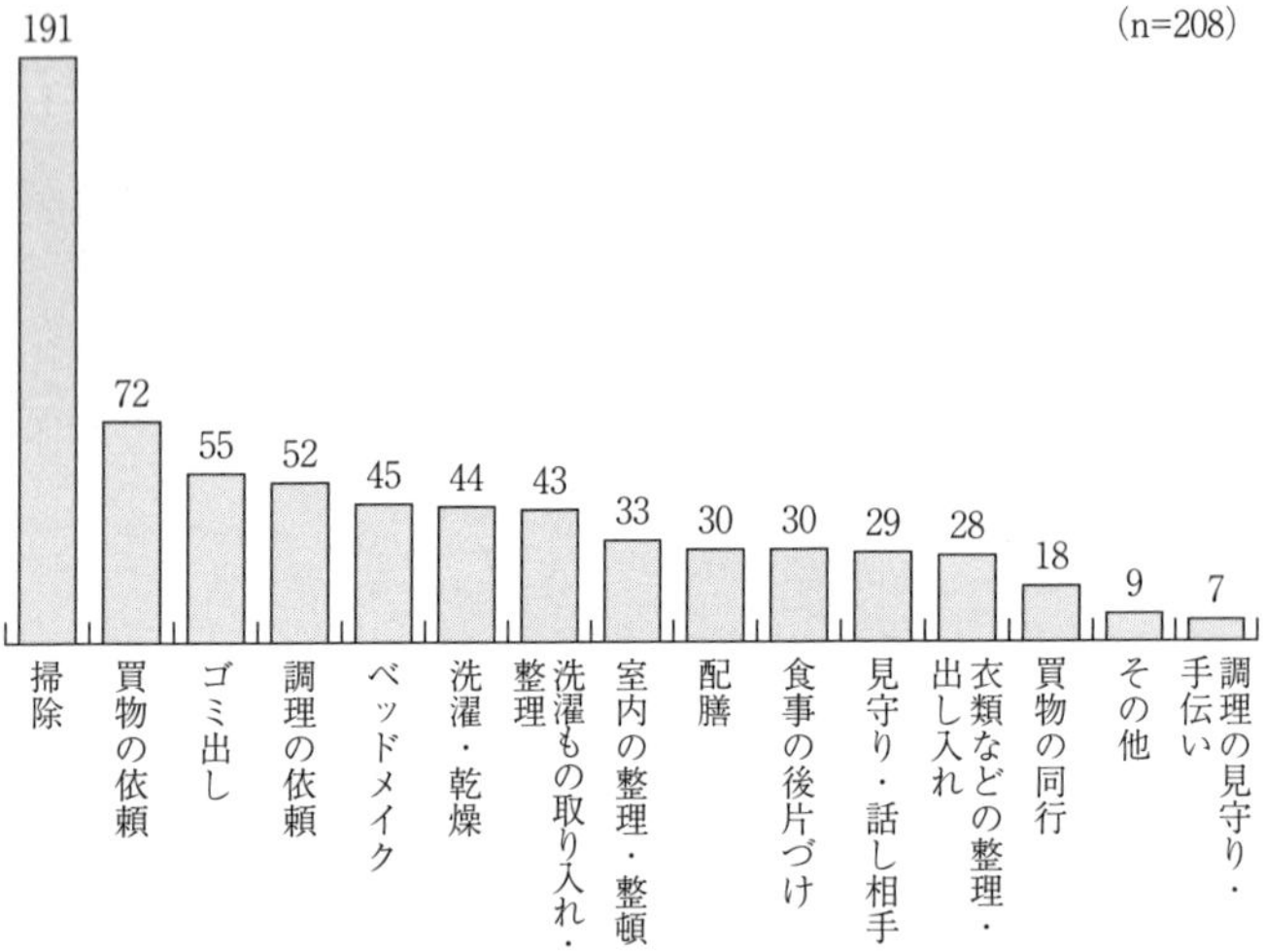

出所：図13-1と同じ。

ッドメイク」「洗濯・乾燥」であった（図13－7）。

また、要介護認定者に対して行った「生活援助サービス時間短縮による影響」の質問に対しては、「特に影響はない」と答えたが、この項目に回答した人の約半数が残りの半数は「何らかの影響がある」と答えている。その中には「掃除・洗濯などが行き届かなくなった」「料理のメニューが単調になった」などのサービス実務の質の低下への影響がうかがえる回答が多くあった。また、「ヘルパーさんが忙しそうで会話が減った」といった回答も五三件あった。要介護認定者にとって掃除や調理は、会話と並行しながら行われている場合が多く、こうした実務への影響は同時に会話の不足にもつながることが見られる（図13－8）。

図13－8　生活援助サービス時間短縮施策による影響（要介護認定者）

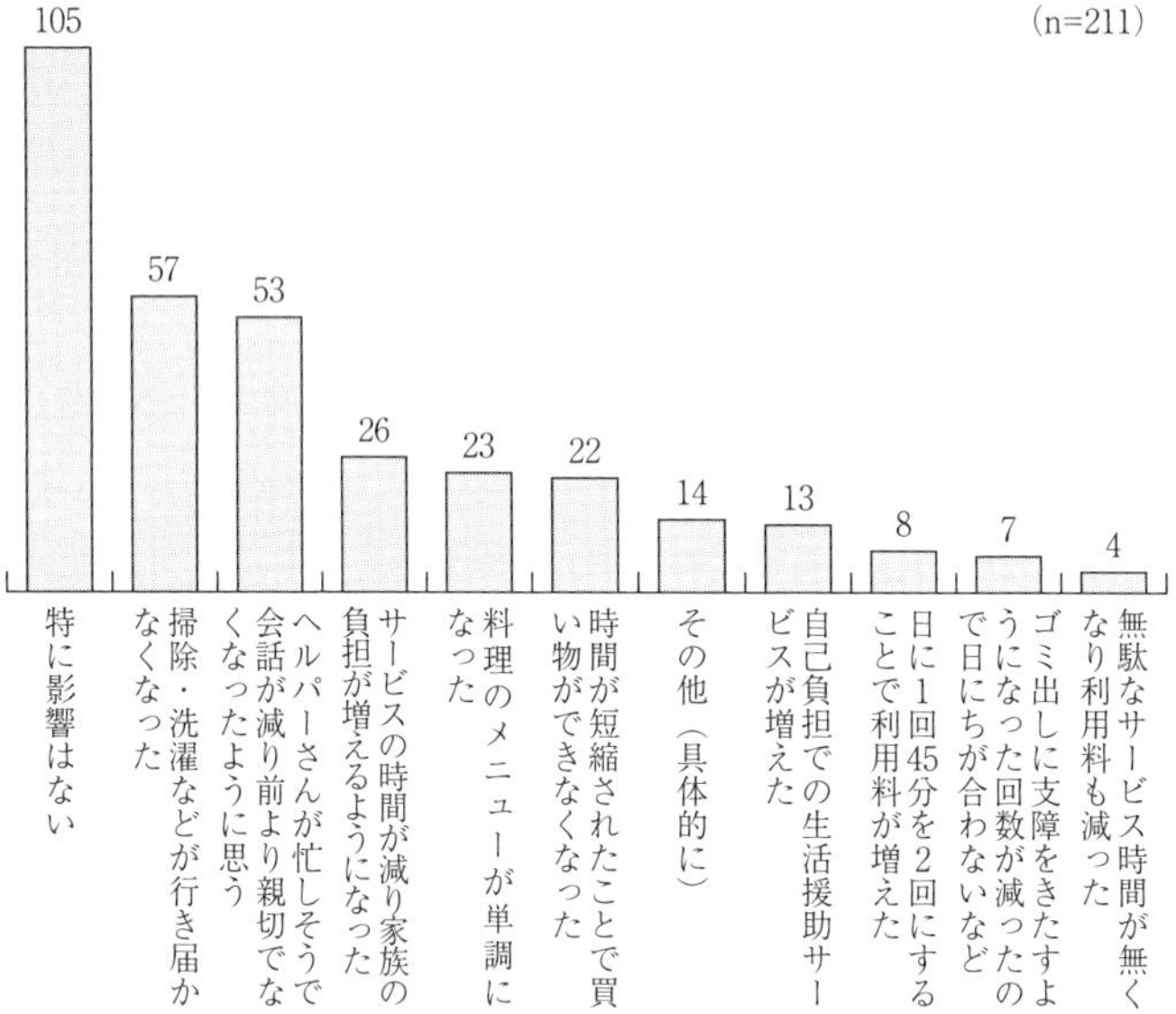

出所：図13-1と同じ。

表13－1　生活援助サービス時間短縮化によるサービスへの影響　(n=265)

コミュニケーション・会話	会話の減少，利用者の思いを十分聞けない。体調確認も駆け足でなど身体状況の把握が不十分になるなど	138件
掃　除	毎回が隔週に，掃除箇所の減，丁寧にできないなど	128件
洗　濯	短縮メニューの活用，回数減，清潔保持に問題など	82件
買　物	回数減，好みや安さよりは近くで購入を優先など	98件
調　理	品数減や簡単メニューになど	105件
ごみの分別・ゴミ出し	できなくなった，できる範囲でなど	41件

出所：図13-1と同じ。

図13－9　生活援助サービス短縮化による影響

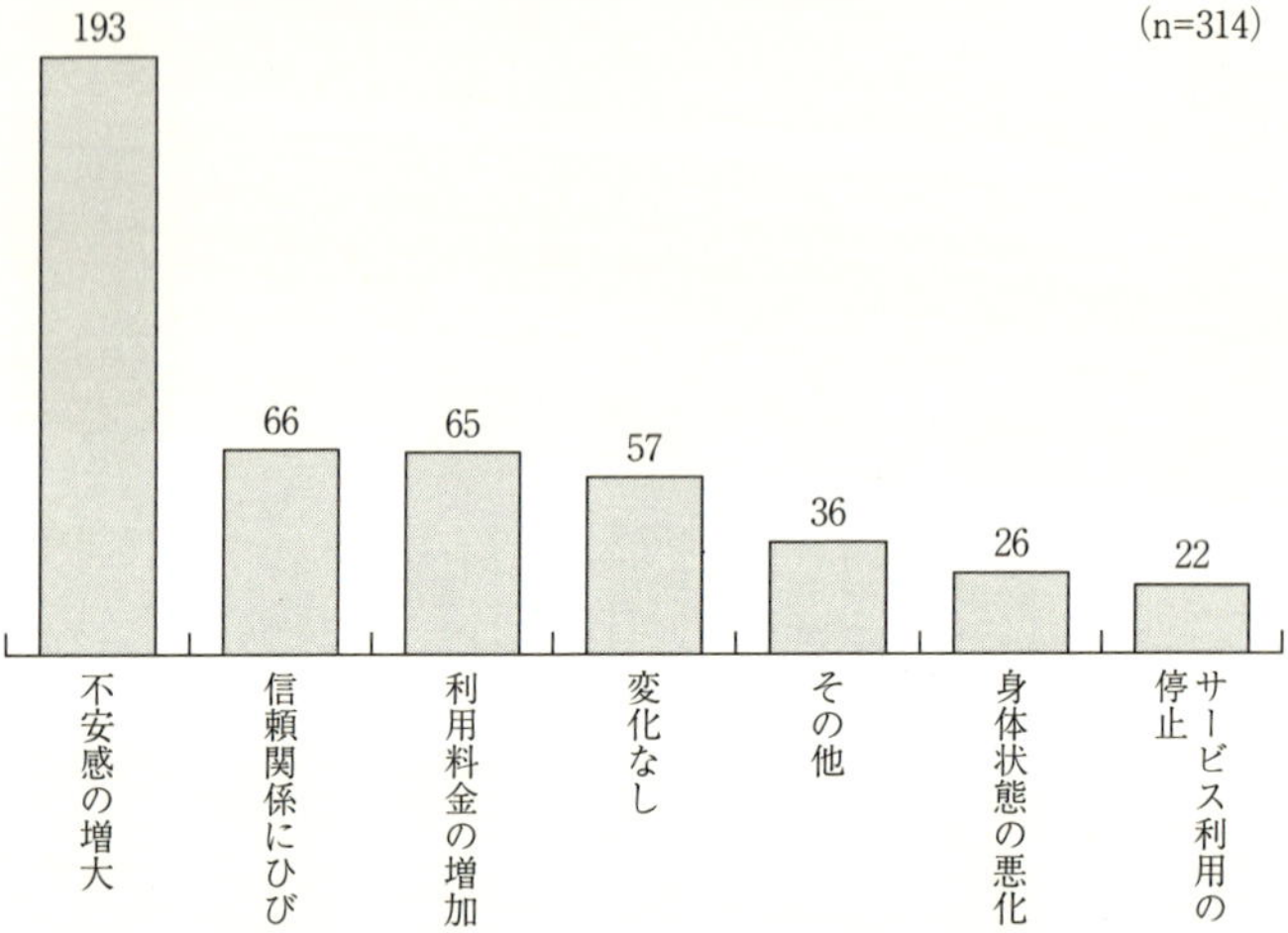

出所：図13-1と同じ。

5　「コミュニケーション・会話」の重要性

介護従事者六四八人に対して行った、二〇一二年四月の介護報酬改定によって「時間短縮された生活援助サービスで具体的にどのような内容を削りましたか」の問いへの訪問介護サービス実施者三一四人の内二六五人が短縮したと回答し、その記述には、サービス内容ごとに詳細に記されていた（表13-1）。

また、「生活援助サービスの時間短縮による影響」への回答は「不安感の増大」が一九三件と、圧倒的に多かった（図13-9）。これについては、特に影響が大きかったものとして「コミュニケーション・会話」が最多であったという結果と密接に関連していると考えられる。

つまり、従事者は、「サービス時間短縮 ⇓ コミュニケーション低下 ⇓ 利用者の不安増大」ということが生じていると考えている、と推測される。サービスの受け手・担い手双方にとって、生活援助サービスの作業にともなう「コミュニケーション・会話」は、人と人の関係で成り立つ介護の仕事の専門性を示すもので、無視できない生活援助の要素である。

6　当事者としての参画で「市民がつくる介護保険」に

(1) 介護従事者は頼られている

①要介護認定者と②介護経験者への「介護に関して困った時に相談する人がいますか」という質問への答え（複数回答可）は、ケアマネジャー（四八・五％）、同居していない家族（三八・一％）、同居家族（三〇・九％）、友人・知人（二四・八％）、ホームヘルパー（一七・六％）、デイサービスなどの職員（一三・七％）、隣・近所（六・一％）、民生委員（三・七％）、誰もいない（二・七％）の順だった。ケアマネジャー・ホームヘルパー・デイサービスなどの職員を合わせた介護従事者が約八割を占め、相談相手として頼られていることがうかがえる。

(2) 生活援助は自立生活の生命線

当事者（＝要介護認定者、介護経験者、介護保険被保険者、介護従事者）それぞれの立場からみた認識と問題点が一定程度浮き彫りになったといえる。

調査票を配布する際に回答者から寄せられた問い合わせの中には、「軽度者の『生活援助サービス』の市町村移管の準備として、『介護認定』を厳しくする（狭める）事が起こっている」というものがあった。

また、「『生活援助サービス』を利用して掃除や重い物の買い物をお願いしているが、市内での会合や観劇に出かけられるなら、介護保険サービスの乱用ではないか」などと言われているという訴えがあった。その人は、「お腹を手術して力が入らないので、重いものを持ったり、高いところのものを取ったりできない、夫が要介護1なので、この点を助けてもらっている」ということだった。

本調査の「自由記述欄」にもさまざまな実態におかれた利用者からの訴えが四九四件記載されていた。

また、要介護認定者と介護従事者がいみじくも「生活援助サービス」短縮（二〇一二年四月実施）による影響で、会話の減少がサービスの低下や不安感の増大につながっていると訴えている。本来の自立支援とは「潜在能力を活かしながらできる事を持続させる」ものである。たとえば、料理なら「力を入れて切る」事はできなくても、「煮物をかき混ぜたり、火の番をしたりはできる」「ホームヘルパーと一緒に調理し仕上げていく」など自分でできることは可能な限りすることによって「生活援助サービス」が人間としての「尊厳」ある暮らしを保つことにつながるのである。しかし、サービス時間の短縮により「時間が無いので、すべて自分でやってしまう」などというホームヘルパーの記述には、自立への手助けができていないというもどかしい思いが表れている。このことは、ケアに伴うホームヘルパーとの会話が暮らしの基礎であり、「会話無くして介護は成り立たない」ということである。

軽度者への給付制限が、利用者の意見の尊重という介護保険制度の理念を変質させ、訪問介護と通所介護だけを市町村に移行させる位置づけの変更は、大義（公正性）の無い改革となるのではないか。軽度の人へのしっかりとした支援こそが、重度化を防ぐことにつながるのではないかと確信した。このことは、財政問題への解決とも連動すると考える。今回の調査によって、介護保険サービスにおける生活援助サービスは、高齢者が人間としての尊厳を保つためには不可欠なサービスであることが明らかになった。しかし、それを支える介護従事者の実態は、労働条件の劣悪さや社会的評価の低さにより、離職者が多く、人材（担い手）が不足していることも介護従事者の人材不足の原因への設問で明らかになった。

一方で、四九四人が記述してくれた「自由筆記欄」の介護の受け手、担い手双方の利用実態と要望などからは、生活援助サービスのみならず、介護保険制度全体への意見要望が沢山記述されていた。その中には、「訪問介護は人が人らしく生きるために必要な手段である。人との関わりの中で、色々な感情が生まれ、脳が活性化し、人として生活していけると思う。軽度な人にこそ支援が必要だ」（介護保険被保険者、五〇代、女性）、「生活援助で時間オーバーになっても、あたり前と受け取られる人も多くあり生活援助の大切さは皆様に理解されてない。食事も栄養バランスなどを考えながらできるのはホームヘルパーの資格があるからです。利用者へ責任を持ちながら継続支援ができることで、ボランティアや無資格の方とは違います」（介護従事者、二〇代、女性）、「要支援を自治体に任せるのは住んでいる地域によりバラつきがおこり、結果的に介護度が上がると思います。『要支援』状態を軽視されると『寝かせっきり』の人が増加するのではと心配しています。『介護保険スタート時の理念はどこに行ってしまったのか』と思っています。行政・地域ぐるみでの高齢者を支えるシステムをつくらなければと感じています」（介護従事者三〇代、女性）などの声は、生活援助サービスが専門性の低いものとして評価されてきたことに対する反論であり、高齢者の尊厳を守る支援であること、介護労働の専門性が重要であることを改めて浮き彫りにしている。

（3）調査を踏まえて政策提言や当事者としての参画を行っていく

筆者らは、このアンケート結果から、以下の結論を導き出した。(2)

・生活援助サービスは、「自立支援」として重要なサービスであり、利用者の声にこたえ「コミュニケーション・会話」をサービスの一環に組み込むなどの柔軟なサービスが必要である。

・軽度者へのサービスを強化することは自立を促進し、介護度の重度化を防ぐと考える。このことは市町村財政の負担軽減に繋がるものであり、より一層の拡充が必要である。

・ケアに伴う介護従事者との会話が生活のメリハリの基礎であり、特に認知症の人には「会話なくして介護は成り立たない」。介護従事者の専門性が発揮できるよう制度改正を行うべきである。

・生活援助サービスを市町村に委ねることは、サービスの質の低下や供給不足などで格差が生まれる。従来通り、介護保険制度で責任をもつべきである。
・サービスの質を高め、介護保険制度を持続可能なものとするためには、介護従事者の人材確保が重要であり、その為の労働条件の向上は不可欠である。
・介護離職を無くすための有効な手立ての一つが、介護保険制度の拡充である。
・介護保険利用者は、制度を的確に利用する「賢い利用者」になる必要がある。そのためには、分かりやすい制度に整備し、六五歳の介護保険被保険者証発行時点（年・月）での制度の説明会を地域でこまめにできるような自治体サービスのきめ細やかさが求められる。
・男女とも自立し尊厳ある生を全うできるよう、子どもの頃から調理・洗濯などの「生活技術」を身につける教育を含め、男女共同参画を進めることが必要。

介護保険成立時、「市民参画」が謳われ、「皆でつくる介護保険」というスローガンが、この間の制度・法改正で損なわれてきたと指摘してきたが、今回の法改正でいよいよ明らかとなった。二〇一四年三月末に報告書を取りまとめた筆者らは、大阪府内の市町村に報告書を送付するとともに国会審議中の法案に対する働きかけを強めた。五月一二日には衆議院厚生労働委員会が大阪で行った「地域医療・介護総合確保推進法案」に関する「地方公聴会」に於いて、当会メンバーが参考人として意見陳述し、生活援助サービスの重要性を訴えた。また五月二四日の当会総会後のセミナー参加者によるアピール文を「地域医療・介護総合確保推進法案」審議中の参議院厚生労働委員会の各委員に送付するなど各界各層への働きかけを行ってきた。しかし、六月一八日介護保険法改正を含めた「地域医療・介護総合確保推進法案」は原案のまま成立し、訪問介護・通所介護の市町村への移管は三年の経過措置の上で実施されることとなった。

筆者らは、秋からの二〇一五年四月の第六期介護保険事業計画の策定に向けて市町村へ当事者（介護保険被保険者・介護保険利用者）としてこの調査結果を生かすように取り組みを行っていく。

注

（1）高齢社会をよくする女性の会・大阪：一九九三年五月、「自分たちの望む豊かな高齢社会を！」と願う、多くの仲間によって「人権尊重と男女共同参画の視点から高齢社会における問題の調査研究により情報提供と政策提言等の活動を通して、よりよい高齢社会を実現することを目的」に発会した市民グループ。すべての世代にとって豊かな高齢社会とは何かを考え、活動を続けている。主な活動は、高齢社会にかかわる問題の調査・研究・情報資料の収集・作成・出版・発表、関連する政策提言や研究会、講演会、セミナーの開催、会員相互の交流及び会報の発行、ホームページの作成・発信、趣旨を同じくするグループ、団体との提携、交流など。代表は、小林敏子（老年精神科医）（e-mail：wabas-osaka@mbm.nifty.com、URL：http://homepage3.nifty.com/koureishakai-osaka/）。

（2）「介護保険制度の〝生活援助〟に関するアンケート調査」二〇一四年三月末刊行、頒布中、八〇〇円

（送料込）。

参考文献

高齢社会をよくする女性の会・大阪（二〇一四）「介護保険制度の〝生活援助〟に関するアンケート調査」。

堤修三（二〇一〇）『介護保険の意味論・制度の本質から介護保険のこれからを考える』中央法規出版。

「二〇一三年介護保険に関する社会保障審議会介護保険部会及び介護給付費分科会の議事録」。

沖藤典子（二〇一二）『それでも我が家から逝きたい』岩波書店。

角田直枝（二〇一四）『訪問看護で変わる希望の在宅看護』小学館。

終　章　改正介護保険制度とホームヘルプサービス

結城康博

1　ホームヘルプサービスと制度変更

（1）制度変更による影響

これまでホームヘルプサービスの意義や現場におけるニーズについて述べてきたが、このサービスは在宅の要介護高齢者にとって必要不可欠なサービスといえるだろう。しかし、介護保険サービスの数ある種別の中で、もっとも基本的なサービスとされながらも制度改正のたびに縮減され続けている。

これは前述のように「ホームヘルパー」という仕事と「家政婦」が担う支援の違いが、必ずしも一般市民には理解しにくい点にあるのかもしれない。また、「オムツ交換」や「入浴介助」なども親族といった一般市民が担っており、専門職としてのホームヘルプサービスの位置づけが理解されにくい。

確かに、既に述べたが利用者の一部の中には「家政婦」のような意味合いでホームヘルパーを捉えている人もいる。掃除の仕方や買い物の品選びについても細かく要望する。筆者がケアマネジャーであった時も、「あのホームヘルパーは畳を水拭きしない。私が、現役に主婦の時は畳の掃除といえば、水拭きが当たり前であった。今の若い者は掃除の仕方もわからない」といったクレームを受けたこともある。

「介護」といっても生活を支えることから、世代間の認識の違いで「家政婦」なのか「ホームヘルパー」なのか、利用者の理解が不十分であるのかもしれない。その意味で、専門職としてのホームヘルパーの位置づけが曖昧なまま、何度かの制度改正がなされ結果的にサービス削減となっている。

(2) 二〇一五年四月からの改正ポイント

二〇一五年四月から実施される改正介護保険制度は、制度創設以来二度目となる大きな改正といえる。そのポイントは、①予防給付の一部地域支援事業化、②一定所得以上の自己負担二割導入、③特別養護老人ホーム(以下、特養)における申込要件の変更、④特養における補足給付の見直し、⑤サービス付き高齢者向け住宅における住所地特例の適用、⑥低所得者高齢者を中心とした保険料の減額、の大きく六つに絞ることができる。

これらの中でも①予防給付の一部地域支援事業化は、今後のホームヘルプサービスにとって重要な改正であり、サービスの意義や役割が問い直される。

(3) 生活支援サービスの制度化

今回の改正によって現行の要支援1・2(新制度は地域支援事業対象者)が対象となるホームヘルプサービスの一部において、「生活支援サービス」という新たな概念が制度の枠組みに盛り込まれた。いわば専門職としてのホームヘルパーと、一般市民でもできるサービスが一つの制度として体系化されるのだ。

前述してきたように、今まで専門職のホームヘルパーが行う「掃除」「買い物」「食事づくり」などは「生活援助」として位置づけられてきた。しかし、「生活支援サービス」はボランティアや近所の支え手が主体となった一般市民が担うサービス形態で、具体的には「電球の取替え」「見守り」「簡単な買い物」「話し相手」など身の回りのお世話的なサービスを意味する。その意味で、今回の改正はホームヘルパーにとって専門職としての意義が問われるものである。

2 予防給付から地域支援事業へ

(1) 事業化は二種類のサービスのみ

当初の厚生労働省の改正案は「予防給付における地域支援事業化」は、要支援1・2を対象としたすべての予防給付サービスを地域支援事業に移行するものであった。しかし、この移行において市町村の事務負担を考慮して「予防給付」においては、「訪問介護(ホームヘルプサービス)」と「通所介護

（デイサービス）」のみを市町村の「地域支援事業」に移行させることになった。つまり、「訪問介護」「通所介護」以外の福祉用具や訪問看護、通所リハビリなどといったサービスは予防給付として維持されることになったのである。要支援1・2の給付費は二〇一二年度で約四七〇〇億円であるものの、約六割が「訪問介護」「通所介護」となっている。

確かに、「予防給付」と「地域支援事業」は共に介護保険制度内であることには変わりはない。しかし、「給付」と「事業」では明らかにサービス形態、活用方法、理念などが異なる。特に、「給付」は国の基準で決定されるが、「事業」は保険者である市町村の裁量が強くなる。その意味で、改正後、全国画一のサービスが保障されるかは未知数だ。まして、ボランティアやNPO法人などの社会資源も、大きな比重を占める施策となっているので、なおさらだ。

（2）地域間格差の懸念

具体的に「訪問介護」「通所介護」が市町村の「事業」に移行されると、どんな影響が出るのだろうか。

第一に、長期的には財源の伸び率が抑制されると予測されるので、財政が苦しい自治体ではサービスを絞ることが懸念される。

第二に、高齢者用のサロンをボランティアなどで運営するといっても、過疎地といった地方では無理である。ボランティアなどの社会資源も地域差といったバラつきが見られ、マンパワー不足問題も懸念される。

第三に、制度改正によって要支援1・2といった事業に展望を見出せないと判断した介護事業者が、これらの市場から撤退しサービス水準も低下する可能性が否定できない。

つまり、「給付」であれば、国が人員基準を決めて財源を保証しているから自治体は無理をしてでも対応するが、「事業」になると基準が緩くなり一生懸命やらなくなる自治体が生じる懸念がある。国によるガイドラインが示されるとはいえ、第七期・第八期になると地域間格差が拡充する恐れがある。一定程度、改正によって地方分権化されたことで市町村の裁量でサービス水準が変わることも不安視される。

偶然、社会資源の豊かな地域に住んでいる高齢者は多様なサービスを享受できるが、そうでないとサービス水準が低下する恐れもある。

(3) 利用者から乖離する介護保険制度

なお、これらの一部地域支援事業化は利用者や家族といった需要側よりも、市町村を中心とした制度運営側に配慮したものといえる。つまり、予防給付をサービス種別で事業に移行するということは、利用者や家族にとっては、非常にわかりづらい制度となる。たとえば、福祉用具を利用する際は予防給付であるが、「訪問介護」や「通所介護」は「事業」であるため、これらを併用するとなると複雑化する。特に、国保連システムによる介護報酬制度に基づくサービスと、事業化によるサービスとで費用のやり取りが混在してしまう。

また、ケアマネジメントにおいては、地域包括支援センターが担うのだが、かなりの負担が予測される。現行では非該当者で基本チェックリストにあてはまれば、二次予防対象者として地域包括支援センターが独自にケアプランを作成するが、要支援1・2の場合は独自に担当するか、民間居宅介護支援事業所に業務を委託している。制度改正後は、利用者がサービスをどのように活用したらよいかといったアドバイスが適切にされているかどうか重要なポイントとなる。

(4) モラルハザードの危険性

現行の要支援1・2における「訪問介護」「通所介護」は、曲がりなりにも要介護認定を経なければ利用できない。しかし、今回の改正で、「基本チェックリスト」といった二次予防事業におけるスクリーニングのみで、利用者層の選別を行うことになった。いわば現行よりも利用開始においては、ハードルが低くなったことになる。

実際、要支援1・2の高齢者の中には、数は少ないものの家政婦代行的に訪問介護サービスを利用しているケースがある。ケアマネジャーや地域包括支援センターなどは、これらのモラルハザードに対して適切に対応できていないのが現状だ。改正案では要介護認定を経なくともサービスを利用できるとなっており、実現されればモラルハザードの危険性が深刻化すると思われる。

（5） 地域福祉の視点

昨今、一人暮らし高齢者や老夫婦世帯が急増している中、「買い物」「食事づくり」「見守り」などといった「生活支援サービス」のニーズが高まっている。確かに、家族や地域の希薄化により、一人暮らし高齢者を中心とした生活支援を支える機能が弱体化している。そのため、これらのサービスを介護保険財源が基になっている地域支援事業の枠組みで、一部を担っていくことになる。

しかし、このような「生活支援サービス」は、本来、老人福祉や地域福祉の枠組みで担われるべきで、社会保険制度である介護保険財源で賄うと保険の色彩が弱くなる。今回の改正で、介護保険制度が「福祉制度」と「社会保険」の要素がより入り交ざった制度となった。特に、ここでの「買い物」「電球の取替え」「見守り」などを、前述のボランティアなどに期待し、この生活支援サービス以外を従来のプロであるホームヘルパーが担うことが想定される。

いわば簡単な日常的な支援は、素人のホームヘルパーに類似したボランティアが担い、それ以外の支援はプロのホームヘルパーが受け持つイメージだ。

（6） 問われるホームヘルパーの専門職としての意義

要支援1・2において、なぜ「訪問介護」と「通所介護」のみ地域支援事業へ移行し、医療系サービスは給付に位置づけられたままだったのかと考えると、両者とも無資格者でも一部対応可能であるが、それ以外は有資格者でなければ難しいからと理解する人も少なくない。その意味では、福祉系職種らにとっては、専門職としての意義が問われることになる。

もっとも、厚生労働省はサービス種別で給付維持と事業化の区分けをしたとしても、利用者へのデメリットは生じないと考えたのであろう。むしろ、地域の実情に応じてフォーマルサービスとインフォーマルサービスの組み合わせが可能で、まさに二つのサービスが事業化されることで最適な仕組みが構築できると考えたのであろう。

3 初めての自己負担二割導入

(1) 二割負担やむなし

また、前述したように今回の改正で、介護保険制度創設以来、初めて自己負担が二割となった。本来、社会保険の原則から考えれば、保険料によって「所得の再分配」がなされるべきで、介護事故が生じた時点で再分配機能を効かせるのは理論上好ましくない。

しかし、介護保険サービスは年金などの社会保険制度とは異なり、全く保険給付を利用せずに人生を終える人も少なくないので、利用する段階で利用者負担割合に差があってもいたしかたない。もっとも、厚生労働省の提案としては、その水準を年金収入二八〇万円以上と二九〇万円以上の二案が提示された。しかし、そもそも医療と介護は家計上では不可分であることを踏まえると、この水準は低いといわざるを得ない。月収では概ね手取り二〇万円程度となり、一見多いように見えるが、通院する際のタクシー代などの交通費を考えるとかなりの金額になる。

また、定期的に医療保険料や介護保険料は上昇し続け年金給付額の上昇が見込めない以上、結果的に高齢者の可処分所得は目減りしていく。たとえば、現在、介護保険料は平均水準が約五〇〇〇円だが、二〇二五年には約八二〇〇円になると推計されている。つまり、所得が高い保険料水準第六段階の人は二〇二五年には約一万二三〇〇円となり、現在、五〇代前半の現役世代が六五歳の時には、保険料が年金額から天引きされる（低所得者は軽減措置あり）。

（2）サービスを手控える利用者

また、このような改正の結果、利用者のサービス控えが懸念される。そのため、筆者は二割負担導入に関してはやむなしと考えるが、所得水準の線引きは慎重にすべきと考えた。前述のように、年金額が伸び悩む一方で、介護や医療の保険料は定期的に上がっていく。消費増税もあり、高齢者の可処分所得は確実に目減りするであろう。そうした中で利用者負担が二倍になれば、週二回使っていたデイサービスを週一回に、週三回利用していたホームヘルパーを週二回に、と利用を手控える高齢者も出てくるだろう。

そして、一定所得以上の高齢者とはいえ利用を手控えた結果、重度者が増えることでかえって財政が逼迫してしまう。確かに、二割負担の導入などによって一時的には厚生労働省の試算どおり財源が節約できたとしても、中長期的にはかえって費用がかさむおそれがある。

(3) 特定事業所加算のあり方

現行では、優良な訪問介護事業所は条件が整えば特定事業所加算を申請して二〇%増しの介護報酬を得ることができる。登録型ホームヘルパー（非常勤）などの健康診断を義務づけるなど、かなりの専門性を要求されるが、二割負担となる利用者は、そうでない事業所よりも料金がかさむので、優良な訪問介護事業所の利用を手控える可能性もある。その意味では、このような加算のあり方についても工夫が必要であろう。このまま利用者の負担に直結すると、事業所が特定事業所として申請しなくなる可能性が高くなる。

4 特別養護老人ホームをめぐる改正

ホームヘルプサービスには直に関係ないものの、今回の改正で特養に関する制度も改正される。入所を待っている要介護者も多いため、特養の入所要件が厳しくなることでホームヘルパーに頼らざるを得ない要介護高齢者も増えるであろう。

(1) 入所申込要件の変更

筆者は、特養ホームの入所要件の厳格化については、要介護1と2の間でボーダーラインを設定すべきと提唱したが、原則、要介護3以上として条件づけで1・2も認めることになった。要介護認定結果には地域差がかなりあり、認定の精度も高いとはいえない。同じ状態であるにもかかわらず、ある地域では要介護3に認定されて特養への入所が認められ、別の地域では要介護2になるために認められないといった事態が起こりかねない。本来、介護保険制度は全国一律のサービスが提供されるべきである。

なお、今後、要介護1・2高齢者の施設の受け皿は、既存の養護老人ホームやケアハウスなどが想定されるだろう。現在、これらの施設の定員割れも問題視されているため、既存の社会資源が見直されるべきであろう。

(2) 補足給付の見直し

特養に入所する低所得者の食費や居住費を給付する補足給付は、現行は本人が属する世帯の課税状況や本人の年金収入、所得を勘案するが、貯蓄の資産などは顧みられていない。そこで、今回、対象外となる貯蓄などの基準として単身一〇〇〇万円、夫婦二〇〇〇万円という案が示された。資産を捉えきれないことから実効性に懐疑的な見解もあるが、まずは雰囲気を醸成していくという意味でやむを得ない措置だろう。

筆者の経験からも、預貯金を三〇〇〇万円以上も有し、国民年金のみの所得者しかない要介護高齢者が補足給付を受けて特養に入所していたことを記憶している。このような高齢者は、低所得者とはいえないだろう。確かに、制度として性善説に依存することは問題があるという意見もあるが、このまま現状を放置していては公平性に欠ける。その意味では、セカンドベストとして今回の預貯金などの勘案は評価すべきである。ただし、不動産などの宅地を勘案することは難しいと考える。

なお、年金収入において遺族年金も収入と考える案は賛同できるが、国が示した障害者年金は「福祉」的意味合いがあるので、勘案すべきではないと考える。

5 サービス付き高齢者向け住宅への住所地特例の適用

(1) サービス付き高齢者向け住宅が増えているが……

基本的にサービス付き高齢者向け住宅（以下、サ高住）における住所地特例の適用は、評価できる。しかし、「貧困ビジネス」「法的なグレービジネス（モラル的に疑問）」の温床になりかねない点に留意する必要があろう。一部には必ずしも住み替えの必要がない人まで転居を促し、介護報酬を見込んだ貧困ビジネスまがいの事業者まで出現している。「供給が過度な需要を生む」という事態を生まないよう、注視する必要がある。特に、都市圏近郊に安価なサ高住を建設し、都市部の高齢者を対象にセールス合戦することは好ましくない。

これらのビジネスモデルは、サ高住を基礎に関係介護事業所の介護保険サービスを利用することを促し、総合的に利潤を得る可能性があるため無駄な給付費を生じさせる危険性がある。十分、サ高住における住所地特例の適用は規制が必要であろう。

（2）混合介護

なお、保険サービスと保険外サービスの組み合わせ、いわゆる「混合介護」に一定のルールを設ける必要性についても、今後、検討されるべきであろう。実際、「混合介護」は必要以上に給付費を膨張させるデメリットをはらんでいる。たとえば、前述のサ高住もその一つといえる。不適切な事例として、利用者にとって必要かつ効率的なサービス提供であれば問題ないが、必要ない介護保険サービスまで提供される可能性がある。

今回の改正案では、サ高住が「住所地特例」の適用対象に加わることで、これら「過度な供給が需要を生む」といった流れに拍車がかかることを懸念している。

6　低所得高齢者を中心とした保険料の見直し

なお、今回、第一号被保険者の保険料段階の見直しが実施される。現行では、国基準が六段階設定となっており「所得の再分配」の範囲が広いとはいえない。第一段階で標準保険料の〇・五倍となっており、最も高い第六段階で標準保険料の一・五倍という設定だ。

そこで、「所得の再分配」の幅を広げるため国の基準を九段階に見直すことになった。新一段階で標準保険料の〇・三倍となり、新九段階で標準保険料の一・七倍となる見通しである。これによって第一号被保険者においては所得の高い人からは、さらに保険料を徴収することができ、一方で低所得

図終－1　保険者における第１号被保険者の第５期保険料の段階設定の状況

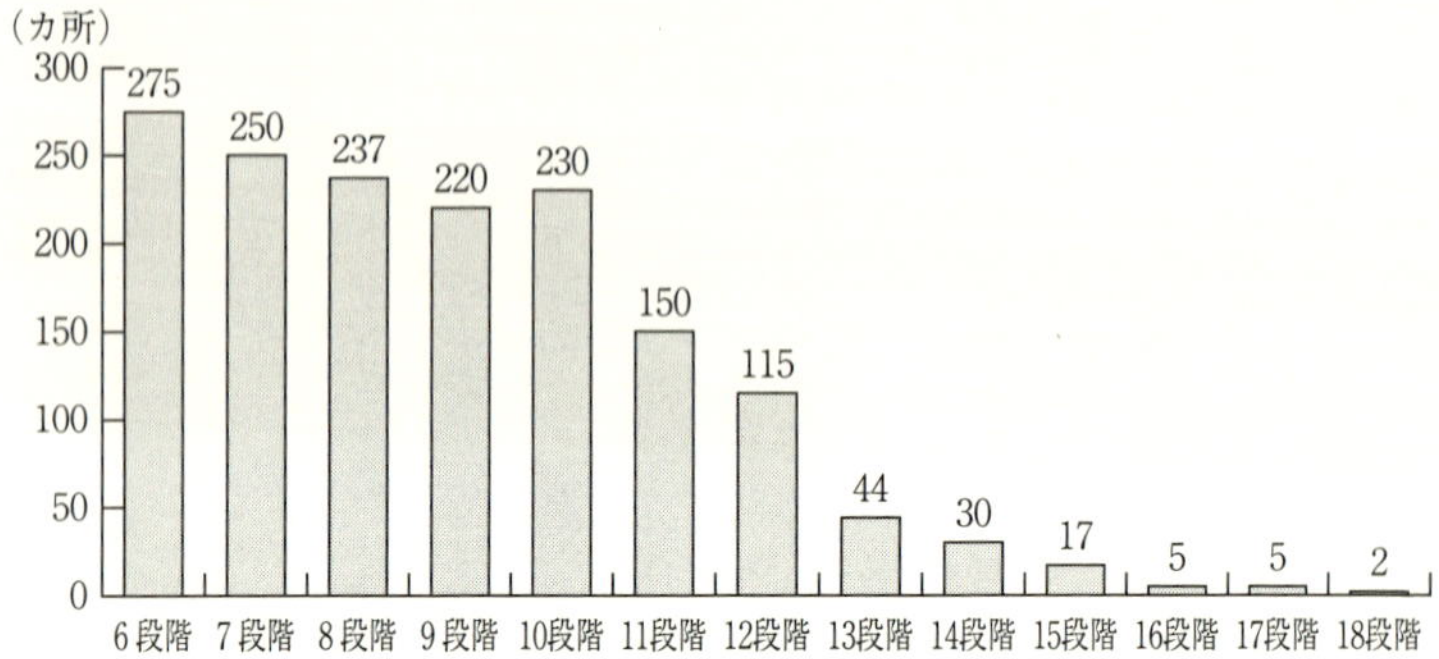

出所：厚生労働省「社会保障審議会介護保険部会（第49回）」2013年９月25日より作成。

者においては保険料の軽減が可能となる。そのため、現行でも市町村（保険者）の創意工夫で多段階保険料設定が導入されているが（図終-1参照）、新制度においてさらに多段階設定の幅が広げられ市町村格差が生じると考えられる。

また、一定所得者以上の高額介護サービス費の限度額の見直しも実施される見通しで、現行では三万七二〇〇円が所得に関係なく限度額の最高となっているが、改正後は医療保険制度に当てはめて現役並み所得の被保険者は四万四四〇〇円に引き上げられる。

7　役割を強化「させられる」市町村

(1) 信頼できる市町村は少ない

もう一つ強調しておきたいポイントは、各市町村の役割が非常に強化されている点である。前述の予防給付の一部が地域支援事業に移行するとなれば、市町村がサービス提供者をマネジメントすることになるだろう。また、居宅介護支援事業所や小規模デイサービスにおける権限も、市町村に移譲される見通しでかなりの分権化が進む。

しかし、かつての市町村であれば自ら福祉施設を運営していたこともあり、「現場力」を備えていたため適切な選定が可能であったが、介護保険制度施行以降、そうした「現場力」は低下している。市役所などの組織運営では人事異動も頻繁で、水道局とか図書館に従事していた職員が介護部署の担当者になっている。筆者の感覚では、介護施策に力量のある市町村は全体で約一五〇〇保険者のうち二割程度で、あとの八割は事務的に介護業務をこなしているに過ぎない。その意味では過度に地方分権を推し進めるのは危険である。各自治体の業務推進力を引き上げる取り組みと並行して、国がある程度、規制などの手法を用いてコントロールしていくことが求められるだろう。今回の改正では、市町村を信頼し過ぎている印象を受ける。

(2) 地域包括支援センターの限界

また、今回の改正では、過度に地域包括支援センターに期待し過ぎているのではないだろうか？現行でも問題点が多岐にわたるにもかかわらず、新たな業務や責任が加わる。

その意味では、市町村内に複数の地域包括支援センターが存在する場合には、可能な限り一カ所は自治体直営とし基幹型機能を果たすべきであろう。また、地域包括支援センターの従事職員で、在宅介護や在宅医療で働いた経験年数が浅く、圏内の介護従事者よりも力量が十分とはいえない者も少なくない。そのため、従事職員における何らかの措置を講じるべきと考える。

(3) 地域ケア会議の法制化

今回の改正で、法制化されることになった「地域ケア会議」も、「地域づくり」に差が生じる要因となるであろう。既に先行的に実施している保険者の中には、これらの会議がケアプランの品評会のような場になっているケースが少なくない。そうなると、ケアマネジャーが委縮してしまうだけで、抜本的な「地域づくり」にはならず行政指導の場でしかない。個別の困難事例を多職種の視点でみるのが「地域ケア会議」の意義であるものの、市町村の力量によって地域間格差が助長されると考える。また、市町村(保険者)は、認知症対策や医療連携、「地域ケア会議」の運営といった役割を、直に担う地域包括支援センターのバックアップも求められる。

(4) 要介護認定システムの議論は不可欠

なお、今回は要介護認定システムについての議論が全くなされなかったため、改正介護保険制度の議論が緩慢になっていたことは否定できない。制度改正を議論するにあたって、現行の認定システムを改良しない限り抜本的な議論は難しいであろう。次回の改正時には、必ず要介護認定システムについての議論は避けられない。介護現場では、要介護認定システムの信頼性が疑問視されていることは十分に認識されるべきである。

8　ホームヘルパーの後継者問題

国は「地域包括支援ケアシステム」と銘打って在宅介護の推進を進めている。しかし、必ずしも在宅ホームヘルプサービスへの待遇や賃金面では改善の兆しはない。むしろ、サービスが削減されホームヘルパーらの労働環境は、悪くなる傾向だ。

特に、在宅のホームヘルパー人材は、今後、後継者の育成が急務となる。現在、六〇歳前後の登録型ホームヘルパーが主力となって現場を支えているが、一部を除いてその後継者が育っていない。介護現場全体に人材不足だが、とりわけ在宅部門は深刻だ。施設と違い家族との対応など、介護技術のみではなく対人関係のノウハウも在宅ホームヘルパーに要求される。その意味では、介護人材不足によって「地域包括ケアシステム」は机上の空論になってしまうかもしれない。在宅で暮らす要介護高齢者にとって「ホームヘルパーは命綱」といっても過言ではない。

筆者は福祉系大学で福祉人材養成に携わっているが、高等学校へ出向き出張講義をする。しかし、福祉系に関心を抱く高校生は少ない。しかも、福祉学科に進学し免許資格を有して卒業する大学生ですら民間企業へ就職する者も少なくない。最終的には、このような「若い世代の福祉離れ対策」の議論なくしては、要介護高齢者の安心した生活は保障できないと痛感している。

あとがき

繰り返すが、二〇一五年四月に介護保険制度改正が実施されることになった。併せて次回の介護報酬改定もホームヘルプサービスにおいては、重要な分岐点となるかもしれない。特に、「生活援助」における位置づけが注目される。

しかし、これらの介護保険施策に加え「介護人材不足」による外国人介護士もしくは外国人家事労働者の移入において、ハードルを低くし日本でも一定期間に限って雇用させてはどうかとの議論もある。仮に、この先外国人家事労働者の移入が容易になれば、ホームヘルプサービスの議論は一挙にグローバル化され問題が複雑化していく。

実際、家事労働の中には「介護」といった側面も含まれており、最低賃金さえ保障することで、それほど高額な対価を支払わず住み込みメイド（家政婦）を雇うことができてしまう危険性がある。このような外国人家事労働者の動向は、ホームヘルプサービスにおいて大きな影響を与えかねず、在宅での「介護」サービス体系を大きく揺るがすことにつながるかもしれない。

その意味で、早急にホームヘルプサービスの重要性や意義について介護業界で体系化し、安易な外国人家事労働者の導入により「在宅介護」が代替されてしまわぬよう、努力していかなければならない。あくまで「家政婦」と「ホームヘルパー」は異なる職種であり、専門性も違うことを明確にしていく必要がある。

従来、これらの差異が社会に認識されてこなかったことが、ホームヘルプサービスの意義や重要性を希薄化させてしまったともいえる。今後もさらに介護保険サービスが厳しくなることが予測される中で、しっかりとホームヘルプサービスの役割を明確化していく責務を痛感する次第である。

二〇一四年七月

執筆者を代表して

淑徳大学教授　結城康博

ま　行

や　行

ら　行

欧　文

た　行

な　行

は　行

さ　行

索　引

あ　行

か　行

執筆者紹介（執筆順，所属，執筆分担，＊は編者）

＊結《ゆう》城《き》康《やす》博《ひろ》（編著者紹介参照，まえがき・序章・終章・あとがき）

柿《かき》山《やま》貞《さだ》夫《お》（長崎県玉之浦町在宅介護支援センター長，第１章）

井《いの》上《うえ》直《なお》人《と》（株式会社クリエ代表取締役，第２章）

＊中塚《なかつか》さちよ（編著者紹介参照，第３章）

近藤《こんどう》けい子《こ》（千葉県介護福祉士会副会長，第４章）

＊松下《まつした》やえ子《こ》（編著者紹介参照，第５章）

境野《さかいの》みね子《こ》（千葉県ホームヘルパー協議会長，第６章）

中《なか》原《はら》京《きょう》子《こ》（麻生介護サービス株式会社営業本部介護事業部統括マネージャー，第７章）

宮《みや》下《した》京《きょう》子《こ》（長野県信濃町地域包括支援センター社会福祉士，第８章）

角《すみ》川《かわ》由《ゆ》香《か》（東邦大学医療センター佐倉病院看護部看護相談室主任・看護師，第９章）

山《やま》際《ぎわ》　淳《あつし》（日本生活協同組合連合会福祉事業推進部長，第10章）

安《あ》部《べ》　徹《とおる》（札幌市社会福祉協議会中央事業所長，第11章）

前《まえ》田《だ》和《かず》世《よ》（株式会社やさしい手開発本部巡回事業部，第12章）

植本《うえもと》眞《ま》砂《さ》子《こ》（高齢社会をよくする女性の会・大阪，20周年記念事業アンケート調査実行委員長，第13章）

編著者紹介

結城康博（ゆうき・やすひろ）

1969年生まれ。

現　在：淑徳大学総合福祉学部教授。

主　著：『高齢者は暮らしていけない――現場からの報告』（共編著）岩波書店，2010年。
『日本の介護システム――政策決定過程と現場のニーズ分析』岩波書店，2011年。
『孤独死を防ぐ――支援の実際と政策の動向』（共編著）ミネルヴァ書房，2012年。
『孤独死のリアル』講談社現代新書，2014年。

松下やえ子（まつした・やえこ）

1948年生まれ。

現　在：城西国際大学福祉総合学部客員教授。

主　著：『介護福祉士国試対策チェックテスト』（共著）福祉教育カレッジ，2010年。
『事例でわかる！自分に合った介護保険の利用のすべて』（監修）宝島社，2010年。
『訪問介護サービス提供責任者テキスト』（共著）看護の科学社，2013年。

中塚さちよ（なかつか・さちよ）

1975年生まれ。

現　在：介護福祉士。介護支援専門員。

介護保険法改正でホームヘルパーの
生活援助はどう変わるのか

2014年9月10日　初版第1刷発行　〈検印省略〉

定価はカバーに
表示しています

編著者	結城康博 松下やえ子 中塚さちよ
発行者	杉田啓三
印刷者	中村知史

発行所　株式会社　ミネルヴァ書房

607-8494 京都市山科区日ノ岡堤谷町1
電話代表 (075)581-5191
振替口座 01020-0-8076

中村印刷・藤沢製本

ISBN978-4-623-07106-7

Printed in Japan